Kohlhammer

Thomas Wosch (Hrsg.)

Musik und Alter in Therapie und Pflege

Grundlagen, Institutionen
und Praxis der Musiktherapie im Alter
und bei Demenz

Verlag W. Kohlhammer

Dieses Werk einschließlich aller seiner Teile ist urheberrechtlich geschützt. Jede Verwendung außerhalb der engen Grenzen des Urheberrechts ist ohne Zustimmung des Verlags unzulässig und strafbar. Das gilt insbesondere für Vervielfältigungen, Übersetzungen, Mikroverfilmungen und für die Einspeicherung und Verarbeitung in elektronischen Systemen.

Die Wiedergabe von Warenbezeichnungen, Handelsnamen und sonstigen Kennzeichen in diesem Buch berechtigt nicht zu der Annahme, dass diese von jedermann frei benutzt werden dürfen. Vielmehr kann es sich auch dann um eingetragene Warenzeichen oder sonstige geschützte Kennzeichen handeln, wenn sie nicht eigens als solche gekennzeichnet sind.

Es konnten nicht alle Rechtsinhaber von Abbildungen ermittelt werden. Sollte dem Verlag gegenüber der Nachweis der Rechtsinhaberschaft geführt werden, wird das branchenübliche Honorar nachträglich gezahlt.

1. Auflage 2011

Alle Rechte vorbehalten
© 2011 W. Kohlhammer GmbH Stuttgart
Umschlag: Gestaltungskonzept Peter Horlacher
Umschlagabbildung: © Avesun – Fotolia.com
Gesamtherstellung:
W. Kohlhammer Druckerei GmbH + Co. KG, Stuttgart
Printed in Germany

ISBN 978-3-17-021448-4

Inhalt

I Grundlagen

1 Aktueller Stand der Musiktherapie bei Alter und Demenz ... 13
Thomas Wosch

1.1 Grundlagen, Institutionen und Praxis der Musiktherapie bei Alter und Demenz ... 14
1.2 Kurze Geschichte und Definition der Musiktherapie bei Alter und Demenz ... 17
1.3 Wirkungsstudien zu und Wirkelemente von Musiktherapie bei Demenz ... 24
Literatur ... 29

2 Neuropsychologische Aspekte im Erinnern vertrauter Lieder bei Menschen mit Alzheimer-Demenz ... 32
Franziska Adler

2.1 Einführung und Fragestellung ... 32
2.2 Neuropsychologische Aspekte des Gedächtnisses, der Emotion und Musikverarbeitung ... 33
2.3 Hypothesen zum Erlernen und Wiedergeben von Liedern ... 35
2.4 Alzheimer-Demenz – Zusammenfassung der neuropsychologischen Defizite ... 36
2.5 Erklärungsversuch einer bleibenden Kompetenz des Singens vertrauter Lieder bei AD ... 37
2.6 Weiterführende Hypothesen zur Erinnerung vertrauter Lieder bei AD ... 38
2.7 Bedeutung der Hypothesen für die musiktherapeutische Arbeit ... 40
Literatur ... 42

3 Singen in der Musiktherapie mit Menschen mit Demenz – Neuropsychologische, psychophysiologische und psychodynamische Grundlagen und Perspektiven . 44
Hanne Mette Ridder

3.1 Überblick und Fragestellung 44
3.2 Die Anwendung von Singen aus der neuropsychologischen Perspektive 47
3.3 Die Anwendung des Singens aus der psychophysiologischen Perspektive 52
3.4 Die Anwendung von Singen aus der psychodynamischen Perspektive 56
3.5 Drei Perspektiven für die Praxis und Zusammenfassung 60
Literatur 61

4 Untersuchung zur Verankerung des Volksliedes in verschiedenen Altersgenerationen – eine Pilotstudie auf dem Magdeburger Weihnachtsmarkt 65
Heike Fischer

4.1 Einführung und Übersicht 65
4.2 Grundannahmen und Fragestellung 66
4.3 Methode 66
4.4 Ergebnisse 70
4.5 Schlussfolgerungen und Ausblick 73
Literatur 74

5 Die Bedeutung populärer Musik in der Musiktherapie bei Demenz – eine empirische Untersuchung 76
Karsten Kiewitt

5.1 Einleitung 76
5.2 Biographiearbeit und Emotionalität 77
5.3 Zum Begriff biographisch relevanter Musik 79
5.4 Die musikalische Entwicklung des Menschen 79
5.5 Wirkung biographisch relevanter Musik auf das emotionale Erleben von Demenzkranken 82
5.6 Forschungsprojekt zur Wirkung biographisch relevanter Musik auf die Emotionalität Demenzkranker 82
5.7 Schlussfolgerungen für die Arbeit mit populärer Musik bei Demenz 85
Literatur 86

6	Motivation und Musikerleben bei Altersschwermut und Demenz	89

Maika Schroeder

6.1	Motivationspsychologische Grundlagen	89
6.2	Musik und Motivation im Alter mit Bezug zu Alzheimer-Demenz	94
6.3	Perspektiven einer Motivationsanregung in der Praxis	97
	Literatur	99

7	Beziehungsqualität in der Musiktherapie mit Menschen mit Demenz	101

Britta Warme, Claudia Steinert

7.1	Die Modi des EBQ-Instruments	102
7.2	Besonderheiten der Arbeit mit den EBQ-Modi in der Musiktherapie bei Demenz und die Entwicklung von Beziehungsfähigkeit und Affektregulation in den drei Demenz-Phasen	108
7.3	Ergebnisse der Anwendung des EBQ-Instrumentes in der musiktherapeutischen Arbeit mit Menschen mit Demenz	109
7.4	Die Bedeutung der Affekte für die Beziehungsgestaltung	110
7.5	Ausblick	111
	Literatur	112

II Institutionen

8	Musik auf Rädern – Ambulante Musiktherapie	117

Barbara Keller, Cornelia Klären

8.1	Musik auf Rädern – Gründung eines Dienstleistungsunternehmens	117
8.2	Musik auf Rädern – ein Franchise-Unternehmen	118
8.3	Aufbau der Institution	118
8.4	Musik auf Rädern im Einsatz (Barbara Keller)	121
8.5	Link- und Kontaktseite	124
	Literatur	124

9 Musiktherapie in der Besonderen Stationären Dementenbetreuung – Das Hamburger Modell 125
Jan Sonntag

9.1 Einleitung 125
9.2 Der Weg zum Hamburger Modell 126
9.3 Klientel und Finanzierung 127
9.4 Personalausstattung 128
9.5 Inhaltliche Konzepte 129
9.6 Musiktherapie in der Besonderen Stationären Dementenbetreuung 130
9.7 Fallbeispiel 133
9.8 Aktuellere Entwicklungen und Ausblicke 135
Literatur 137

10 GRAMMOPHON – Mobile Musiktherapie e. V. 139
Franziska Adler, Sabrina Mewes, Dorothee Schaub, Maika Schroeder, Thomas Wosch

10.1 Geschichte des Vereins 139
10.2 Aufbau, Struktur und Aufgabenverteilung von GRAMMOPHON – Mobile Musiktherapie e. V. 142
10.3 Zentrale Aufgaben von GRAMMOPHON – Mobile Musiktherapie e. V. und deren Umsetzungen 145
10.4 Finanzielle Grundlagen der Institution 147
10.5 GRAMMOPHON – Mobile Musiktherapie e. V. in Aktion: Beispiel Seniorenhilfe GmbH Haldensleben 148
10.6 Links und Kontaktdaten 150
Literatur 150

11 Haus-Musik – Ein Modellprojekt zur Betreuung mit Musik für Menschen mit Demenz und ihre pflegenden Angehörigen 151
Dorothea Muthesius

11.1 Geschichte der Idee 151
11.2 Muss es immer Musiktherapie sein? 153
11.3 Die Struktur des Projekts in Zahlen 153
11.4 Projektteilnehmer 154
11.5 Wie kam das Angebot an die Nutzer? 155

11.6 Einbeziehung des sozialen Netzes	156
11.7 Settings	156
11.8 Wie es war: Frau Weber	157
11.9 Wie geht es weiter?	160
Literatur	161

III Praxis

12 Songwriting mit älteren Menschen – ein musiktherapeutisches Projekt im Seniorenheim
Angelika Gerhardt, Katrin Gruschka, Christine Schneider

12.1 Einrichtung	165
12.2 Klientel	166
12.3 Methoden und Ziele	167
12.4 Verlauf des Projekts	169
12.5 Zusammenfassung und Ausblick	176
Literatur	177

13 Einzelmusiktherapie bei Demenz: Cueing, Regulierung und Validation
Hanne Mette Ridder

13.1 Frau D.	178
13.2 Musiktherapiemethode und Therapieziele	179
13.3 Aufmerksamkeit und Cueing	180
13.4 Arousal-Regulierung und das Selbstberuhigungssystem	182
13.5 Validation und dyadische Resonanz	183
13.6 Zusammenfassung und Ausblick	185
Literatur	188

14 Klangbrücken – Musiktherapie in der häuslichen Versorgung für Menschen mit Demenzerkrankungen
Eckhard Weymann, Inga Auch-Johannes

14.1 Rahmenbedingungen	189
14.2 Zielsetzungen und Arbeitsweisen	190

14.3 Fallvignetten 192
14.4 Zusammenfassung und Ausblick 195
14.5 Kontakt 197
Literatur 197

15 Perspektiven der Musiktherapie bei Alter und Demenz . 198
Thomas Wosch

15.1 Neue Aspekte für die Verfahren der Musiktherapie 198
15.2 Möglichkeiten und Organisation der interdisziplinären Arbeit von Musiktherapeuten, Pflegekräften sowie Sozial- und Heilpädagogen 200
15.3 Chancen der Zeitarbeit 202
15.4 Qualifikation in Musiktherapie bei Alter und Demenz 204
15.5 Schlussfolgerungen 205
Literatur 206

Autorinnen und Autoren 207

Stichwortverzeichnis 211

I Grundlagen

1 Aktueller Stand der Musiktherapie bei Alter und Demenz

Thomas Wosch

Im Jahr 2010 befindet sich die Musiktherapie bei Alter und Demenz mitten in einer rasanten Entwicklung. Dies betrifft sowohl ihre praktische Anwendung als auch ihre Forschung sowie die absolute Notwendigkeit, z. B. in den immens wachsenden Betreuungs- und speziellen Pflegeangeboten für Menschen mit Demenz den Betroffenen auch angemessen gerecht zu werden.

In der praktischen Anwendung von Musiktherapie ist in Deutschland zum einen die Aufnahme in die medizinischen Indikationskataloge mit den OPS-Ziffern unter der Hauptziffer 9-401 als Einzelmusiktherapie (F151) und Gruppenmusiktherapie (F161) bei Demenz erreicht. Zum anderen ist ein deutlich zunehmender Einsatz von Musiktherapie durch Musiktherapeuten[1], durch die Zusammenarbeit von Musiktherapeuten und Pflegepersonal sowie durch Elemente der Musiktherapie in der Pflege im gesamten Pflegebereich für Menschen im höheren Alter ohne und mit Demenz zu beobachten. Zeugnis davon legen z. B. die neuen Dienstleistungsangebote in diesem Bereich, wie „Musik auf Rädern" in Münster, die eine Filiale nach der anderen in ganz Deutschland eröffnen, sowie „Grammophon-Mobile Musiktherapie", die in und um Magdeburg mit ihren Angeboten Altenheime versorgen und zum Aufbau neuer Stellen systematisch beitragen. In diesen Beispielen ist ein permanenter Auf- und Ausbau sichtbar, der noch lange nicht an seine natürlichen Wachstumsgrenzen angelangt ist. Das betrifft sowohl die verschiedenen Pflege- und Betreuungseinrichtungen als auch die häusliche Versorgung.

Im Forschungsbereich liegen uns heute aus den Jahren 2008 und 2009 die Ergebnisse von sechs Untersuchungen vor, die unter kontrollierten Bedingungen die speziellen Effekte von Musiktherapie bei Demenz ermittelt und belegt haben. Drei davon erfüllen die höchsten Anforderungen an Wirkungsstudien, wie sie auch in der Medizin gefordert werden und somit als Nachweis der Wirkung von Musiktherapie gelten. Die höchsten Effekte liegen demnach in der Reduktion von Agitiertheit, Angst und Depressivität bei den Betroffenen durch Musiktherapie. Erste Untersuchungen belegen darüber hinaus im Sinne einer Kostenreduktion auch eine geringere Belastung des Pflegepersonals durch den Einsatz von Musiktherapie bei Demenz. Im europäischen Kontext wird auch zunehmend in die weitere Entwicklung dieses Bereichs investiert. Als Beispiele

---

1   Die in diesem Werk genannten Personenbezeichnungen beziehen sich gleichermaßen auf Frauen wie auf Männer. Aus Gründen der besseren Lesbarkeit wurde jedoch darauf verzichtet, in jedem Fall beide Geschlechter zu nennen.

können die dänische Regierung mit der Beauftragung einer Post-Doc-Forschung an der Universität Aalborg zu Stand und Perspektiven von Musik und Demenz, deren Ergebnis in 2005 vorlag (Ochsner Ridder, 2002[2], 2005), sowie das aktuell laufende Nationale Referenzzentrum für Menschen mit Alzheimer-Demenz mit der Musiktherapie der Universität Salamanca in Spanien genannt werden (www.imserso.es/crealzheimer_01).

War die Versorgung von Menschen im höheren Lebensalter und dabei auch von Menschen mit Demenz bis vor ca. zwanzig Jahren noch ein überschaubares und relativ wenig ausdifferenziertes Feld, so wandelt sich dieses mit den aktuellen demographischen Veränderungen enorm. Momentan sind in Deutschland bereits 0,8 Millionen Menschen professionell tätig. In 2050 werden in Deutschland 2,3 Millionen Menschen mit Demenz erwartet und die Erwartungen sowie Ansprüche dieser Generation werden gegenüber allen früheren Generationen sehr steigen. Bezogen auf ihre Versorgung geht es somit auch zunehmend – und zu Recht – um eine weiter steigende Qualität der Betreuung. Ein Grundprinzip der professionellen Betreuung ist Validation nach Naomi Feil (1992) und bei Tom Kitwood (1997). Mit Kitwood sind wir schließlich auch wieder bei der Musiktherapie angekommen, die auf besondere Weise Validation erfolgreich umsetzen kann (Innes & Hatfield, 2001, S. 8).

1.1 Grundlagen, Institutionen und Praxis der Musiktherapie bei Alter und Demenz

Das vorliegende Buch versteht sich vor diesen drei Hintergründen als ein Buch für Musiktherapeuten, für Fachkräfte der Pflege und für pflegende Angehörige. Es gibt einen Überblick und Einblick in neueste Grundlagen der Musiktherapie im Alter und bei Demenz, in aktuelle Institutionsformen des Einsatzes von Musiktherapie als Dienstleistung in Einrichtungen und Privathaushalten sowie drei konkrete Fallbeispiele von Gruppen- und Einzelmusiktherapie. Die Autoren[3] dieser Kapitel sind Absolventen der Studiengänge Musiktherapie und Heilpädagogik der Hochschule Magdeburg-Stendal, Absolventen des Studienganges Soziale Arbeit mit Schwerpunkt Musiktherapie in der Sozialen Arbeit der Hochschule für angewandte Wissenschaften Fachhochschule Würzburg-Schweinfurt sowie weitere Musiktherapiekollegen aus Praxis und Forschung

---

2 Im Jahr 2002 erschien diese Publikation direkt vom dänischen Sozialministerium herausgegeben. Im vorliegenden Artikel wird Bezug genommen auf die später erschienene und hier im Literaturverzeichnis aufgeführte Zweitauflage von 2005.
3 Acht der hier vorliegenden Kapitel bauen auf Diplomarbeiten und Projekten der Hochschulen Magdeburg und Würzburg auf. Bei der Gesamtkonzeption des Buches trug Jan Sonntag neben den anderen vom Herausgeber geplanten Kapiteln zu zwei weiteren nun vorliegenden wichtigen Beiträgen bei.

insbesondere aus Berlin, Hamburg und Münster sowie der Fachhochschule Frankfurt am Main und der dänischen Universität Aalborg.

Die Grundlagen der Musiktherapie bei Demenz betreffen zuerst zwei Beiträge zu neurologischen Grundlagen. Dies ist von besonderer Bedeutung, da in den medizinischen Klassifikationen (ICD-10, 1994, S. 298ff.) Demenz als organische psychische Störung bzw. Krankheit charakterisiert wird. Hier wird deutlich, dass wir es mit der organischen Bedingtheit von Demenz zum einen mit Grenzen zu tun haben, bezogen auf das, was wir erreichen können. Zum anderen wird es mit einem immer besseren Verstehen der neurologischen und neurophysiologischen Grundlagen möglich, Ressourcen der von Demenz Betroffenen immer besser nutzen zu können. Dies betrifft in den beiden ersten Kapiteln zum einen das gezielte musiktherapeutische Ansprechen eines beim Demenzbetroffenen besonderen erhaltenen Kompetenzerlebens mit ihm bekannten Liedern. Zum anderen werden zum Singen die kognitiven und affektiven Grundlagen von Aufmerksamkeit, Antizipation (gedankliche Vorwegnahme) und Selbstberuhigungssystemen (inkl. Reduktion von Agitiertheit und Angst) im Cueing als gezieltes musiktherapeutisches Arbeiten entwickelt. Das ermöglicht sogar neue Lernprozesse beim Demenzbetroffenen. Sehr anschaulich wird dieses Lernen im letzten Abschnitt des Buches im Fallbeispiel von Ridder in der Praxis dargestellt. An die Thematik von Liedgut und Singen schließt das dritte Kapitel mit seiner Studie zur Zukunft des Arbeitens mit Liedern bei Demenzbetroffenen und in der Altenarbeit an. Ein Ergebnis dieser Untersuchung ist, dass den aktuellen Generationen über 35 die Volkslieder noch vertraut sind. Den jüngeren Generationen sind jedoch nur noch Kinder- und Weihnachtslieder vertraut. Hierfür bietet dann die nachfolgende Untersuchung zur Nutzbarkeit von Rock- und Pop-Musik im vierten Kapitel eine wichtige Alternative, die z. T. schon in den neurologischen Grundlagen anklang. Für Einzelfälle konnte für das mittlere Stadium der Demenz nachgewiesen werden, dass z. B. Schlager, welche die Betroffenen erst im Erwachsenenalter erlebt hatten, sehr gut erinnert werden bis hin zur neurophysiologischen Ebene. Das ist sehr bedeutend für die Zukunft der Demenzbehandlung. Außerdem stellt es die früheren Annahmen, dass nur Musik aus Kindheit und Jugend der Betroffenen in der Musiktherapie bei Demenz von Bedeutung seien, infrage und erweitert somit die zu nutzenden Musiken. Im folgenden fünften Kapitel werden die Grundlagen für eine musiktherapeutisch gezielte Ansprache von Motivation und individuell abgestimmten Handlungen bei Depressivität im Alter und bei Demenz diskutiert und differenziert. Hierbei nimmt wiederum das Singen eine besondere Rolle ein. Schlussendlich werden im sechsten Kapitel Kategorisierungen der Beziehungsqualitäten der frühesten Kindheit und deren Störungen für den Bereich der musiktherapeutischen Arbeit mit Menschen mit Demenz übertragen, modifiziert und nutzbar gemacht. Daraus resultiert eine Beziehungsdiagnostik für die Musiktherapie bei Demenz, aus der sich folgerichtig die jeweils passenden Möglichkeiten und Grenzen des musiktherapeutischen Handelns und der Beziehungsgestaltung mit bzw. für die Betroffenen ableiten lassen. Alle diese Grundlagen werden jeweils unmittelbar mit ihren Konsequenzen für ein gezieltes musiktherapeutisches Handeln dargestellt.

I Grundlagen

Im zweiten Abschnitt des Buches werden vier neu entstandene Institutionsformen der Musiktherapie mit alten Menschen und bei Demenz vorgestellt und diskutiert. Hier wird z. T. auch ein sehr neuer Sprachgebrauch deutlich, der neben den innovativen Grundlagen des ersten Teils ebenfalls eine Zukunftstendenz in diesem Bereich anzeigt. Es ist hier mehrfach und selbstverständlich von kundenbezogenen Dienstleistungen im positiven Sinn die Rede. Dazu gehört die Musik auf Rädern GbR aus Münster, die aktuell bereits auf 14 Filialen in ganz Deutschland expandiert ist und sowohl Institutionen als auch Privathaushalte hochqualifiziert und zugleich ökonomisch effizient bedient. Dazu gehört ebenso der Grammophon-Mobile Musiktherapie e. V. in Magdeburg mit seinem allgemeinnützigen regionalen Versorgungs- und Entwicklungsauftrag. Dazu gehört auch das Hamburger Projekt der Besonderen Stationären Dementenbetreuung, das im Heimbereich ursprünglich in der öffentlichen Hand Hamburgs und mittlerweile in privater Trägerschaft angesiedelt ist sowie das Berliner Modellprojekt Haus-Musik, welches die Bereiche Ambulante Pflegedienste und pflegende Angehörige von Demenzbetroffenen verbindet. Auch hier werden die zunehmende Differenziertheit von Anbietern und Institutionen als auch eine wachsende Kreativität der Angebote selbst sehr deutlich. Diese Angebote und Institutionen veranschaulichen in den vorliegenden Kapiteln jeweils ihre Arbeit auch anhand von Fallbeispielen.

Im letzten Abschnitt des Buches werden schließlich noch ausführlicher drei Fallbeispiele zur weiteren Veranschaulichung konkreten musiktherapeutischen Handelns gegeben. Hier wird eine Gruppentherapie mit Neutexten von Liedern (songwriting) im Altenheim mit deutlichen Zunahmen der kommunikativen Fähigkeiten der Betroffenen bereits in der Kurzzeitintervention vorgestellt. Es wird eine Einzeltherapie mit der Umsetzung der eingangs genannten neurophysiologischen Grundlagen möglicher Lernprozesse bei Demenzbetroffenen inklusive der Reduktion aggressiven Verhaltens (Agitiertheit) beschrieben. Das dritte Beispiel vereint in einem weiteren Fallbeispiel Einzeltherapie und die Arbeit mit den Angehörigen und somit das Umfeld der Betroffenen, welches ebenfalls vielfachen und starken Herausforderungen bzw. Belastungen ausgesetzt ist. Diese drei Beispiele stammen regional aus Nordbayern, Hessen und dem dänischen Festland.

Bevor diese Grundlagen, Institutionen und Praxisbeispiele nun im Einzelnen vorgestellt und diskutiert werden, soll als weitere Einführung zur Musiktherapie bei Alter und Demenz eine kurze Geschichte dieser Form der Musiktherapie beschrieben werden, eine Arbeitsdefinition zur Musiktherapie bei Demenz entwickelt und die Ergebnisse der aktuellsten Wirkungsstudien zur Musiktherapie bei Demenz vorgestellt sowie generelle Wirkfaktoren der Musiktherapie bei Demenz diskutiert werden.

1.2 Kurze Geschichte und Definition der Musiktherapie bei Alter und Demenz

Die Musiktherapie bei Alter und Demenz nach unserem heutigen Verständnis begann als spezialisierter Ansatz der Musiktherapie mit der australischen Grand Dame dieses Felds, Ruth Bright (1981, 1984, 1986, 1988, 1996, 1997). In der Eigenart des englischsprachigen Pragmatismus und interdisziplinären Denkens im jeweiligen Sozial- und Gesundheitswesen entwickelt sie nach dem damaligen Wissensstand entsprechend der Symptome z. B. der Demenz klare Ansätze und Techniken zur Behandlung dieser. Dabei nennt sie auch bereits Kontraindikationen, also Bedingungen, unter denen Musiktherapie in einzelnen Erscheinungsformen nicht eingesetzt werden sollte oder darf. Ganz selbstverständlich geht es in ihren ersten empirischen Untersuchungen auch darum, wie Musiktherapie die Belastungen des Personals und der Angehörigen in der Betreuung von Demenzbetroffenen reduzieren kann. Für die Betroffenen selbst spielen Musikvorlieben, Singen, Hören und Tanzen eine Rolle. Als Ziele stehen vor allem soziale Wahrnehmung und Kommunikation, Aktivierung, Beruhigung bzw. Entspannung und Wohlbefinden im Sinne von Lebensqualität im Vordergrund ihrer Ansätze. Bereits bei Bright wird das individuelle Vorgehen, wie z. B. das Erkunden ganz persönlicher Musikvorlieben, deutlich.

Im deutschsprachigen Raum finden wir erste Beschreibungen von Gruppensingtherapie, Instrumentalimprovisation im strukturierten Sinne und Tänzerischer Gruppenmusiktherapie in Geriatrie und Gerontopsychiatrie mit ihren Besonderheiten und ebenfalls mit im Sinne von Indikation und Kontraindikation zu beachtenden konkreten Verfahren bereits in den 1970er und 1980er Jahren bei Christoph Schwabe (1978, S. 200ff.; 1983, S. 208ff.). Einen nächsten Höhepunkt der Musiktherapie bei Alter und Demenz erleben wir in Deutschland dann um die Jahrtausendwende mit den Publikationen von Dorothea Muthesius (1997, 2001), Ruth Grümme (1998), David Aldridge (2003/2000; Aldridge & Aldridge, 1992) sowie von Rosemarie Tüpker und Hans Hermann Wickel (2004). Dabei tritt die Demenz immer deutlicher in den Fokus der Therapie. Hier werden wichtige Grundlagen und deren Umsetzung zur Biographiearbeit innerhalb der Musiktherapie bei Alter und Demenz sowie das auf die Einzelperson abzustimmende Vorgehen weiter entwickelt und man beschäftigt sich neben dem Singen und Hören von Musik auch mit Aspekten des Improvisierens und der musikalischen Diagnostik bei Menschen mit Demenz.

Im europäischen Rahmen setzen danach zwei wichtige Wegmarken zu Musiktherapie und Demenz der erste Cochrane-Review von Annemiek Vink und Kollegen aus Holland und Großbritannien (Vink, Birks, Bruinsma & Scholten, 2003) sowie im Jahre 2002 das erste umfassende Überblicksbuch zu Musik und Demenz von Hanne Mette Ochsner Ridder (2005) aus Dänemark.

Im Cochrane-Review werden nach den Kriterien medizinischer Therapien vorhandene Untersuchungen dahin gehend geprüft, ob sie nach den in der

I Grundlagen

Medizin und Psychologie angewandten und geltenden statistischen Verfahren einen Beleg für die Wirksamkeit einer Therapie geben oder nicht. Im Jahre 2003 war es ein ambitioniertes Vorhaben, dieses bereits für die Musiktherapie bei Demenz zu untersuchen, was jedoch seinerzeit zu einem negativen Ergebnis führte. Es konnten keine Untersuchungen gefunden werden, welche diesen Kriterien genügten und damit gab es seinerzeit auch keinen Wirkungsbeleg für Musiktherapie bei Demenz. Dies führte weder zu einer Empfehlung noch zu einer begründeten Ablehnung von Musiktherapie bei Demenz. Es wurde jedoch nachdrücklich empfohlen, methodisch die entsprechenden Untersuchungen zu verbessern. Diese Verbesserung liegt nun im Jahre 2010 vor, worauf weiter unten im vorliegenden Kapitel eingegangen wird.

In ihrem Buch *Musik & Demens* gab Ochsner Ridder (siehe auch ihre zwei Kapitel im vorliegenden Buch) einen umfassenden Überblick zu Musik und Musiktherapie bei Demenz. Dies betrifft sowohl Musikaktivitäten als auch Musiktherapie. Das bedeutet, dass hier sowohl der Einsatz von Musik im Bereich der Pflege und anderen Spezialtherapien wie der Physiotherapie bei Menschen mit Demenz recherchiert wurde als auch die speziellen Techniken und Ansätze der Musiktherapie. Insgesamt wurde die entsprechende Fachliteratur der USA, Großbritanniens, Schwedens, Dänemarks, Norwegens, Deutschlands, Belgiens, Frankreichs, Spaniens sowie Israels, Australiens und Japans untersucht. Dabei traten deutliche Unterschiede z. B. zwischen den USA und den hier erfassten europäischen Ländern hervor. Die Publikationen selbst sind bis 2004 in den USA zahlreicher und können seit 1960 auf eine längere Tradition zurück schauen als in Europa. 59 % der Publikationen zu Untersuchungen und Ansätzen aus den USA beschäftigen sich mit der Stimulusfunktion von Musik bei Demenz. Die größte Gruppe der europäischen Publikationen beschäftigt sich zu 41 % mit der Kommunikation in der Musiktherapie bei Menschen mit Demenz (Ochsner Ridder, 2005, S. 209ff.). Dies bedeutet, dass in den USA vor allem Musik zur Reduktion einzelner Symptome der Demenz, z. B. der Agitiertheit mit dem Ziel einer Beruhigung, eingesetzt wird. In Europa werden ganzheitlichere Zielstellungen und Untersuchungen verfolgt, welche die Kommunikation des einzelnen Betroffenen in den Mittelpunkt stellen unter Beachtung mehrerer Faktoren bzw. Symptome, die dabei eine Rolle spielen. Eine gegenseitige Durchdringung beider Ansätze kann als ideal angesehen werden. Beides geschieht auch bereits, was einerseits in den klientenzentrierten Ansätzen der Musiktherapie nicht nur in Europa, sondern auch in den USA (siehe z. B. Hatfield & Innes, 2001) zu beobachten ist oder in den weiter unten aufgeführten hervorragenden Wirkungsstudien mit ihrem Fokus auf mehrere einzelne Symptome nicht nur in den USA sondern aktuell vor allem in Europa (z. B. Raglio et al., 2008). Dabei thematisieren europäische Untersuchungen die bei Demenz stärker notwendige Individualität und Flexibilität musiktherapeutischen Vorgehens. Was die musikalischen Medien und musiktherapeutischen Techniken betrifft, so wird bei Ochsner Ridder im Jahre 2005 die bisher größte Differenzierung zum Einsatz von Musik und Musiktherapie bei Demenz mit 18 verschiedenen Verfahren unterschieden. Diese sind (Ochsner Ridder, 2005, S. 4ff.):

1 Aktueller Stand der Musiktherapie bei Alter und Demenz

- Gruppensingen
- Hintergrundmusik/Milieu-Gestaltung
- Volkstanz/Gruppentanz
- Musiktherapeutische Improvisation
- Musik und Bewegung
- Musikhören/Musikrezeption
- Musikerinnerung
- Musikstimulierung
- Musiktherapeutische Spiele/Handeln
- Musiktherapie mit sterbenden Menschen mit Demenz
- Singen in der Einzelmusiktherapie
- Songwriting
- Aktives musikalisches Begleiten
- Stressreduktion
- Assistenz für Menschen in der Musiktherapie
- Musikalische Diagnostik
- Vibroakustische Therapie
- Vibrotaktile Stimulation

Alle diese Verfahren werden als Techniken oder Ansätze definiert sowie ihre Grundprinzipien, ihre therapeutischen Rahmenbedingungen, ihre möglichen Inhalte und deren Untersuchungen mit abschließender Schlussfolgerung vorgestellt und diskutiert.

Ab 2008 können wir nun auch bei den deutschen Publikationen einen weiteren Anstieg für das Thema Musiktherapie und Demenz beobachten, der allein bei den Büchern gleich mehrere neue Erscheinungen umfasst.[4] Drei ausgewählte Bücher sollen hier einen Überblick geben, stellvertretend für bestimmte Tendenzen. Dies sind aus 2008 Mechthild Hamberger mit *Musiktherapie im Alter*, aus 2009 die Zweitauflage von Tüpker und Wickel mit ihrem bereits o. g. *Musik bis ins hohe Alter* sowie in 2010 von Muthesius, Jan Sonntag, Britta Warme (alle drei siehe auch im vorliegenden Buch) und Martina Falk mit *Musik – Demenz – Begegnung*. Darüber hinaus sind für diesen Zeitraum z. B. die Bücher der im vorliegenden Buch vertretenen Kiewitt (2005) und Schroeder (2009) zu nennen, deren Beiträge und Tendenzen in ihren Kapiteln im vorliegenden Buch deutlich werden.

Hamberger (2008) steht für eine Tradition, welche die Bereiche Pflege und Musiktherapie verbindet. Im gleichen Grenzbereich gab es bereits andere Publikationen wie z. B. von Albrecht von Blankenburg (2000). Selber aus der Pflege kommend und sich dann in der Musiktherapie qualifizierend, schreibt Hamberger ein Praxisbuch, welches viele konkrete Vorgehensweisen und Stundenbeispiele beinhaltet. Die theoretische Grundlegung und empirische Begründung kommt

---

4   Auch im *Lexikon Musiktherapie* von Hans-Helmut Decker-Voigt und Eckhard Weymann wird 2009 mit der völlig überarbeiteten Zweitauflage gegenüber der Erstauflage von 1996 nun *Altersdemenz und Musiktherapie* aufgenommen (Dehm-Gauwerky, 2009).

I Grundlagen

jeweils kurz zum Tragen. Ein Verfahren, welches bei Ochsner Ridder noch nicht genannt wurde, ist der „Themakarton" (Hamberger, 2008, S. 46). Dies ist ein visueller und taktiler Reiz, indem Gegenstände zu einem Thema, z. B. zu einer Schulstunde eine Blockflöte, ein Liederbuch etc., in einen Karton gepackt werden und so den Ausgangspunkt für Gruppengespräch und Liedauswahl ermöglichen. Mit diesen multisensorischen Wahrnehmungsgegenständen können Erinnerungen und Gespräche in der Gruppe erfolgreich angeregt werden. Hinterfragt werden können beim heutigen Stand des Wissens für die Musiktherapie im Alter und bei Demenz die konkreten Stundenbeispiele des Buches. Die jeweilige hoch individuell notwendige Abstimmung des musiktherapeutischen Vorgehens, welche durch alle Beiträge des vorliegenden Buches sehr deutlich wird, scheinen eine höhere Flexibilität für die einzelne Therapiesituation zu erfordern.

In der Zweitauflage ihres Tagungsbandes von 2004 der Tagung aus 2002 stellen Tüpker und Wickel genau diese Notwendigkeit, dass Musiktherapie im Alter und bei Demenz im höchsten Maße „methodisch flexibel und individuell" (Tüpker, 2009, S. 12) vorgehe, in den Mittelpunkt der hier zusammengestellten Beiträge. Mehrere Punkte werden dabei auch grundsätzlich diskutiert. Dies betrifft u. a. den Stand der Musiktherapie in der Pflege. Nach einer Befragung (König, 1996) wird zwar in der Pflege die Wirkung von Musik bei Demenz absolut nicht infrage gestellt, jedoch das Nutzen musiktherapeutischer Techniken und Verfahren in der Behandlung von Demenz im Pflegebereich nur wenig bis gar nicht eingesetzt (Tüpker, 2009, S. 100). Hier wird der berechtigte Einwand gebracht, dass nachgewiesene und sehr detailliert entwickelte Vorgehensweisen aus der Musiktherapie durch Musiktherapeuten und in der direkten Zusammenarbeit von Musiktherapie und Pflegepersonal im Sinne der Betroffenen mehr zielgerichteten Nutzen für die Betroffenen selbst bringen können. Ein Beleg dieser Tendenz, die noch sehr weit ausbaubar sind, sind auch alle im vorliegenden Buch vorgestellten neuen Institutionen in diesem Feld, die allesamt mit qualifizierten Musiktherapeuten arbeiten. Im Sinne des hoch individuellen und flexiblen Vorgehens, das Tüpker auch als „entwicklungsoffen" (2009, S. 96) bezeichnet, werden im Tagungsband Fallbeispiele und generelle Vorgehensweisen bei Demenz, bei sterbenden Menschen, alten Menschen mit Behinderung[5], alten Menschen mit Depression und bei alten Menschen mit Hörschädigungen vorgestellt. Eine Besonderheit weiterer neuer Perspektiven in diesem Feld ist das Zu-Wort-Kommen von Betroffenen selbst zu ihren Erfahrungen mit Musik und Musiktherapie im Beitrag von Wickel, Brandt-Eschenbach, Elfering und Noltenius. Das geschieht im konsequenten Sinne von Inklusion. Eine weitere grundsätzliche Diskussion im Buch von Tüpker und Wickel betrifft das gängige Wissenschaftsbild im Gesundheitswesen, welches vor allem als defizit- und normorientiert charakterisiert wird (Tüpker, 2009, S. 98). Dies bedeutet, dass auf einzelne Symptome und deren Behandlung fokussiert und eine Messbarkeit der Veränderung dieser Symptome gefordert

---

5   Bemerkenswert ist, dass das erst 60 Jahre nach dem Ende der Euthanasie ein wirkliches Thema in Deutschland ist.

wird. Dies sei bei der Therapie von Demenz aber hoch problematisch, insbesondere, wie gemessen werden kann, ob sich jemand verstanden fühlt oder ob eine emotionale Resonanz zwischen Betroffenen und Therapeut nachgewiesen werden kann. Zu diesem Punkt werden im vorliegenden Buch weiter entwickelte Perspektiven und Möglichkeiten einer Messbarkeit solcher Faktoren vorgestellt, was die Möglichkeit des Implementierens von Musiktherapie bei Demenz auch im aktuellen Gesundheits- und Sozialwesen mit seinen Anforderungen und Zugangsvoraussetzungen ermöglicht. Dies betrifft zum einen die im Folgenden benannten Wirkungsstudien zur Musiktherapie bei Demenz, welche einzelne Symptombearbeitungen mittlerweile auch bei Demenz nachweisen können. Zum anderen sind es neue Untersuchungsmethoden wie die Mikroanalyse (Wosch & Wigram, 2007; Ridder, 2007; Schumacher, 2007; siehe auch Grundlagenkapitel von Ridder, Kiewitt sowie von Warme und Steinert), welche es neuerdings ermöglichen, auch hoch komplexe Vorgänge und Veränderungen in Beziehungen oder Emotionen zu messen und nachzuweisen. Dennoch wird mit der von Tüpker angesprochenen Besonderheit der Musiktherapie bei Demenz auch eine Kennzeichnung von Musiktherapie im Allgemeinen deutlich. Tüpker schreibt bezogen auf Musiktherapie bei Demenz trotz aller Notwendigkeit der Beschäftigung mit generationsspezifischem Musikerleben (siehe Kapitel von Fischer) von der „Erfahrung..., dass das Individuelle jedes einzelnen Lebens das Generationsspezifische überwiegt" (2009, S. 144). Auf den Einzelnen einzugehen, sich ihm ganz individuell anzupassen und trotzdem musiktherapeutisch relevante und prüfbare Techniken und Prinzipien einzusetzen, scheint ganz besonders notwendig in der Musiktherapie für Menschen mit Demenz. Dieses individuelle Vorgehen ist aber zugleich ein allgemeines Merkmal von Musiktherapie, welches beim Kontakt mit Demenz quasi auf die Spitze getrieben wird. Somit könnte geschlussfolgert werden, dass Musiktherapie bei Demenz den Kern von Musiktherapie trifft.

Mit Muthesius, Sonntag, Warme und Falk liegt 2010 schließlich ein Praxisbuch vor, welches aus der sehr umfangreichen Komplexität möglichst aller Faktoren (inklusive Individualität und Flexibilität, die zu einer gelingenden Musiktherapie bei Demenz beitragen) ganz aus der Praxis für die Praxis geschrieben ist. Dies geschieht vor dem Hintergrund sehr umfangreicher Erfahrungen in diesem Feld. Bereits bei allen theoretischen Grundlagen werden im Buch stets auch Praxisbeispiele zur Veranschaulichung gegeben. Die hohe Komplexität aller Situationseinflüsse bzw. Faktoren einer Therapiesituation wird sehr ganzheitlich im gesamten Buch dargestellt. Das bedeutet, dass oft Bereiche wie Entwicklungspsychologie, Musikpsychologie, Sozialgeschichte, medizinische Diagnostik im Sinne der Phasen der Demenz, neurologische Grundlagen, kognitive Prozesse, Milieugestaltung, Psychohygiene des Musiktherapeuten und weitere Faktoren sehr unmittelbar ineinander greifen und dies auch in dieser Komplexität dargestellt wird. Sehr deutlich zeigt sich hier die enorme Herausforderung, welche die Musiktherapie bei Demenz zu bewältigen hat. Offensichtlich wird ebenso, dass hier ein Praxisbuch für die Musiktherapie bei Demenz vorliegt, das eine hohe Systematisierung von Beobachtungen aus der Praxis wiedergibt. Schlussendlich verdeutlicht dieses Buch auch vor dem Hintergrund der genannten Komplexität und Individualität, dass sich die Vorgehensweisen anhand der Praxisbeispiele entwickelt haben, oder wie Muthesius es schreibt, „dass der Therapeut ... die im langen Leben eines alten Menschen erworbenen musikalischen Umgangsformen ... kennen sollte und nicht ... umgekehrt: dass der Patient erst die ... Ausdrucksformen des Therapeuten lernen muss, ehe dieser ihm helfen kann" (Muthesius, Sonntag, Warme & Falk, 2010, S. 125). Diese Recherchearbeit gilt dann für jeden einzelnen Patienten. Aus diesem individuellen Vorgehen folgen verschiedene Diskussionen und neue Perspektiven.

Zu den neuen Perspektiven der Musiktherapie bei Demenz gehören in diesem Buch die vor allem aus Erfahrung aufgestellten Hypothesen, dass auch die im Lebenslauf im Erwachsenenalter erlebte Musiken eines Demenzbetroffenen für die Musiktherapie relevant sein können (Muthesius, Sonntag, Warme & Falk, 2010, S. 30f.), dass auch während der Demenz Lern- und Anpassungsprozesse im Musikerleben zu beobachten sind (ebd., S. 40f.) und dass zur notwendigen neurologischen Grundlagenforschung keine Experimente mit Demenzbetroffenen geführt werden können (ebd., S. 42). Zu den ersten beiden Hypothesen können erste empirische Belege im vorliegenden Buch gegeben werden (Kapitel Kiewitt und Kapitel Ridder), die oben bereits genannt wurden. Die dritte Hypothese gilt nur im Rahmen herkömmlicher Untersuchungen der Neurologie als Laboruntersuchungen. Hier können aber neue Forschungsmethoden wie die Mikroanalyse (Wosch & Wigram, 2007; Ridder, 2007, Kapitel Ridder im vorliegenden Buch) doch Möglichkeiten der Untersuchung bieten. Die Besonderheit dieser Untersuchungsmethodik ist, dass hier keine Laborbedingungen, sondern ganz normale Praxissituationen, also ein natural setting, untersucht werden. Dies ermöglicht Grundlagenforschung und angewandte Forschung zur Musiktherapie bei Demenz.

Ein weiterer wichtiger Diskussionspunkt im Buch von Muthesius und Kollegen ist der des Therapiebegriffs der Musiktherapie bei Demenz. In Deutschland wird im Rahmen von Musiktherapie vielfach Bezug genommen auf einen Therapiebegriff, der aus der Psychotherapie stammt. Dieser ist gekennzeichnet durch klare Rollenverteilung zwischen Therapeut und Klient, durch zeitliche und räumliche Abgrenzungen sowie überprüfbare eingesetzte Methoden. Alle diese Kriterien werden im Buch von Muthesius und Kollegen für die Musiktherapie bei Demenz infrage gestellt (Muthesius, Sonntag, Warme & Falk, 2010, S. 18). An dieser Stelle schlage ich jedoch eine Erweiterung des Therapiebegriffs anstelle der Infrage-Stellung vor. Eine ähnliche Diskussion des Therapiebegriffs hatte es bereits in der Community Music Therapy (CoMT) gegeben (Stige, 2003; Ansdell & Pavlicevic, 2004; Wosch, 2009). Hier wurde mehr Alltagsnähe therapeutischer Interventionen und eine stärkere direkte Teilhabe bzw. Einbeziehung von Klienten beim Entstehen therapeutischer Prozesse und Vorgehensweisen gefordert. Daran anknüpfend wird im Folgenden der eben angesprochene erweiterte Therapiebegriff entwickelt. Interessant ist zuvor aber, dass auch bei Muthesius und Kollegen indirekt auf CoMT-Ansätze in der Musiktherapie bei Demenz eingegangen wird. Sie schreiben: „Musik strahlt direkt aus und zieht an: Radien der Teilhabe" (Muthesius, Sonntag, Warme & Falk, 2010, S. 149). Gemeint ist hier das Phänomen, dass z. B. beim offenen Gruppensingen auch nicht beteiligte Bewohner auf die Musiktherapie-Gruppe aufmerksam bzw. „angelockt" werden und ganz von sich aus ein Interesse für die Gruppe entwickeln. Mit anderen Worten verdeutlicht dieses Beispiel, dass mit einem individuell abgestimmten akustischen Reiz

- die sonst gestörte Aufmerksamkeit und Wahrnehmung eines Demenzbetroffenen doch funktioniert,
- der Demenzbetroffene doch motiviert bzw. aktiviert wird,
- der Demenzbetroffene doch ein zeitlich und räumlich orientiertes Verhalten zur Teilnahme (bzw. Teilhabe) an einer sozialen Handlung vollzieht.

Damit komme ich nun zur Definition von Musiktherapie bei Demenz. Diese setzt sich aus der Definition von Bruscia (1996) und Stige (Wosch, 2009a) zusammen. Bruscia hatte als eine Meta-Definition für verschiedenste Ansätze der Musiktherapie die folgende Begriffsbestimmung abgeleitet: „Musiktherapie ist ein systematischer Prozess von Interventionen, in dem der Therapeut dem Klienten hilft, Gesundheit zu fördern, wobei Musikerleben und Beziehung genutzt werden, die eine Dynamik von Veränderung entwickeln" (1996, S. 20).

Stige definiert CoMT als: „CoMT ist eine professionelle Praxis von Musizieren und Gesundheit, die in einer Gemeinschaft als geplanter Prozess der Zusammenarbeit zwischen Klient und Therapeut mit der Förderung soziokultureller Veränderungen und Veränderungen der Gemeinschaft durch einen teilnehmerzentrierten Ansatz angesiedelt ist, in dem Musik als soziale Umwelt und Heimat in aufgeführten Beziehungen im nichtklinischen und integrierenden Rahmen angewendet wird" (Stige, 2003, S. 454; in: Wosch, 2009, S. 117).[6]

In der Musiktherapie bei Demenz wurde oben die Einseitigkeit der Hilfe des Therapeuten für den Klienten infrage gestellt, was in der CoMT als Zusammenarbeit und einem teilnehmerzentrierten Ansatz eine Alternative findet. Weiterhin geht es, wie bisher ausgeführt, in der Musiktherapie bei Demenz nicht allein um Integration und Gemeinschaft sowie nicht allein um Musikaufführungen, sondern z. B. auch um Beruhigung, Verstehen und Sicherheitserleben des Einzelnen. Somit wird aus beiden Definitionen folgende Synthese für die Musiktherapie bei Demenz gebildet:

> Musiktherapie bei Demenz ist eine Zusammenarbeit zwischen Klient und Therapeut zur Förderung des Demenzbetroffenen in allen seinen physischen, psychischen und sozialen Ressourcen, welche unter der Einbeziehung aller Erscheinungsformen des Musikerlebens sowohl wissensbasiert zielgerichtet als auch gemeinsam erkundend erreicht werden.

---

6 Die starke Betonung der Partizipation des Klienten kann bereits zwei Jahre vorher in einem US-Zitat zur Musiktherapie bei Demenz gefunden werden: „In a sense, the actions oft the person with dementia can be seen as mysteries to be explored and „solved" by the individual and the therapist together." (Hatfield & McClune 2001, S. 84)

1.3 Wirkungsstudien zu und Wirkelemente von Musiktherapie bei Demenz

Den von Lipe (1991; in: Hatfield & McClune, 2001, S. 102), Vink und Kollegen (2003), Tüpker (2009) sowie Muthesius, Sonntag, Warme und Falk (2010) zu Recht angemahnten fehlenden Untersuchungsmöglichkeiten zur Musiktherapie bei Demenz aufgrund nicht relevanter Forschungsinventare kann aktuell doch entsprochen werden. Dazu zählen zum einen gleich eine ganze Reihe von Wirkungsstudien zur Musiktherapie bei Demenz, welche in 2008 und 2009 veröffentlicht wurde. Dies sind zum einen zwei Wirkungsstudien, welche die höchsten Anforderungen des o. g. Cochrane-Review erfüllen: von Alfredo Raglio und Kollegen (2008) aus Italien und von Stephane Guetin und Kollegen (2009; u. a. zusammen mit Edith Lecourt) aus Frankreich. Diese ermöglichten 2009 die Aufnahme der Musiktherapie in die S3-Leitlinie für Demenz. Bei Guetin und Kollegen wurde sogar das Anhalten der Wirkungen acht Wochen nach Abschluss der Therapie untersucht und bestätigt. Vier weitere Untersuchungen von Melita Belgrave (2009), von Lise Cagnon und Kollegen (2009, zusammen mit Isabelle Peretz), von Ae-Na Choi und Kollegen (2009) und von Sandee Hicks-Moore und Bryn Robinson (2008) untersuchten auf dem ebm-Level 2 (evidence based medicine Standard) nicht zufällig zugeordnete Klientengruppen von Menschen mit Demenz in Musiktherapie im Vergleich mit einer weiteren Therapieform und/oder einer Kontrollgruppe ohne Therapie. Im Fall von Cagnon (Cagnon, Peretz & Fulop, 2009) wurde die Wirkung von Musiktherapie bei älteren Menschen mit und ohne Demenz verglichen. Alle sechs Untersuchungen messen signifikante – also nachgewiesene – Effekte der Musiktherapie bei Demenz. Die drei stärksten Verbesserungen durch Musiktherapie bei Demenz werden nach diesen Studien nachgewiesen für

- signifikante Reduktion von Agitiertheit,
- signifikante Reduktion von Angst,
- signifikante Reduktion von Depressivität und Depression.

Die weiteren nachgewiesenen Effekte mit unterschiedlich starker Ausprägung in den Ergebnissen der sechs Studien sind für Musiktherapie bei Demenz:

- signifikante Reduktion von Apathie
- signifikante Reduktion von Desorientiertheit
- signifikante Reduktion von Schlafstörungen
- signifikante Reduktion von verwirrten Körperbewegungen
- signifikante Aktivierung
- signifikante Verbesserung empathischer Teilnahmefähigkeit
- signifikante Verbesserung der Aktivierung und Erfüllung psychosozialer Bedürfnisse (als signifikante Reduktion sekundärer Symptome sozialer Isolation, erreicht durch nonverbale Kommunikation)

Diese Liste von zehn signifikanten bzw. nachgewiesenen Wirkungen von Musiktherapie bei Demenz ist im Jahr 2010 eine erste wissenschaftlich empirisch belegte Grundlage für die Möglichkeiten und Besonderheiten von Musiktherapie in diesem Feld. Diese Grundlage ist weiter ausbaubar. In vielen Punkten überschneidet und belegt sie die bereits o. g. Erfahrungswerte der Musiktherapie bei Demenz sowie ihrer Einzelfall- und Theoriestudien der letzten Jahrzehnte. Die in den sechs Studien untersuchten Verfahren von Musiktherapien bei Demenz und Erscheinungsformen des Musikerlebens sind:

- Singen vom Klienten präferierter bzw. favorisierter Lieder (mit jeweils persönlicher Bedeutung für den Klienten)
- vom Klienten präferiertes bzw. favorisiertes Musikhören (bzw. Musikrezeption)
- Instrumentalimprovisation

In allen Fällen wurden also Verfahren eingesetzt und als erfolgreich nachgewiesen, die jeweils ganz individuell und flexibel auf den jeweiligen Demenzbetroffenen abgestimmt waren. In allen diesen Fällen ist somit auch ein entsprechend qualifizierter Musiktherapeut notwendig, der mit den jeweiligen Verfahren der Musiktherapie bei Demenz jene Abstimmungen erfolgreich für und mit den Demenzbetroffenen zum Ziel führen kann.

Hoch interessant ist in der Untersuchung von Choi (Choi, Lee, Cheong & Lee, 2009), dass in dieser Studie über die Ziele für den Demenzbetroffenen hinaus eine geringere Belastung des Pflegepersonals durch die in der Musiktherapie erreichte signifikante Reduktion von Agitiertheit ebenfalls signifikant nachgewiesen werden konnte. Dies bedeutet zum einen eine deutliche Entlastung durch Musiktherapie bei Demenz für andere Berufsgruppen und somit z. B. eine mögliche Burn-out-Minderung bei dieser. Zum anderen kann dies ggf. hinsichtlich der Pflegekosten weiter untersucht werden, wenn die Betroffenen dadurch im positiven Sinne auf weniger permanente Assistenz und Schutz angewiesen wären, was sich z. B. auf kürzere Aufenthalte oder gar nicht notwendige Aufenthalte in der vollstationären gerontopsychiatrischen Behandlung in Krisenfällen von Agitiertheit auswirken könnte.

Weitere Ergebnisse der sechs Studien bezogen mehrfach den direkten Körperkontakt in der Musiktherapie bei Demenz mit ein, welcher von hoher Bedeutung in diesem Feld ist. Außerdem wurde bei Gagnon (Cagnon, Peretz & Fulop, 2009) ermittelt, dass es im Musikerleben keine Unterschiede zwischen Menschen in der ersten Phase der Demenz und Menschen ohne Demenz gibt. Dies belegt weiterhin die Besonderheiten des Musikerlebens gegenüber anderen kognitiven Leistungen, welche bereits in der ersten Phase der Demenz beeinträchtigt sind. Das hat wiederum Konsequenzen für die Art der Musiktherapie bei Demenz in der ersten Phase, die demnach noch viele Parallelen zur Musiktherapie bei Klienten ohne Demenz bezogen auf den Einsatz des Musikerlebens haben kann.

Mit den eben genannten Untersuchungen wurden vor allem die nachgewiesenen Ergebnisse der Wirkung von Musiktherapie bei Demenz angegeben. Die Wirkfaktoren selber jedoch, die zu diesen Ergebnissen führen, sind dabei noch nicht eindeutig identifiziert. Dazu geben u. a. die Kapitel des vorliegenden Buchs im ersten Grundlagenteil weitere Auskünfte. Dazu gehören neben theoretischen Studien ebenfalls empirische Untersuchungen. Diese sind von der Untersuchungsmethodik her vor allem Mikroanalysen (Wosch & Wigram, 2007; Ridder, 2007). Bereits oben wurden die Mikroanalysen zwei Mal genannt. Sie prüfen nicht einzelne Verhaltensweisen bzw. Symptome, sondern beobachten Verhalten komplex. Dabei kann die jeweilige Mikroanalyse ganz im Sinne der Musiktherapie bei Demenz auch dem konkreten Betroffenen individuell angepasst werden. Die Komplexität der Verhaltensbeobachtung wird zudem objektivierbar. Zum dritten kann dies alles direkt eine ganz normale Musiktherapie bei Demenz untersuchen. Es sind also keine Labor- oder experimentellen Bedingungen für diese Untersuchungen notwendig. Es kann die natürliche Therapiesituation direkt untersucht werden. Mit diesen drei Punkten ist die Mikroanalyse eine ideale Methode zur Untersuchung von Wirkfaktoren und -prinzipien der Musiktherapie bei Demenz. Hier wird es möglich, die Bedeutung des in der Mikroanalyse jeweils Gemessenen abzuleiten. Damit wird letztendlich eine Forderung aus 1991 mit dieser Methodik umgesetzt, welche für Untersuchungen zur Musiktherapie bei Demenz verlangte: „… research measures that allow investigators to … infer meaning from observed response patterns" (Lipe, 1991; in: Hatfield & McClune, 2001, S. 102). Im vorliegenden Buch finden sich dazu die Mikroanalysen und deren Ergebnisse für die Musiktherapie bei Demenz von Ridder, Kiewitt sowie Warme und Steinert. Auch hier ist ein weiterer Ausbau möglich.

Als letzten Gedanken zu diesem Thema und als Abschluss des vorliegenden Kapitels wird auf Musikerleben und Validation eingegangen. Sowohl neurologische Untersuchungen zum Musikerleben als auch Untersuchungen zur Musiktherapie bei Frühgeborenen zeigen ein Phänomen, dass ich in einem anderen Zusammenhang „Stellvertretererleben" (Wosch, 2009a, S. 182) genannt habe. Dieses Phänomen kann eine Schlüsselfunktion für die Wirkung von Musiktherapie bei Demenz einnehmen, insbesondere dann, wenn sie mit den Prinzipien der Validation arbeitet.

Blood und Zatorre (2001) beschreiben als ein Ergebnis ihrer neurologischen Untersuchungen ein äußerst interessantes Ergebnis zum Musikerleben: „Wir haben gezeigt, dass Musik neuronale Systeme für Belohnung und Emotion aktiviert, die denen entsprechen, die auf spezifische biologisch relevante Stimuli wie beispielsweise Nahrung oder Sex antworten, bzw. künstlich durch Rauschdrogen aktiviert werden" (Blood & Zatorre, 2001, S. 11823; in: Spitzer, 2006, S. 397; Grawe, 2004, S. 88). Gemeint ist hier, dass das Erleben von Grundbedürfnissen des Menschen in neurologischen Messungen ganz genau mit den Ergebnissen von Messungen von Musikerleben übereinstimmt, ohne dass jedoch beim Musikerleben jene Grundbedürfnisse direkt befriedigt wurden. Diese Besonderheit und Möglichkeit des Musikerlebens sowie dessen bewussten und zielgerichteten Einsatz in der Musiktherapie habe ich „Stellvertretererleben" (Wosch, 2009a, S. 182) genannt. Im Fall der Untersuchung von Blood und Zatorre waren es Musiken, „die der Hörer mag" (Spitzer, 2006, S. 397), welche zu diesem Stellvertretererleben führten. Somit sind es also genau die präferierten Musiken jedes einzelnen Menschen, welche bereits in den oben genannten Wirkungsstudien zur Musiktherapie bei Demenz erfolgreich eingesetzt wurden und die vielfach zuvor in der kurzen Geschichte der Musiktherapie in deren Praxis genannt wurden.

Bevor dieser Gedankengang fortgesetzt und zum Ende geführt wird, möchte ich kurz zwei weitere Besonderheiten der Ergebnisse von Blood, Spitzer und Grawe nennen. Die eine Besonderheit ist, dass Blood und Zatorre Musikerleben generell als hohe abstrakte Leistung bezeichnen. Sie schreiben: „Die Aktivierung dieser Systeme des Gehirns durch einen Reiz vom Grad der Abstraktheit von Musik könnte eine emergente Eigenschaft der Komplexität menschlichen Denkvermögens sein" (Blood & Zatorre, 2001, S. 11823; in: Spitzer, 2006, S. 397f.) Wird im gleichen Sinne Musikerleben in der Musiktherapie bei Demenz eingesetzt, so haben wir es mit einem hohen Grad an Abstraktheit und Komplexität menschlichen Denkens zu tun. Dieses kennen wir bereits auch aus der kindlichen Entwicklung des Denkens.[7] Zum einen kann dieses spezifische Musikerleben mit seiner hohen kognitiven Komplexität für den Betroffenen eine zutiefst kognitive Befriedigung darstellen und andere kognitive Verluste in dem Moment infrage stellen. Es kann auch das Phänomen Demenz als kognitive Leistung auf höchstem Niveau, jedoch damit eben nicht mehr selbstständig alltagsfähig erscheinen lassen. Damit einhergeht, dass auch daraus die höchsten Anforderungen und Herausforderungen der Betreuung und Behandlung Demenzbetroffener resultieren. Die zweite Besonderheit ist, dass Grawe jenes spezifische Musikerleben, das Stellvertretererleben, als Grundsatz und Grundlage aller Psychotherapie aus neurowissenschaftlicher Sicht betrachtet. Er schreibt zu den Ergebnissen von Blood und Zatorre: „Dies ist gewissermaßen eine neurowissenschaftliche Formulierung dessen, was Freud mit Sublimierung meinte. ... Das ist die Essenz von dem, was ich mit Neuropsychotherapie meine" (Grawe, 2004, S. 88). In den Zwischensätzen dieses Zitates schreibt Grawe von Musikerleben als Lebenserfahrung und dass Lebenserfahrung, wie z. B. Musikerleben, direkt auf das Gehirn nun nachgewiesener Maßen einwirken kann und dabei sowohl krank als auch gesund machen kann. Im Fall der Demenz wird mit einem bewussten Einsatz eben jener Lebenserfahrung mit Musikerleben ebenfalls nachgewiesener Maßen auf das Gehirn eingewirkt, was die o. g. Wirkungsstudien belegen. Es kann bislang der Demenzbetroffene damit noch nicht gesund gemacht werden. Es können aber alle o. g. Symptome behandelt werden, welche das Ausmaß der Krankheit Demenz für die Betroffenen und ihre Umwelt deutlich reduzieren. Wenn also mit dem Musikerleben als Stellvertretererleben bewusst und erfolgreich gearbeitet wird, so ist die Musiktherapie bei Demenz nach Grawe ebenfalls als Neuropsychotherapie zu benennen.

---

7 Wenn dies eine Parallele zum dementen Denken in einzelnen Punkten darstellt, kann es eine kognitive Erklärung zum guten Verständnis von Kindern für Demenzbetroffene, wie es im vorliegenden Buch im Kapitel von Keller und Klären beschrieben wird, geben. Eine weitere Parallele gibt im vorliegenden Buch das Kapitel von Warme und Steinert, welche ein Diagnostikinventar für Störungen frühkindlicher Beziehungsqualitäten für Demenz modifizieren.

I Grundlagen

In zwei letzten Schritten wird nun der Gedanke des Stellvertretererlebens in der Musiktherapie bei Demenz zu Ende geführt. Der erste Schritt sind die Ergebnisse der Untersuchungen zur frühesten Mutter-Kind-Beziehung in der Musiktherapie bei Frühgeborenen (Nöcker-Ribaupierre, 1995; Nöcker-Ribaupierre, 2003). Im vierten intrauterinen Monat ist beim Embryo das auditive Wahrnehmungssystem, unser Hören, voll entwickelt und funktionstüchtig. Dies wird bei Frühgeborenen, welche heute ca. ab dem fünften Schwangerschaftsmonat überleben können, genutzt. Ihre Beziehung zur Mutterstimme kann als die erste abstrakte Beziehung betrachtet werden. Diese Vermutung lassen jene Untersuchungen von Nöcker-Ribaupierre zu, deren Ergebnisse ein verbessertes Wachstum, deutlich weniger Ausfälle im Kreislauf- und Atemsystem sowie frühere Entlassungen aus dem Krankenhaus des Frühgeborenen waren. Zu beobachten war hier in der Musiktherapie eine Beruhigung des Kindes (mit gleichzeitigem Anstieg des Sauerstoffpartialdruckes), sobald die Mutterstimme zu hören war (Nöcker-Ribaupierre, 2003, S. 164). Eine Erklärung für diese Beruhigung kann das Hören bzw. auditive Wahrnehmen von etwas hoch Vertrautem sein, was als Stellvertretererleben dem Kind den sicheren Zustand in der Mutter erleben lässt (obwohl dieser Zustand nicht real da ist, sondern „nur" im Musik- bzw. Klangerleben der Stimme erlebt wird). Damit einher gehen die genannten messbaren körperlichen Reaktionen. Hier wird im Klang- bzw. Musikerleben ein Stellvertretererleben von Beziehung und Körpererleben ermöglicht. Egal ob Stellvertretererleben von Grundbedürfnissen, Lebenserfahrungen oder hier von Beziehungen und Körpererleben im Musikerleben, in allen Fällen wird die hohe Potenz von Musikerleben für die Validation bei Demenzbetroffenen deutlich. Validation (Feil, 1992; Kitwood, 1997; Innes & Hatfield, 2001; Klein, 2007; Heger, 2010; Muthesius, Sonntag, Warme & Falk, 2010) meint vereinfacht gesagt, dass sich dem Demenzbetroffenen individuell und situativ angepasst wird. Dies kann z. B. bedeuten, auf eine Situation zu reagieren, wenn ein Demenzbetroffener im Hochsommer ein Weihnachtslied anstimmt. Eine Reaktion darauf kann sein, dem Betroffenen zu sagen, dass es Sommer und nicht Weihnachten sei. Damit würde das Weihnachtslied und mit ihm der Betroffene selbst abgelehnt werden. In der Demenz ist die zeitliche Orientierung nicht vorhanden. Deshalb passt sich die Validation dem dementen Denken an, indem mit dem Betroffenen das Weihnachtslied gesungen wird. Dabei wird versucht zu verstehen, ob der Betroffene sich in seinem Erleben zeitlich gerade im Dezember befindet oder ob Momente der aktuellen Situation für den Betroffenen gerade für Weihnachten stehen (z. B. dass Kaffeetrinken und gemeinsamen zu Singen für den Betroffenen eine Weihnachtssituation bedeuten) und so weiter. Deutlich wird hier, dass die Validation notwendig wird, da sich die Demenzbetroffenen oft in jeweils ganz eigenen und innerhalb einer Gruppe untereinander sehr verschiedenen Zeiten und Räumen in ihrem Erleben befinden. Mit Hilfe der Funktion des Stellvertretererleben (Wosch, 2009a, S. 182) im Musikerleben sind wir jedoch in der Lage, diese individuellen Erlebniswelten des Demenzbetroffenen zu berühren und zu teilen. Es geht somit sowohl in den speziellen Erlebniswelten der Demenzbetroffenen als auch im Stellvertretererleben des Musikerlebens um ein reines Erleben, das viele Rahmenbedingungen dazu, teilweise sogar alle, die wir Realität oder materielle Umwelt nennen, entbehren kann. Diese beiden hoch abstrakten Phänomene des Denkens und Erlebens einerseits von Demenzbetroffenen und andererseits des Musikerlebens besitzen sehr große Überschneidungen. Mit diesen Überschneidungen und Ähnlichkeiten zum Demenzerleben besitzt das Musikerleben die besondere Potenz für seinen Einsatz für Demenzbetroffene. In detaillierten Schritten und Perspektiven wird dies nun in den folgenden Kapiteln konkretisiert, angewendet und erweitert. Damit möchte das vorliegende Buch zu einer weiteren Grundlegung, Entwicklung und fortschreitenden Professionalisierung für das große Zukunftsfeld der Musiktherapie bei Alter und Demenz beitragen.

Literatur

Aldridge, D. (2000). *Music Therapy in Dementia Care*. London: Jessica Kingsley Publishers.

Aldridge, D. & Aldridge, G. (1992). Two epistemologies: music therapy and medicine in the treatment of dementia. *The Arts in Psychotherapy. 19*, 243–255.

Ansdell, G. & Pavlicevic, M. (2004). *Community Music Therapy*. London: Jessica Kingsley Publishers.

Belgrave, M. (2009). The effect of expressive and instrumental touch on the behavior states of older adults with Late-stage dementia, of the Alzheimer's type and on music therapist's perceived rapport. *Journal of Music Therapy. 46 (2),* 132–146.

Blankenburg, A. v. (2000). *Musiktherapie mit Senioren*. Idstein: Schulz-Kirchner.

Blood, A.J. & Zatorre, R.J. (2001). Intensely pleasurable responses to music correlate with activity in brain regions implicated in reward and emotion. *Proceedings of the National Academy of Science of the United States of America. 98,* 11818–11823.

Bright, R. (1981). *Practical planning in music therapy for the aged*. New York: Lynbrook.

Bright, R. (1984). *Musiktherapie in der Altenhilfe*. Stuttgart: Gustav Fischer.

Bright, R. (1986). *Grieving: A handbook for those who care*. Saint Louis: MMB.

Bright, R. (1988). *Music Therapy and the Dementias*. Saint Louis: MMB.

Bright, R. (1996). *Grief and Powerlessness: Helping People Regain Control of Their Lives*. London: Jessica Kingsley Publishers.

Bright, R. (1997). *Wholeness in Later Life*. London: Jessica Kingsley Publishers.

Bruscia, K. (1996). *Defining Music Therapy*. Gilsum: Barcelona Publishers.

Cagnon, L., Peretz, I. & Fulop, T. (2009). Musical structural determinants of emotional judgments in dementia of the Alzheimer type. *Neuropsychology. 23(1),* 90–97.

Choi, A.-N., Lee, M.S., Cheong, K.-J. & Lee, J.-S. (2009). Effects of group music intervention on behavioral and psychological symptoms in patients with dementia. *International Journal of Neuroscience. 119(4),* 471–481.

Dehm-Gauwerky, B. (2009). Altersdemenz und Musiktherapie. In H.-H. Decker-Voigt & E. Weymann (Hrsg.), *Lexikon Musiktherapie* (S. 11–17). Göttingen: Hogrefe.

Feil, N. (1992). *Validation. Ein Weg zum Verständnis verwirrter alter Menschen*. München: Ernst Reinhardt Verlag.

Grawe, K. (2004). *Neuropsychotherapie*. Göttingen: Hogrefe.

I Grundlagen

Grümme, R. (1998). *Situation und Perspektive der Musiktherapie mit dementiell Erkrankten. Beiträge zur Gerontologie, Sozialpolitik und Versorgungsforschung*. Band 2. Deutsches Zentrum für Altersfragen e. V. Regensburg: Transfer Verlag.

Guetin, S., Portet, F., Picot, M.C., Pomie, C., Messaoudi, M., Djabelkir, L., Olsen, A.L., Cano, M.M., Lecourt, E. & Touchon, J. (2009). Effest of music therapy on anxiety and depression in patients with Alzheimer's type dementia. *Dementia and Geriatric Cognitive Disorders. 28(1),* 36–46.

Hamberger, M. (2008). *Musiktherapie im Alter*. Freising: Laubsänger-Verlag.

Hatfield, K. & McClune, N. (2001). Principles of Person-Centered Care in Music Therapy. In A. Innes & K. Hatfield (Hrsg.), *Healing Arts Therapies and Person-Centered Dementia Care* (S. 79–111). London: Jessica Kingsley Publishers.

Heger, J. (2010). *Musiktherapeutische Mittel und Validation* [unveröffentlichte Diplomarbeit, Hochschule für angewandte Wissenschaften Fachhochschule Würzburg-Schweinfurt].

Hicks-Moore, S.L. & Robinson, B.A. (2008). Favorite music and hand massage: Two interventions to decrease agitation in residents with dementia. *Dementia: The International Journal of Social Research and Practice. 7(1),* 95–108.

ICD-10 (1994). München: Urban & Schwarzenberg.

Innes, A. & Hatfield, K. (2001). *Healing Arts Therapies and Person-Centered Dementia Care*. London: Jessica Kingsley Publishers.

Kiewitt, K. (2005). *Musikbiografie und Alzheimer-Demenz. Zur Wirkung der Rezeption biografisch relevanter Musik auf das emotionale Erleben von Alzheimer-Betroffenen*. Hamburg: Kovač.

Kitwood, T. (1997). *Dementia Reconsidered: The Person Comes First*. Philadelphia: Open University Press.

Klein, S. (2007). *Musiktherapeutisches Handeln in der personenzentrierten Pflege von Menschen mit Demenz* [unveröffentlichte Diplomarbeit, Hochschule Magdeburg-Stendal (FH)].

König, E. (1996). *Die Institution Altenheim – ein Praxisfeld der Musiktherapie?* [unveröffentlichte Diplomarbeit, Universität Münster]

Lipe, A. (1991). Using music therapy to enhance the quality of life in a client with Alzheimer's dementia: A case study. *Journal of Music Therapy, XXXII(3),* 137–151.

Muthesius, D. (1997). *Musikerfahrungen im Lebenslauf alter Menschen*. Hannover: Vincentz.

Muthesius, D. (2001) (Hrsg.). „Schade um all die Stimmen…" Erinnerungen an Musik im Alltagsleben. In M. Mitterauer & P.P. Kloß (Hrsg.), *Damit es nicht verloren geht…* Wien: Böhlau-Verlag.

Muthesius, D., Sonntag, J., Warme, B. & Falk, M. (2010*). Musik – Demenz – Begegnung. Musiktherapie für Menschen mit Demenz*. Frankfurt: Mabuse.

Nöcker-Ribaupierre, M. (1995). *Auditive Stimulation nach Frühgeburt*. Stuttgart: Gustav Fischer Verlag.

Nöcker-Ribaupierre, M. (2003). Die Mutterstimme – eine Brücke zwischen zwei Welten. Kurz- und Langzeitbeobachtungen Auditiver Stimulation mit Mutterstimme. In M. Nöcker-Ribeaupierre (Hrsg.), *Hören – Brücke ins Leben* (S. 151–169). Göttingen: Vandenhoeck & Ruprecht.

Ochsner-Ridder, H.M. (2005). *Musik & Demens*. Århus: Forlaget Klim.

Raglio, A., Bellelli, G., Traficante, D., Gianotte, M., Ubezio, M.C., Villani, D. & Trabucchi, M. (2008). Efficacy of Music Therapy in the Treatment of Behavioral and Psychiatric Symptoms of Dementia. *Alzheimer Dis Assoc Disord, 2,* 158–162.

Ridder, H.M. (2007). Microanalysis on Selected Video Clips with Focus on Communicative Response in Music Therapy. In T. Wosch & T. Wigram (Hrsg.), *Microanalysis in Music Therapy* (S. 54–66). London: Jessica Kingsley Publishers.

Schroeder, M. (2009). *Musikalische Intervention im Alter zum Anstieg von Handlungsmotivation*. Saarbrücken: VDM.

Schumacher, K. (2007). The „AQR-instrument" (Assessment oft he Quality of Relationship) – An Observation Instrument to Assess the Quality of a Relationship. In T. Wosch & T. Wigram (Hrsg.), *Microanalysis in Music Therapy* (S. 79–91). London: Jessica Kingsley Publishers.

Schwabe, C. (1978). *Methodik der Musiktherapie und deren theoretische Grundlagen*. Leipzig: Johann Ambrosius Barth.

Schwabe, C. (1983). *Aktive Gruppenmusiktherapie für erwachsenen Patienten*. Leipzig: Georg Thieme.

Spitzer, M. (2006). *Musik im Kopf*. Stuttgart: Schattauer.

Stige, B (2003). *Elaborations toward a Notification of Community Music Therapy*. Oslo: unipub.

Tüpker, R. (2009). Musiktherapeutische Konzepte mit alten Menschen. In R. Tüpker & H.H. Wickel (Hrsg.), *Musik bis ins hohe Alter* (S. 93–148). Norderstedt: Books on Demand GmbH.

Tüpker, R. & Wickel, H.H. (2004) (Hrsg.). *Musik bis ins hohe Alter*. Münster: LIT.

Tüpker, R. & Wickel, H.H. (2009) (Hrsg.). *Musik bis ins hohe Alter*. Norderstedt: Books on Demand GmbH.

Vink, A.C., Birks, J., Bruinsma, M.S. & Scholten R.J.P.M. (2003). Music therapy for people with dementia. *Cochrane Database of Systematic Reviews*, 4, CD003477, DOI:10.1002/1451858.

Wosch, T. (2009). Community Music Therapy. In H.-H. Decker-Voigt & E. Weymann (Hrsg.), *Lexikon Musiktherapie* (S. 115–119). Göttingen: Hogrefe.

Wosch, T. (2009a). Outcomes and Microprocesses in Music Therapy. In Saporosher Nationale Universität (Hrsg.), *Vystnik* (S. 180–183). Saporoshe: Nationale Universität.

Wosch, T. & Wigram, T. (2007) (Hrsg.). *Microanalysis in Music Therapy*. London: Jessica Kingsley Publishers.

2 Neuropsychologische Aspekte im Erinnern vertrauter Lieder bei Menschen mit Alzheimer-Demenz

Franziska Adler

2.1 Einführung und Fragestellung

Oft wird nicht nur in der musiktherapeutischen Arbeit mit Demenzkranken deren Fähigkeit wahrgenommen, bis ins hohe Lebensalter und bei fortgeschrittener Erkrankung ihnen vertraute, (alt-)bekannte Lieder zu erinnern und wiederzugeben. Sucht man nach neuropsychologischen Erklärungen für dieses Phänomen, trifft man in einschlägiger Fachliteratur jedoch kaum auf nähere Hintergründe oder Untersuchungen (entsprechend einer Literaturrecherche der Autorin basierend auf Ochsner Ridder, 2005). Zwar wird wiederholt auf Repertoire aus der Jugend- und jungen Erwachsenenzeit hingewiesen (Ragneskog & Kihlgren, 1997; Christie, 1992; Clair & Bernstein, 1990a), eine explizite Begründung für die entsprechende Musikauswahl wird in diesen Quellen jedoch nicht gegeben.

Es lassen sich zahlreiche Reaktionen auf Musik beobachten (Hintz, 2000). Wodurch wird das äußerlich sicht- bzw. hörbare (und damit u. U. auch das innerliche), nachweisbare exakte Wiedergeben von Liedmelodien und z. T. Liedtexten trotz erheblicher kognitiver Verluste ermöglicht und aus welchem individuell-biographischen Zeitraum stammen sie? Von welchen Faktoren ist der Erinnerungsprozess abhängig? Im vorliegenden Beitrag wird aus einer neuropsychologischen Sichtweise an dieses Thema und die eben gestellten Fragen herangeführt. Die Betrachtung liegt hierbei explizit auf Menschen mit Alzheimer-Demenz (AD) im fortgeschrittenen Stadium, wodurch einem oft allgemeinen, undifferenzierten Umgang mit der Begrifflichkeit „Demenz" entgegengewirkt wird. Aus der Thematik des Erinnerns vertrauter Lieder resultieren zwei offensichtliche Kriterien, welche einer differenzierten neuropsychologischen Betrachtung bedürfen:

1. das Gedächtnis (Lernen und Erinnern),
2. Musik in ihrer Verarbeitungsweise im Gehirn.

Ein dritter Aspekt und hypothetischer Annäherungsversuch an die Fragestellungen stellt die Rolle der Emotionalität im Abspeichern und Erinnern von musikalisch begleiteten Erlebnissen dar (vgl. Wojnar, 2005). Kann von einem triadischen Zusammenspiel von Emotionalität, Gedächtnis und Musik zur Abspeicherung von Liedern im Gehirn ausgegangen werden, bei welchem Strukturen entstehen, die auch bei Gehirnabbau durch AD relativ lang erhalten bleiben und die lang anhaltende Fähigkeit der Erinnerung eines vertrauten Liedes ermöglichen?

2.2 Neuropsychologische Aspekte des Gedächtnisses, der Emotion und Musikverarbeitung

2.2.1 Gedächtnis und die Rolle der Emotion

Ausgehend von einem modalen Gedächtnismodell kann das Konstrukt Gedächtnis in Kurzzeitgedächtnis (KZG) und Langzeitgedächtnis (LZG) unterteilt werden, welche mit Prozessen des Enkodierens (Verschlüsseln), Abspeicherns und Abrufens von Informationen verbunden sind. Im KZG (vermutlich lokalisiert in Teilen des Neokortex sowie des limbischen Systems, insbesondere des Hippocampus) werden Reizinformationen aller Sinnesmodalitäten kurzzeitig gespeichert (Karnath & Thier, 2003) sowie die Bedeutung eingegangener Informationen für einige Sekunden analysiert (Schmidtke, 2006), mit vorhandenem Wissen aus dem LZG verglichen und verknüpft (Knab, 2006; Zimbardo, 1995). Das LZG besteht zum einen aus einem deklarativen (expliziten) System, welches für das Einprägen episodischer, autobiographischer und damit affektbesetzter Inhalte (persönliche Erlebnisse etc.) sowie semantischer Sachinformationen (wiederholbares Wissen, z. B. in der Schule Erlerntes) verantwortlich ist. Teile des Neokortex (insbesondere rechtshemisphärisch) sowie limbische Strukturen (vorwiegend Hippocampus) spielen hierbei eine Rolle, wobei der Hippocampus weniger intensiv in die Abspeicherung semantischen Wissens involviert ist (Goldenberg, 2002; Karnath & Thier, 2003; Knab, 2006). Einen zweiten Teil des LZG bildet das nondeklarative (implizite) Gedächtnis, welches sich auf unbewusste, automatisierte Erfahrungsphänomene (Gehen, Spielen eines Instrumentes, Singen etc.) sowie deren Erinnerung bezieht (Karnath & Thier, 2003; Knab, 2006). Prozedurale Informationen werden in den subkortikal gelegenen Basalganglien zwischengespeichert und gelangen von dort in Regionen des Neokortex (Knab, 2006).

Prozessorientiert betrachtet, gehen der Erinnerung von Informationen Encodierungs- und Abspeicherungsprozesse voraus (Quast, 2005; Knab, 2006). Sie vollziehen sich sowohl in kortikalen als auch subkortikalen (limbisches System, insbesondere Hippocampus und Amygdala) Hirnarealen beider Hemisphären (Quast, 2005). Durch eine effektive Bearbeitung von Informationen können diese umfassend im LZG konsolidiert werden. Hierfür ist das einfache oder elaborativ verknüpfte Wiederholen von Inhalten unabdingbar (Zimbardo, 1995). Das Erinnern erfolgt über aktives Wiedergeben, Schlüsselhinweise (cued recall) sowie Wiedererkennung (recognition) (Knab, 2006). Im Moment des Erinnerns von Wissen ist ein gleichzeitiges Stattfinden von Einspeicherungs- und Erinnerungsprozessen im sowohl Kurz- als auch LZG zu verzeichnen, welches von abgespeicherten Inhalten als auch von aktuellen Gegebenheiten beeinflusst wird. Diese aktuellen Gegebenheiten können z. B. die Art und Weise der Übereinstimmung von Lern- und Abrufkontext (Goldenberg, 2002; Karnath & Thier, 2003), die Intensität des Lernprozesses (Karnath & Thier, 2003), die Aufmerksamkeit/Wachheit/Konzentration/Motivation sowie das

Lebensalter (individuelle und entwicklungspsychologische Entwicklung) sein (Knab, 2006).

Umfassende ebenenübergreifende Organisationsstrukturen im Nervensystem (sensorische Strukturen, Subkortex, Kortex) sind für die Verarbeitung emotionaler Prozesse verantwortlich (Traue & Kessler, 2003; in: Stephan & Walter, 2003). Dem limbischen System, insbesondere der darin lokalisierten Amygdala, wird eine hohe Bedeutung in der Regulation von Wahrnehmung und emotionaler Reaktion zugesprochen (Remington, 2002). Sie dient zur gefühlsmäßigen Bewertung eingegangener Informationen (Quast, 2005). Klinische Untersuchungen legen insbesondere die Beteiligung der rechten Hemisphäre an Emotionsprozessen nahe (Karnath & Thier, 2003). Die bereits beschriebene Beteiligung des limbischen Systems in der Abspeicherung von Wissen weist auf einen Zusammenhang zwischen Gedächtnis- und Emotionsprozessen hin. Lernen „erfolgt niemals ohne Beteiligung unserer Emotionen" (Quast, 2005, S. 23) bzw. (emotionale) Bewertung und Gedächtnis bedingen sich untrennbar (Roth, 2001). „Ob positiv oder negativ – bewerten wir ein Ereignis via Gefühl, können wir uns später besonders gut daran erinnern. Es ist nicht nur intensiver verschlüsselt, sondern wir erzählen es auch öfter. Das Erzählen aktiviert jedes Mal die alte Gedächtnisspur und konsolidiert sie so" (Knab, 2006, S. 35).

2.2.2 Rezeptive Musikverarbeitung und Emotion

Musik steht in enger Verbindung zu Gefühlen, da jede Wahrnehmung mit einer subjektiven Bewertung einhergeht (Herrmann & Fiebach, 2004). Daraus schlussfolgernd lässt sich die Musikverarbeitung (akustische Reize) von emotionalen Verarbeitungsprozessen nicht trennen. „Die Tatsache, dass unser Hörorgan so eng mit dem limbischen System verbunden ist, erklärt, warum Musik immer emotionale und gefühlsmäßige Reaktionen hervorruft" (Quast, 2005, S. 42). Anlehnend an ein Modell von Altenmüller (2005) soll ein integratives sowie interagierendes Modell zur Verarbeitung von Gedächtnis-, Emotions- und Musikwahrnehmungsprozessen am Beispiel des Hörens eines Volksliedes vorgestellt werden.

Zunächst erfolgt ein akustischer Reiz (bspw. eine Volksliedmelodie), welcher nach seinem Verlauf durch die Hörbahnen über das Stammhirn (verantwortlich für Aufmerksamkeits- und Wachheitszustand) im sensorischen Thalamus verarbeitet wird (Altenmüller, 2005; Roth, 2005; Quast, 2005). Auf einem schnellen, ungenauen, kaum Reizdiskriminierung zulassenden Weg gibt dieser sensorische Thalamus Informationen zur lateralen Amygdala weiter, welche die emotionalen Reaktionen „mit motorischem Verhalten, Reizantwort des autonomen Nervensystems und Hormonausschüttung" programmiert (Altenmüller, 2005, S. 144). Parallel mit der eben beschriebenen Reizverarbeitung geschieht eine Weiterleitung des eingegangenen akustischen Stimulus zum Neokortex. Im primärsensorischen – in diesem Fall im auditorischen – Kortex wird der empfangene Reiz decodiert (entschlüsselt), im unimodalen Assoziationskortex identifiziert (als Volkslied). Diese Information verläuft zweigleisig, zum einen zur Amygdala, welche entsprechend neue emotionale Reaktionsmuster aktiviert, zum anderen gelangt er zum polymodalen Assoziationskortex, welcher den mittlerweile identifizierten Reiz in bereits bestehende Konzepte einbindet (z. B. eine grundsätzlich positive Einstellung zu Volksliedern, allgemeine Vorstellungen über Lieder und deren harmonische Struktur) sowie eine Bewertung des emotionalen Reizes unter Einbezug von Gedächtnis- und Erinnerungsstrukturen im enthorinalen Assoziationskortex, Hippocampus sowie Subikulum ermöglicht. Letztere „stellen das Gehörte in einen Zusammenhang zur Vergangenheit" (Altenmüller, 2005, S. 145). Dies könnten z. B. Erinnerungen an mit dem Singen/Hören verbundene frühere Lebenssituationen sowie mit ihnen verbundenen Gefühlen sein oder persönlich bedeutsame Menschen, mit denen das Lied gemeinsam rezeptiv (hörend) oder aktiv (singend) erlebt wurde. Dadurch findet eine komplexe Einspeicherung im LZG statt. Musikverarbeitungsbeeinflussende Faktoren stellen hierbei u. a. die Frage der individuellen musikalischen Erfahrung (Berufs- oder Laienmusiker, Kultur), Geschlecht, Elternhaus, Bildung, rezeptiv oder aktiv verarbeitete Musik dar (Quast, 2006). Das Wiedererkennen einer Melodie gilt hierbei v. a. als Leistung des impliziten Gedächtnisses (Knab, 2006) und das Wiedererkennen eines Liedtextes als eine Leistung des semantischen Gedächtnisses. Für das Sprachgedächtnis wird dem Thalamus eine Bedeutung zugesprochen, indem er (wie bei Verarbeitungsprozessen von Emotion und Musik) sowohl Bahnen zu kortikalen als auch subkortikalen Strukturen aufweist. Erstere sind insbesondere an einem assoziativen, bewussten Lernen beteiligt, Letztere an einer Art Lernen durch Gewöhnung (Walkowiak, 1996).

2.3 Hypothesen zum Erlernen und Wiedergeben von Liedern

Zahlreiche individuell stark variierende Faktoren spielen in der Abspeicherung und Wiedergabe von Liedern eine Rolle. Diese sind

- das Setting (räumliche/zeitliche Umgebung, aktuelles Befinden, Gemeinschaft, Sinneseindrücke etc.),
- die Musik (Parameter, Präferenzen/individueller Umgang, musikalische Biographie etc.),
- die aktuelle Aufmerksamkeit,
- das Gedächtnis (Prozesse des Speicherns/Abrufens sowie des expliziten/impliziten Gedächtnisses; Wiederholung etc.),
- die Emotion der erlebenden Person, welche in einem engen Wechselspiel zu all den zuvor genannten Faktoren zu stehen scheint.

Für das Erlernen von Inhalten, damit auch musikalischer Strukturen, ist ein integriertes Zusammenspiel unterschiedlichster Regionen des gesamten Zentralen Nervensystems (ZNS) notwendig, bei welchem insbesondere Strukturen des Vorderhirns (limbisches System, Neokortex, Thalamus) sowie das Kleinhirn eine zentrale Rolle einnehmen. Die Musikverarbeitung findet in beiden Hemisphären des menschlichen ZNS statt, wobei sich bei einem Laien musikalisch-ganzheitliche, inklusive melodische, Parameter vorwiegend rechtshemisphärisch, sprachliche Aspekte im Wesentlichen linkshemisphärisch vermuten lassen. Beteiligte Strukturen bilden schwerpunktmäßig Teile des Neokortex sowie das limbische System und der Thalamus. Für motorisches Handlungspotential ist u. a. der Hirnstamm verantwortlich. Gedächtnisprozesse finden integriert im gesamten ZNS statt und involvieren in besonderer Weise Teile des Vorderhirns (limbisches System, Neokortex) und den Hirnstamm. Musikalisch-biographische Informationen werden explizit episodisch, der Text eines Liedes explizit semantisch, sich wiederholende gleich bleibende musikalische Strukturen (bspw. Liedmelodie) implizit prozedural abgespeichert. Sich ähnelnde Bedingungen des Einspeicherprozesses mit denen des Abrufes sind einer Erinnerung dienlich und können eine Cue-Funktion übernehmen. Die Verarbeitung emotionaler Stimuli geschieht entsprechend der musikalischen Stimuli, ausgehend von der Annahme eines Einhergehens musikalischer Reize mit emotionalen (unabhängig von der Diskussion, ob diese mit dem akustischen Material transportiert oder unmittelbar durch es ausgelöst werden). Das Ausmaß der beteiligten Hirnstrukturen im Erlernen von Liedern ist abhängig von der Art des vorausgehenden Reizes sowie dem individuellen Umgang damit. Letzterer ist erfahrungsabhängig und ergibt sich u. a. aus (musik-)kulturellen, familiären, bildungspolitischen sowie persönlichen Faktoren. Das Abspeichern und Abrufen musikalischer Strukturen ist abhängig von der aktuellen Motivation (extrinsisch/intrinsisch) und der Aufmerksamkeit (sowohl beim Speicher- als auch Reproduktionsprozess), ebenso wie vom Grad der Einspeicherung durch Wiederholung und beteiligter Emotionalität. Sowohl der Grad der Konsolidierung als auch aktuelle Parameter sind in ständiger Veränderung begriffen und beeinflussen die Aufnahme und Wiedergabe des Wissens stetig, unabhängig vom entwicklungspsychologischen Alter des Betroffenen, wenngleich eine konzentriertere Informationsaufnahme in jungen Lebensjahren als wahrscheinlich gilt.

2.4 Alzheimer-Demenz – Zusammenfassung der neuropsychologischen Defizite

Aus den bisherigen Ausführungen bildet sich eine triadische Verbindung von Gedächtnis-, Emotions- und durch Musik angeregten Verarbeitungsprozessen im ZNS heraus. Wie diese Hirnprozesse durch eine bestehende AD beeinflusst werden können, wird im Folgenden erörtert. Von Beginn einer vermuteten AD an (in den meisten Fällen bereits Jahre vor der Diagnosestellung) sind vorwiegend Teile des Hippocampus, der Amygdala, des benachbarten und Assoziationskortex, des cholinergen Systems sowie des Septums von einer Veränderung und resultierendem Abbau betroffen. Dies sind im Wesentlichen Areale des

Vorderhirns (Neokortex, limbisches System), wobei der Neokortex stärker beeinträchtigt ist als das limbische System. Hirnstamm und Zwischenhirn (als Teil dessen der Thalamus) sind hingegen in einem geringeren Maße betroffen (Schmidtke, 2006). Die beschriebenen Areale des Vorderhirns tragen erheblich zu Gedächtnis-, Emotions- und Musikverarbeitungsprozessen bei, weshalb eine Einschränkung dieser drei Funktionen logisch abzuleiten ist. Da sich der Abbauprozess bei AD über mehr als zehn Jahre hinziehen kann, die Diagnose durchschnittlich erst bis zu drei Jahre nach Krankheitsbeginn erfolgt, wird eine allmählich fortschreitende Schädigung deutlich, welche offensichtlich eine Kompensation verloren gegangener Fähigkeiten über mehrere Jahre ermöglicht (Schmidtke, 2006). Es gehen Funktionen des Arbeitsgedächtnisses verloren. Die Fähigkeit zur Aufmerksamkeit bleibt basal bis ins fortgeschrittene Stadium erhalten, während selektive und geteilte Aufmerksamkeit abnehmen. Neue Informationen können entsprechend schwer, später nicht mehr ins LZG aufgenommen werden, wenngleich die Fähigkeit der Wiedergabe knapper Informationen bis ins fortgeschrittene Stadium einer AD bestehen bleibt (Calabrese, 2000; in: Calabrese & Förstl, 2000; Schmidtke, 2006). Die Fähigkeit des Erlernens eines neuen Liedes könnte sich mit dieser Begründung bei fortgeschrittener AD als eher unwahrscheinlich schlussfolgern lassen. Bezogen auf das LZG ist insbesondere das deklarative Gedächtnis von Abbauprozessen betroffen, hier zunächst das semantische Gedächtnis (Calabrese, 2000; in: Calabrese & Förstl, 2000). Der Grund einer fortwährenden Fähigkeit des Erinnerns autobiographischer Erlebnisse ließe sich eventuell mit ihrer individuellen Knüpfung an emotionale Bewertung und damit entsprechenden komplexer integrierten Verarbeitungsmechanismen im ZNS erklären. Prozedurale, in den Basalganglien konzentrierte Leistungen bleiben weitestgehend erhalten. Da es sich bei der AD um eine unaufhaltbare Zerstörung des gesamten ZNS handelt, werden letztlich im Endstadium (abgesehen von vegetativen Funktionen) sämtliche kognitive Fähigkeiten stark beeinträchtigt.

2.5 Erklärungsversuch einer bleibenden Kompetenz des Singens vertrauter Lieder bei AD

Unter Einbezug der aufgeführten neuropsychologischen Einschränkungen bei AD sowie des bereits vorgestellten Musikverarbeitungsmodells soll folgender Erklärungsversuch für ein entsprechendes (stark vereinfachtes) Musikverarbeitungsschema bei AD-Erkrankten unternommen werden. Der Eingang akustischer Reize über das Stammhirn in den Thalamus dürfte im Wesentlichen unverändert bleiben, sofern keine organischen Defizite des Hörorgans vorliegen. Nach einer Verarbeitung im relativ intakten Thalamus erfolgt die Informationsweiterleitung zum einen zur z. T. eingeschränkten Amygdala, zum anderen zum stark beeinträchtigten Neokortex. Inwiefern diese Weiterleitungsprozesse beeinträchtigt sind, stellt sich als unbekannte Komponente dar. In der

Amygdala erfolgt eine erste emotionale Bewertung des eingegangenen Reizes und daraus resultierende körperliche Reaktionen. Weiterhin geschieht eine Informationsweitergabe zum primär sensorischen, unimodalen und polymodalen Kortex (als Teile des Neokortex). Diese Weiterleitungsprozesse könnten bei AD möglicherweise eine besondere Bedeutung erhalten. Ist nämlich die Verarbeitung in einem der drei Kortexareale bzw. die Weiterleitung der Informationen an den nächsten Assoziationskortex beeinträchtigt, so kann die Amygdala zumindest ihre Informationen emotionalen Charakters direkt zu den Kortexarealen weiterleiten und eine Weiterbearbeitung ermöglichen. Da der polymodale Assoziationskortex in enger Verbindung steht mit dem z. T. eingeschränkten Hippocampus und anderen Gedächtnisstrukturen, außerdem von einer Verknüpfung limbischer Strukturen untereinander ausgegangen werden kann, ist somit möglicherweise ebenfalls eine direkte Weiterleitung der emotionalen Reaktion zum Hippocampus und seinen weitergeschalteten Strukturen möglich. Dies könnte zu einer Erinnerungsleistung – der eines vertrauten Liedes und/oder der damit verknüpften (emotionalen) Lebenssituation – sowie einer darauf folgenden Reproduktion dieses Liedes beitragen. Jedoch stellt sich an dieser Stelle die Frage, inwiefern bei einer möglichen Schädigung des polymodalen Assoziationskortex dennoch – trotz des zunächst einsetzenden Verlustes des semantischen Wissens – ein Lied (in seiner Melodie sowie von einer Phrase bis hin zum gesamten Textumfang) erinnert werden kann. Bereits beschrieben wurde die Abspeicherung motorischer Bewegungsabläufe des Singens im prozeduralen Gedächtnis unter Beteiligung des limbischen Systems. Der Erhalt dieser Gedächtnisleistung ist bis ins fortgeschrittene Stadium einer AD möglich. Weiterhin könnte hier der bereits beschriebene Faktor des ständigen Wiederholens greifen, wodurch das Lied möglicherweise verstärkt prozedural abgespeichert wird. Die Basalganglien sowie deren Verschaltungen mit dem Neokortex wiederum könnten für einen prozedural abgespeicherten Text verantwortlich sein. Ebenso sollte der Thalamus in seiner Bedeutung für das Sprachgedächtnis an dieser Stelle an Wichtigkeit gewinnen. Wird ein bewusstes, assoziatives Lernen vorwiegend kortikal und das Lernen durch Gewöhnung subkortikal abgespeichert (Walkowiak, 1996), so ist ausgehend von einer bei AD verhältnismäßig geringeren Einschränkung subkortikaler Strukturen das Lernen von Liedtexten durch Gewöhnung – also durch ständige Wiederholung – und das Erinnern dieser Liedtexte bei vorliegender AD als durchaus realistisch einzuschätzen.

2.6 Weiterführende Hypothesen zur Erinnerung vertrauter Lieder bei AD

An AD erkrankte Menschen können erfahrungsgemäß ihnen vertraute Lieder in der Melodie und individuell abhängig auch z. T. mit deren Text erinnern. Für das Abspeichern von Liedern sind die Wiederholung sowie die einhergehende Emotionalität von Bedeutung. Vertraute Melodien werden durch ihre vielfache Wiederholung sowohl aktiv durch äußerlich wahrnehmbares als auch innerliches Mitsingen prozedural abgespeichert und können aufgrund eines im Vergleich geringeren Abbaus prozeduraler Gedächtnisleistungen (der Basalganglien, des Thalamus und des Stammhirns) eines AD-betroffenen ZNS auch bei bestehender Erkrankung erinnert und reproduziert werden. Vertraute Liedtexte werden möglicherweise nicht nur semantisch, sondern durch ihre vielfache Wiederholung ebenso wie Melodien prozedural abgespeichert und können bei fortgeschrittener AD erinnert werden. Unterstützt wird dies durch bestehen bleibende Fähigkeiten des lexikalischen Primings (Reimen) sowie des Umgangs mit Rhythmus in seiner Verbindung von Text und Sprache. Textschwierigkeiten ergeben sich aus einem im Vergleich zur Melodie geringeren Wiederholungsgrad, wodurch zeitweise ein Rückgreifen auf explizite semantische Gedächtnisinhalte erforderlich wird. Deren Abruf ist jedoch bei einer AD beeinträchtigt. Durch komplexer stattfindende Verarbeitungsprozesse beim Erlernen eines Liedtextes hinsichtlich seiner Verknüpfung mit einer Melodie, kann eine Melodie als cue in der Erinnerung des Liedtextes dienen. Eine Melodie gelangt aufgrund klarer, begrenzter Strukturen schneller in das prozedurale Gedächtnis als Liedtexte, für welche zeitlich intensivere kognitive Leistungen zu vollbringen sind.

Neben der Wiederholung spielt die mit einem Lied verbundene abgespeicherte Emotionalität eine Rolle in der Erinnerung eines Liedes. Insbesondere stark emotional bewertete Erfahrungen sind episodisch abgespeichert und bleiben demnach bei AD länger bestehen als semantische Inhalte. Spielt Musik (z. B. ein Lied) bei diesem Erlebnis eine Rolle, so wird auch dieses episodisch abgespeichert und bleibt für einen AD-Betroffenen länger im LZG erhalten. Emotional eher als neutral zu bewertende Liederfahrungen lassen einen Schwerpunkt auf den Aspekt der Wiederholung vermuten, durch welche eine lang anhaltende Erinnerungsfähigkeit begründet werden kann. Persönlich bedeutsame Lieder in autobiographisch emotionalen Erlebnissen motivieren das Wiederholen der Lieder und sind demnach verstärkt im Gedächtnis repräsentiert und bei AD entsprechend länger abrufbar. Aktuelle situative Faktoren im Erinnern eines Liedes wie Aufmerksamkeit, Motivation, Emotion und räumliche Umwelt beeinflussen den Abrufprozess eines Liedes und können im Umgang mit AD-Betroffenen (angepasst an bestehende Einschränkungen der Aufmerksamkeit, evtl. der Emotion und Motivation sowie der visuellen Wahrnehmung) durch Dritte bewusst reflektiert stimuliert und verändert werden. Der *Status des vertrauten Liedes* kann durch entsprechende Emotionalität und Wiederholung in jedem Lebensabschnitt erreicht, prozedural abgespeichert und für AD-Betroffene erinnerbar werden.[8] Eine besondere Bedeutung von Liedern aus jungen Lebensjahren ließe sich mit einer entsprechend längeren zeitlichen Bekanntheitsspanne und damit häufigerer Wiederholungsmöglichkeiten erklären

---

8   Siehe dazu beide Kapitel von Ridder sowie das von Kiewitt.

sowie der generellen Ausprägung der musikalischen Gewohnheiten in dieser Zeit.

Ob die aufgeführten Hypothesen einem realistischen Erklärungsversuch entsprechen, lässt sich ausschließlich durch vertiefendes weiterführendes Literaturstudium mit Hinterfragung eventueller Fehlerquellen (z. B. differente Betrachtungsweisen/Annahmen/Definitionen, unzureichende Literaturrecherche oder mangelhafte Erforschung) sowie die Durchführung von empirischen Studien als weiterer Forschung herausarbeiten.

2.7 Bedeutung der Hypothesen für die musiktherapeutische Arbeit

Um den Einfluss der aufgestellten Hypothesen für die Musiktherapie mit AD-Betroffenen herauszuarbeiten, muss zunächst eine AD diagnostiziert werden. Da dies eindeutig erst post mortem geschehen kann, stellt die Erteilung einer Diagnose eine erste Herausforderung für Ärzte und Pflegepersonal dar. Welche Bedeutung können nun aber vertraute, also alt- oder besser *noch* bekannte Lieder für AD-Betroffene haben. Die Erinnerung eines Liedes kann den Versuch Betroffener darstellen, aktuelle Emotionen durch eine Bedeutungszuschreibung zu erneuern (Muthesius, 1999). Ermöglicht wird dies durch das Abzielen eines großen Anteils von Musik auf Emotionalität (Muthesius et al., 2005). Durch die Ausführungen des vorliegenden Artikels kann diese Aussage und Umsetzung voll gestützt werden. Durch strukturierte Musik (u. a. trifft dies für Volkslieder und Schlager zu) geordnet bzw. „geformt" erlebte Emotionalität erzeugt ein Kompetenzgefühl bzgl. einer Fähigkeit, die sich im Verlauf einer AD verhältnismäßig geringer verändert als der Umgang mit kognitiven Herausforderungen (Muthesius et al., 2005). Dies bedeutet, dass jene erhaltenen Kompetenzen im Zusammenhang mit Emotionalität und Musik dem AD-Betroffenen weit länger zur Verfügung stehen als andere Kompetenzen, wie z. B. solche, die rein an die Sprache gebunden sind. Somit wird hier für den Betroffenen anstelle vieler sonstiger kognitiver Defizite, die unseren Alltag stark bestimmen, eine Ressource erlebbar, welche den Bereich seines ganz individuellen Erlebens betreffen. Als Ressource kann dies das Selbstwerterleben des Betroffenen stark unterstützen.

Das Zusammenspiel zwischen der settingbezogenen Emotionalität des AD-Betroffenen bspw. in seinem Heimalltag mit der aktuell intrapsychisch, biographisch verknüpften Emotionalität aus der ganz persönlichen Geschichte des Betroffenen lässt eine große Herausforderung für das musiktherapeutische Geschehen entstehen. Dies bedeutet, dass die Person des Musiktherapeuten mit ihrer (un-)bewusst erlebten und damit vermittelnden Emotionalität, das Gruppengefühl sowie die wahrgenommene Atmosphäre der Umgebung das aktuelle (zeitunabhängige) innere Erleben der AD-Betroffenen beeinflussen. Ausgehend von einer Akzeptanz und dem Anknüpfen an das aktuelle Erleben als

2 Neuropsychologische Aspekte im Erinnern vertrauter Lieder

Grundeinstellung gegenüber Menschen mit AD, sollte das Ziel in der Musiktherapie demnach nach den in diesem Artikel aufgestellten Hypothesen nicht in der Veränderung des emotionalen Befindens der Betroffenen liegen, sondern vielmehr in einer Begleitung des Betroffenen und *seiner* Emotionalität sowie einer möglicherweise daraus *resultierenden* Stimmungsmodulation. Empathie und Schwingungsfähigkeit des (Musiktherapeuten einschließenden) Personals können nach Auffassung der Autorin mithilfe des Einsatzes vertrauter Lieder zu stützendem emotionalen Erleben der AD-Betroffenen hinführen. Empathie und Schwingungsfähigkeit werden dabei verstanden sowohl als die innere Einstellung auf eine letztlich unbekannte Lebenswelt, welche der AD-Betroffene gerade erlebt und die erst erkundet und verstanden werden muss, als auch eine aus dieser Lebenswelt, aus diesem aktuellen Erleben des AD-Betroffenen resultierenden Anpassung der äußeren Umstände. Die äußeren Umstände meinen hier, dass die Pflege- und die Therapiesituation an jene Lebens- und Erlebniswelten anzupassen sind.

In welchem Rahmen diese Lieder oder andere Musiken angeboten werden, bestimmt u. a. die Fähigkeit zur Aufmerksamkeit mit. Probleme in der selektiven und geteilten Aufmerksamkeit bei AD appellieren an ein musiktherapeutisches Umfeld und Angebot, welches sich mit einer ungeteilten, anhaltenden Aufmerksamkeit vereinen lässt. Dies bedeutet im Optimalfall das Vorherrschen eines stimmigen Dreiklangs aus Befinden des Betroffenen, lokalem/personellem Umfeld sowie musikalischem Angebot.

Die Auswahl der Lieder oder anderer relevanter Musiken für die Musiktherapie sollte auf individuell biographischen Informationen der AD-Betroffenen beruhen. Bezogen auf die Ergebnisse des vorliegenden Artikels dürfte sich das Repertoire ergeben aus der Anzahl der Wiederholungen im Laufe des Lebens, welche wiederum ausgelöst werden durch den persönlichen emotionalen Gehalt und dessen Bedeutung für die Biographie. Werden durch das Singen vertrauter Lieder nicht allein die Erinnerung an das Lied, sondern damit verbundene biographische Erinnerungen geweckt, so kann dies zu einer Stärkung der eigenen Identität und Sinnfindung der Betroffenen führen. Für die Erstellung musikbiographischer Fragebögen erscheint ein gezieltes Fragen zum einen nach besonders emotional erlebten, musikalisch begleiteten biographischen Ereignissen und zum anderen nach sich regelmäßig wiederholten musikalischen rezeptiven und aktiven Tätigkeiten sowie dem mit ihnen verbundenen (möglichst konkreten) Musikrepertoire besonders sinnvoll und relevant. Können AD-Betroffene selbst keine Auskünfte geben bzw. sich nicht im musikalischen Handeln diesbezüglich ausdrücken, stellen diese konkreten Fragen zur Musikbiographie eine hohe Herausforderung für Angehörige und eine noch höhere Herausforderung für nicht verwandte Betreuer dar. Damit ergibt sich für Musiktherapeuten letztlich häufig eine therapeutische Ausgangssituation des Unwissens über Musikgewohnheiten und damit die Aufgabe des reflektierten Ausprobierens. Dieses reflektierte Ausprobieren basiert auf der selbständigen Beantwortung relativ allgemeingültiger musikwissenschaftlich und soziologisch begründeter musikalischer Umstände während des gesamten Lebenszeitraumes des Betroffenen in der für ihn ganz individuellen Bedeutung.

Individualität, Sein und sein dürfen – dies sind Grundbedürfnisse, welche jedem Menschen zustehen, dem Leben Sinn und Einklang mit sich und seiner Umwelt verleihen. Kann die eigene Identität aus verschiedensten Gründen nicht wahrgenommen werden, entstehen Gefühle wie Angst und Sorge, Verwirrtheit und Unsicherheit. Der musiktherapeutische Einsatz vertrauter Musik kann unter Berücksichtigung individueller Persönlichkeit und Biographie sowie der aktuellen von Krankheit beeinträchtigten Lebenssituation ein Stück Identität wieder finden lassen, Halt und Sicherheit bieten und somit Menschen in ihrem allmählichen Ausklang Raum für das Erleben von Einklang geben.

Literatur

Adler, F. (2006). *Ein-Klang im Ausklang. Neuropsychologische Aspekte im Erinnern vertrauter Lieder bei Menschen mit einer Alzheimer Demenz* (unveröffentlichte Diplomarbeit).
Altenmüller, E. (2005). Musik – Die Sprache der Gefühle? Neurobiologische Grundlagen emotionaler Musikwahrnehmung. In R. Schnell (Hrsg.), *Wahrnehmung, Kognition, Ästhetik. Neurobiologie und Medienwissenschaften* (S. 139–155). Bielefeld: transcript.
Calabrese, P. (2000). Neuropsychologie der Alzheimer Demenz. In P. Calabrese & H. Förstl (Hrsg.), *Psychopathologie und Neuropsychologie der Demenzen*. Lengerich: Pabst Verlag.
Christie, M. (1992). Music therapy applications in a skilled and intermediate care nursing home facility: a clinical study. *Activities, Adaption and Aging, 16(4),* 69–87.
Clair, A. & Bernstein, B. (1990). A preliminary study of music therapy programming for severely regressed persons with Alzheimer's-type dementia. *Journal of Applied Gerontology, 9(3),* 299–311.
Goldenberg, G. (2002). *Neuropsychologie. Grundlagen, Klinik, Rehabilitation*. Stuttgart: Fischer.
Hintz, M. (2000). Geriatric music therapy clinical assessment: assessment of music skills and related behaviors. *Music Therapy Perspectives, 18 (1),* 31–40.
Karnath, H.-O. & Thier, P. (Hrsg.) (2003). *Neuropsychologie*. Berlin: Springer.
Knab, B. (2006). *Warum wir immer das Falsche vergessen. Gebrauchsanweisung für das Gedächtnis*. Freiburg: Herder.
Kolb, B. & Whishaw, I.Q. (1993). *Neuropsychologie*. Heidelberg: Spektrum Akademischer Verlag GmbH.
Muthesius, D. (1997). *Musikerfahrungen im Lebenslauf alter Menschen*. Hannover: Vincentz.
Muthesius, D. (1999). Musik und Biographie. Lieder und Singen im Lebenslauf alter Menschen. In Deutsche Gesellschaft für Musiktherapie (Hrsg.), *Beiträge zur Musiktherapie*, Nr. 451.
Muthesius, D., Wojnar, J., Dibelius, O., Klitzing, S., Brandt, S., Steinert, C. & Vogt, K. (2005). *Balsam für die Seele: Hausmusik. Verbesserung der häuslichen Pflegesituation gerontopsychiatrischer Patienten unter Einsatz von Musiktherapie*. Deutsche Gesellschaft für Musiktherapie (Hrsg.). Köln: Kuratorium Deutsche Altershilfe.

Ochsner Ridder (2005). *Musik & Demens. Musikaktiviteter og musikterapi med demensramte.* Århus (Dänemark): Forlaget Klim.
Quast, U. (2005). *Leichter lernen mit Musik. Theoretische Prämissen und Anwendungsbeispiele für Lehrende und Lernende.* Göttingen: Hans Huber.
Ragneskog, H. & Kihlgren, M. (1997). Music and other strategies to improve the care of agitated patients with dementia. Interviews with experienced staff. *Scandinavian Journal of Caring Science, 11,* 176–182.
Remington, R. (2002). Calming music and hand massage with agitated elderly. *Nursing Research 2002, 51(5),* 317–323.
Roth, G. (2001). *Das Gehirn und seine Wirklichkeit.* Frankfurt a. M.: Suhrkamp.
Roth, G. (2005). Wahrnehmung: Abbildung oder Konstruktion? In R. Schnell (Hrsg.), *Wahrnehmung, Kognition, Ästhetik. Neurobiologie und Medienwissenschaften* (S. 119–180). Bielefeld: transcript.
Roth, G. & Prinz, W. (Hrsg.) (1996). *Kopf-Arbeit. Gehirnfunktionen und kognitive Leistungen.* Heidelberg: Spektrum Akademischer Verlag.
Schmidtke, K. (2006). *Demenzen. Untersuchung und Behandlung in der Facharztpraxis und Gedächtnissprechstunde.* Stuttgart: Kohlhammer.
Stephan, A. & Walter, H. (Hrsg.) (2003). *Natur und Theorien der Emotionen.* Paderborn: mentis.
Walkowiak, W. (1996). Prinzipien der Wahrnehmung: Auditorische Systeme. In G. Roth & W. Prinz (Hrsg.), *Kopfarbeit: Gehirnfunktionen und kognitive Leistungen* (S. 208–238). Heidelberg: Spektrum Akademischer Verlag.
Wojnar, J. (2005). Bedeutung von Musik für die Lebensqualität von Demenzkranken. In D. Muthesius, J. Wojnar, O. Dibelius, S. Klitzing, S. Brandt, C. Steinert & K. Vogt, *Balsam für die Seele: Hausmusik. Verbesserung der häuslichen Pflegesituation gerontopsychiatrischer Patienten unter Einsatz von Musiktherapie* (S. 33–39). Deutsche Gesellschaft für Musiktherapie (Hrsg.). Köln: Kuratorium Deutsche Altershilfe.
Zimbardo, P.G. (1995). *Psychologie.* Berlin: Springer.

3 Singen in der Musiktherapie mit Menschen mit Demenz – Neuropsychologische, psychophysiologische und psychodynamische Grundlagen und Perspektiven

Hanne Mette Ridder

3.1 Überblick und Fragestellung

Ein großer Teil der musiktherapeutischen Fachliteratur beschreibt die aktive Improvisation mit Musikinstrumenten (siehe z. B. Ansdell, 1995; Bruscia, 1987; Bruscia, 1998; Darnley-Smith & Patey, 2003; Nordoff & Robbins, 1977; Pedersen, 2007; Priestley, 1975; Wigram, 2004). Darüber hinaus gibt es Fachliteratur, die das Musikhören oder die Rezeptive Musiktherapie, das Schreiben von Liedern bzw. das Songwriting, die vibroakustische Therapie, Chor-Singen oder Tanzen beschreiben (siehe z. B. Aasgaard, 2002; Baker & Wigram, 2005; Bonde, 2005; Grocke & Wigram, 2007; Olderog-Millard & Smith, 1989; Palo-Bengsston, Winblad & Ekman, 1998; Skille & Wigram, 1995; Wigram & Dileo, 1997). Das vorliegende Kapitel konzentriert sich demgegenüber auf die Anwendung von Singen in der Einzelmusiktherapie mit Menschen mit Demenz. Für Klienten in der Musiktherapie, die aufgrund von Demenz Schwierigkeiten haben, mit Anderen durch Sprache zu kommunizieren oder auch nicht in der Lage sind, auf Instrumenten zu improvisieren, kann das Singen mit anderen Menschen eine Möglichkeit sein, eine Beziehung zu Anderen aufzubauen. Gleichzeitig bietet das Singen aber auch einen Rahmen für das Zusammensein.

Während es in der allein mit Gespräch geführten Therapie wichtig ist, dass sich der Therapeut über spezifische Faktoren der sprachlichen Anwendung bewusst ist, ist es in der Musiktherapie wichtig, dass der Therapeut innerhalb der therapeutischen Beziehung z. B. das Singen bewusst und gezielt anwenden kann. Es werden im Folgenden in diesem Zusammenhang drei verschiedene Perspektiven hervorgehoben:

- eine neuropsychologische,
- eine psychophysiologische und
- eine psychodynamische.

Diese drei Perspektiven bedingen sich gegenseitig, um einen Zugang zum Klienten zu erreichen.

Dieses Kapitel richtet sich an alle Therapeuten oder Pflegekräfte, die mit Menschen mit Demenz arbeiten. Eine wesentliche Inspiration, die zu den drei genannten Perspektiven führte, ist die neuroaffektive Entwicklungspsychologie die eine Integration von Entwicklungspsychologie und Neurowissenschaft ist.

3.1.1 Singen und kommunikative Musikalität

In seiner Forschung hat Steven Malloch umfassende Analysen der frühen Protokonversation unternommen, die zwischen Säuglingen und ihren Bezugspersonen stattfindet. Die Protokonversation entwickelt sich durch gemeinsame „Erzählungen" zwischen Säugling und Bezugsperson und ist einfühlsam und voller Intentionen. Malloch (1999) weist nach, dass diese Art von „Sprache", die aus expressiven stimmlichen und körperlichen Gesten besteht, sowohl Rhythmus als auch melodische Muster enthält. Er schreibt, dass diese Elemente von kommunikativer Musikalität die Grundlage für alle menschliche Kommunikation ist (Malloch, 1999; Holck, 2002). Wenn der schwedische Musiktherapeut Ulf Jederlund (2003) in seinem Buch über Musik und Sprache die Phasen des stimmlichen Entwicklungsprozesses eines Kindes einteilt, beschreibt er schon die Vokalisierung eines neugeborenen Kindes als prosodisch. Die Vokalisierung ist also im musikalischen Sinne melodisch und dynamisch betont.

Die weitere Argumentation in diesem Kapitel beruht auf der Annahme, dass Menschen eine angeborene Musikalität besitzen. Das Singen und die musikalische Protokonversation werden in den intensiven Momenten genutzt, in denen eine Kommunikation mit der Bezugsperson unter Aufmerksamkeit und Präsenz stattfindet. Da dieses so grundlegend für den Bindungsprozess des Kindes, und später für die Entwicklung der Sprache ist, ist diese kommunikative Musikalität eine entscheidende Fähigkeit, um sozialen Ausdruck zu synchronisieren (Holck, 2002). Ich gehe davon aus, dass die Fähigkeit, musikalische Kommunikation aufzufassen, erhalten bleibt, obwohl ein Mensch bei Demenz, das verliert, was wir höhere kognitive Funktionen nennen.

Wenn ich im Folgenden die Anwendung von Singen in der Therapie beschreibe, handelt es sich hauptsächlich um bekannte Lieder, die eine ästhetische, soziale bzw. kulturelle, existenzielle bzw. spirituelle oder emotionale Bedeutung für den Klienten haben. Ebenfalls betrachte ich folgendes als Singen: Stimmenimprovisationen mit mehr oder weniger melodischem Charakter oder rhythmisches Spiel mit Lauten, Tönen oder Strophen von bekannten Liedern.

Das Singen erfordert physische Aktivität, indem die Atmung eine Vibration der Stimmbänder hervor ruft, um Töne zu formen. Obwohl eine Person aufgrund schwerer Demenz nicht mehr im Stande ist zu singen, beeinflusst ein intensiver Kontakt mit einer anderen singenden Person die Atmung des Klienten sowie die Muskeln im Bereich der Kehle, und hat somit einen physischen als auch psychischen Effekt. Eine solche physische und emotionale Übertragung (Resonanzsystem), in der die Bewegungen und Handlungen von einem Menschen ausgeführt und in einem anderen wiedererkannt und gespiegelt werden, kann mit der Theorie der Spiegelneurone erklärt werden (Rizzolatti, Fogassi & Gallese, 2006; Stern, 2004, S. 79). Rizzolatti und Kollegen entdeckten, dass spezielle Zellen im Gehirn von Affen aktiviert wurden, nicht nur wenn die Affen selbst eine Handbewegung machten, sondern auch, wenn ein anderer die Bewegung ausführte. Im Gehirn wird eine Handlung sozusagen im Inneren imitiert. Mit dieser Entdeckung wird erklärt, wie Menschen sich in andere Menschen einfühlen können und damit Empathie und Mitgefühl zeigen.

Bevor ich darstelle, wie Singen in einem Therapieverlauf angewendet werden kann, werde ich kurz die psychiatrischen Symptome von Demenz beschreiben.

3.1.2 Agitiertheit und psychiatrische Symptome bei Demenz

Folgende kognitive Funktionen des Gehirns sind bei Demenz in der Regel betroffen:

- das Gedächtnis, die Aufmerksamkeit und Exekutivfunktionen
- das Denken, Problemlösung und die Sprache
- visuelle und räumliche Perzeption darunter Ortssinn und Orientierungsvermögen
- Einsicht und Krankheitswahrnehmung (Bruhn, 2004).

In Perioden von kürzeren oder längeren Zeiträumen können sich psychiatrische Symptome wie Angst, Verkennung, Wahnvorstellungen, Halluzinationen und Depressionen auftreten.

Aggressives Verhalten wird von Cohen-Mansfield et al. (1989) als eine aus vier Untergruppen von unruhigem oder agitiertem Verhalten beschrieben. Diese Untergruppen sind Teil eines standardisierten Skala-/Assessmentinstruments. Agitiertheit oder psychiatrische Symptome bei Demenz werden in Nordeuropäischen Ländern sehr oft mit Antipsychotika behandelt. In einer Kontrollierten Studie – eine sog. „double-blind randomised controlled trial" – aus Großbritannien war die Sterberate bei Alzheimer-Demenz-Patienten, die mit Antipsychotika behandelt wurden, größer als bei der Placebo-Kontrollgruppe. Das neue bundesweite Kompetenznetz Degenerative Demenzen, KNDD, warnt vor einer erhöhten Sterberate, und erhöhtes Risiko für Schlaganfälle, durch die Verabreichung von Antipsychotika an Menschen mit Demenz (KNDD, 2009). Laut KNDD sollte das Pflegepersonal vor der Verabreichung von Medikamenten erst mit anderen Methoden versuchen die Agitiertheit zu reduzieren. „Als Fazit ist zu fordern, dass alle psychosozialen Interventionen, die zu einer Reduktion von Verhaltenssymptomen führen können, ausgeschöpft werden, bevor ein Patient Antipsychotika erhält" (KNND, 2009).

Die psychosozialen Interventionen zielen auf die persönlichen Bedürfnisse nach Liebe, Bindung, Einbeziehung, Beschäftigung, Identität und Trost, die bei jeder Person mit Demenz laut der Britische Demenzforscher Tom Kitwood (1997) erfüllt werden müssen. Um diese Bedürfnisse entgegen zu kommen, schlägt Kitwood folgende positive Interaktionen vor: Anerkennen, Verhandeln, Zusammenarbeiten, Spielen, Timalation, Feiern und Entspannen. Dazu kommen drei psychodynamische Interventionen: Validation, Holding und Facilitation, die später in Absatz 4.1 beschrieben werden.

Musiktherapie kann als eine psychosoziale Intervention eingesetzt werden, im Folgenden wird die Einbeziehung musiktherapeutischer Behandlungen bei Agitiertheit bei Personen mit Demenz dargestellt.

3.2 Die Anwendung von Singen aus der neuropsychologischen Perspektive

Der Begriff Neuropsychologie wurde erstmals 1913 von Sir William Osler verwendet, um zu präzisieren, womit sich eine neue psychiatrische Klinik im John Hopkins Krankenhaus in Baltimore beschäftigte. Seitdem wurde der Begriff von Psychiatern und Psychologen zur Beschreibung von Verhaltenssymptomen verwendet, die bei Kriegsveteranen mit einer Reihe verschiedener Läsionen im Gehirn beobachtet wurden und später zur Beschreibung von Verhaltenssymptomen durch andere Gehirnerkrankungen (Zillmer & Spiers, 2001).

Der dänische Neuropsychologe Anders Degn Pedersen verbindet die Neuropsychologie mit dem Begriff des *Bewusstseins* und dem *Selbst*, und geht von einem ganzheitlich orientierten Ansatz aus „wo nicht allein kognitive, aber auch gefühlsmäßige, persönliche und soziale Verhältnisse mit einbezogen werden müssen" (Pedersen, 2002, S. 303). In diesem Sinne hat die Neuropsychologie heute nicht nur Interesse an dem, was im Gehirn passiert, sondern auch welche psychischen und emotionalen Aspekte dazu gehören. „Heute würde man es so ausdrücken, dass sich die Neuropsychologie im weitesten Sinne mit dem Verhältnis zwischen dem zentralen Nervensystem und der psychischen Funktionen beschäftigt. Die Neuropsychologie versucht insbesondere das Wissen über die psychischen Funktionen mit dem Wissen über die Prozesse des Gehirns zu kombinieren" (ebd., S. 303, Übers. durch die Autorin).

In einem hierarchischen Model setzen Stuss und Benson (1986) in ihrem Buch über das Stirnhirn (die Frontallappen) die Exekutivfunktionen in Beziehung zu den generellen Funktionen des Gehirns (Zillmer & Spiers, 2001, S. 176). Die Exekutivfunktionen sind komplexe Funktionen, die insbesondere mit den Frontallappen verbunden sind, und die eine Rolle spielen, wenn wir aktiv versuchen, ein Ziel zu erreichen. Hierzu brauchen wir unter anderem Planung, mentale Flexibilität, das Arbeitsgedächtnis und die Impulskontrolle.

Stellt man sich das Modell von Stuss und Benson bildlich vor, haben wir es auf der einen Seite mit grundsätzlichen Funktionen im Gehirn zu tun, die unsere Aufmerksamkeit und Wahrnehmung steuern. Am der anderen Seite haben wir es mit Planen und Erforschen zu tun parallel zu einer Ebene des Verhaltens, die Gedächtnis, Sprache, Bewegung und Kognition betreffen.

Das Ausrichten unserer *Aufmerksamkeit* auf spezifische Objekte oder Handlungen wird im Modell als der erste Schritt beschrieben, wohingegen der nächste Schritt die Fähigkeit zur *Antizipation* ist. Ohne das Modell noch ausführlicher zu erläutern, werde ich im Folgenden diese beiden Funktionen beschreiben, bei denen es sich im Zusammenhang mit dem Verhalten um Aufmerksamkeit handelt und im Zusammenhang mit den Exekutivfunktionen um Antizipation (Erwartung).

3.2.1 Aufmerksamkeit

Bei der Erforschung von Aufmerksamkeit wird unterschieden zwischen fixierender Aufmerksamkeit, die auf ein oder zwei gleichzeitige Stimuli beschränkt ist, und fluktuierende Aufmerksamkeit, die vielseitig ist und auf zwei oder mehrere gleichzeitige Stimuli gerichtet ist (Gade, 1997). Ob wir unsere Aufmerksamkeit auf etwas gerichtet haben, kann vollständig bis in die Mikrostruktur unserer Nervenzellen (Neuronen) verfolgt werden. Wenn ein Mensch einen Sinneseindruck empfängt, werden Neuronen aktiviert, was als elektrische Aktivität gemessen werden kann. Wenn das Nervensystem nur gewohnte bzw. bekannte Sinneseindrücke empfängt, ist die elektrische Aktivität schwach. Wenn das Nervensystem hingegen unbekannten Sinneseindrücken ausgesetzt wird, werden viele Gehirnbereiche aktiviert, und es wird eine Steigerung der elektrischen Aktivität beobachtet. Ist diese Aktivität gleichgeschaltet und starr, kann das ein Zeichen für einen epileptischen Anfall sein, und damit zum Verlust des Bewusstseins führen (Hart, 2006, S. 77). Unser Bewusstsein ist auf diese Weise davon abhängig, dass die neurale Aktivität in steter Veränderung ist. Bei einer Aufmerksamkeit, die nicht fixiert ist, feuern die Neuronen nicht auf synchrone Weise und werden somit nicht gleichzeitig aktiviert. In diesem Fall werden sie sich nicht zeitlich mit anderen Gruppen von Neuronen organisieren (Hart, 2006, S. 77). Dagegen feuern die Neuronen bei einer fixierten Aufmerksamkeit synchron mit anderen Gruppen von Neuronen, aber auf flexible Weise und in ständiger Bewegung.

Damit wir uns auf etwas konzentrieren können und eine besondere Aufmerksamkeit zeigen können, müssen wir „nicht-relevante" Stimuli ausschließen oder ignorieren können. Somit hätte man bei einer EEG-Messung in diesem Fall eine synchrone, aber nicht festgelegte Aktivierung der Neuronen sehen können. Dieser Aktivierung kann bei sogenannten Resonanzphänomenen verstärkt werden, wobei andere Nervenzellen anfangen mitzuschwingen. Der kalifornische Psychiatrieforscher Daniel Siegel beschreibt ebenfalls *Resonanz* als einen Prozess, der sich zwischen Menschen ereignet. Er sieht die Resonanz als eine interpersonelle Kommunikation, und definiert sie als die „wechselseitig einander beeinflussenden Interaktionen von zwei oder mehr relativ unabhängigen und differenzierten Wesenheiten" (Siegel, 2006, S. 366). Wenn die Übertragung von affektiver Information von einer Person zu einer anderen verstärkt wird, sprechen wir von *dyadischer Resonanz* (Hart, 2006, S. 95; Siegel, 2006), worauf ich in Abschnitt 4.1 zurückkommen werde.

Außer der Steuerung von Aufmerksamkeit sind die Menschen von anderen sehr basalen affektregulierenden Funktionen abhängig, wie z. B. das Atmen, Bewusstseins- und Arousal-Prozessen, Gleichgewichtszuständen und Orientierungsreflexen. Diese Regulierungen spielen sich im Stammhirn und im innersten Teil des Kleinhirns ab, wo es schon seit der Geburt große Aktivität gibt. Laut Hart schafft das Stammhirn eine Synthese mit einem Großteil der Komponenten, die das affektive System beeinflussen (Hart, 2006, S. 97). Diese affektive Regulierung ist eine „zentrale Fähigkeit" (Siegel, 2006, 2009), die Menschen schon in ihrer frühen Kindheit durch dyadische Beziehungen entwickeln.

3.2.2 Antizipation

Schon von Geburt an entstehen im Gehirn des Säuglings kognitive Modelle über die Welt. Die kognitiven Modelle entstehen, wenn der Säugling mit seiner Umgebung und seinen Bezugspersonen interagiert. Dabei unterstützen diese Modelle das Zentralnervensystem bei der Bildung von erwartungsbasierten Systemen (Hart, 2006, S. 242). Anscheinend ist das die gleiche neurale Grundlage, welche die Möglichkeit zum Lernen und für die Erinnerung schafft, egal auf welchem kognitiven Organisationsniveau die Gedächtnisfunktion sich befindet. „Das Gedächtnis entsteht durch Veränderungen in neuralen Mustern und Aktivitäten, die nur entstehen können, wenn das Gehirn aktiv ist ... Das Leben besteht aus einer Unzahl von optischen Eindrücken, von Geräuschen, von Handlungen und von Worten, die im Nervensystem analysiert werden und sich in Nervenzellgruppen sammeln, und zu einem zusammengehörenden Erlebnis führen" (Hart, 2006, S. 240; Übers. durch die Autorin).

Laut Donald Hebbs neuropsychologischer Theorie von 1948 verbinden sich neurale Kreisläufe auf diese Weise miteinander. Wir kennen Hebbs Theorie von dem, was im Allgemeinen als Hebb'sche Regel bezeichnet wird („neurons that fire together, wire together"), unter anderem mit der Folge, dass Neuronen, die sich nicht in einem Kreislauf verbinden, sterben. Wenn eine Gedächtnisspur aktiviert wird, ist es wahrscheinlich, dass auch andere Gedächtnisspuren aktiviert werden, und dass diese Spuren sich miteinander verbinden. Wenn die Spuren starke Verbindungen eingehen, werden sie als Engramme oder Schemata (ebd.) bezeichnet. Solche Engramme sind kognitive Strukturen, die als Organisierung von Informationen im Gedächtnis zu verstehen sind. Der kognitive Inhalt ist das gelagerte Erinnerungsmaterial (Hougaard, 2004, S. 66).

Um etwas zu antizipieren, egal ob es implizit oder explizit ist, muss es eine Gedächtnisspur geben. Frühere Erlebnisse hinterlassen Spuren, wie Fußstapfen auf einem Pfad. Auf Basis dieser Spuren kann das Gehirn Antizipationen gestalten, die in die Zukunft weisen.

3.2.3 Musik, Aufmerksamkeit und Antizipation

Für Menschen, die aus verschiedenem Gründen Schwierigkeiten haben, die Aufmerksamkeit zu fixieren und sich zu erinnern, wird jede Begegnung eine neue Begegnung, z. B. ein wöchentliches Treffen mit einem Therapeuten. Für die therapeutische Situation bedeutet dies, dass der Therapeut jedes Mal wieder „von Vorne anfangen" muss, ohne dass der Klient eine Antizipation an die Beziehung hat, es sei denn, der Therapeut kann damit umgehen, wie Gedächtnisspuren und Antizipationen sowie Erwartungen im Therapieverlauf doch aktiviert werden können.

Musik besteht laut Schneck und Berger (2006) aus den folgenden sechs Parametern:

I Grundlagen

- Periodizität
- Melodie
- Harmonie
- Dynamik
- Klangfarbe
- Form bzw. musikalische Gestalt

Alle sechs Parameter können einzeln oder in Kombination miteinander als auditive oder körperliche Stimuli fungieren. Sollen diese Stimuli die Aufmerksamkeit einer Person ansprechen können, wird der Betreffende sie als relevant deuten können. Es muss vermutet werden, dass besondere Geräusche, an welche wir uns so gewöhnt haben, dass wir sie nicht mehr registrieren, vom Gehirn als nicht-relevante Stimuli bewertet werden. Es wird dann eine niedrige neurale Aktivität beobachtet. Wenn Geräusche uns jedoch stimulieren und in irgendeiner Form als sinnvoll erlebt werden, treten sie in das Aufmerksamkeitsfeld und erhalten eine basale affektregulierende Funktion. Werden die Geräusche so wiederholt, dass sie sinnvoll sind, d. h. ohne dass sie wie eine neutrale Geräuschkulisse wirken, werden sie im Gedächtnis derart verarbeitet, dass sie implizite oder explizite Antizipationen der Beziehung wecken. Diese akustischen Hinweise, Auslösereize oder Hints, mit dem englischen Begriff *akustisches Cueing* bezeichnet, bilden in der Musiktherapie mit Menschen, die Aufmerksamkeitsstörungen haben, den Kern einer wichtigen musiktherapeutischen Technik.

Bekannte Lieder können die Aufmerksamkeit einer Person besonders erregen, trotzdem die Person von schweren neurologischen Störungen betroffen ist. Dieses wurde von einer langen Reihe von Musiktherapeuten festgestellt, u. a. Wendy Magee (1999; 2002), die am Royal Hospital für Neurodisability in London forscht, Dagmar Gustorff (2000, 2002), die mit Komapatienten auf der Intensivstation in Deutschland arbeitet, und Concetta Tomaino (1998) die mit Menschen in der neurologischen Rehabilitierung in Zusammenarbeit mit Oliver Sacks (1998) am Beth Abrahams in New York arbeitet. Eine mögliche Erklärung dafür, dass Lieder jene Fähigkeit besitzen, die Aufmerksamkeit zu wecken, ist, dass die Lieder als auditive Stimuli wirken (zusammen mit z. B. vibroakustischen, vibrotaktilen, visuellen und physischen Stimuli). Diese ergeben in ihrer wiedererkennbarer Kopplung der oben genannten sechs musikalischen Parameter der Periodizität, Melodie, Harmonie, Dynamik, Klangfarbe oder Form einen Sinn oder Verständnis. Dieser Sinn oder dieses Verständnis führt zur neurale Aktivität und bringt damit Neurone dazu, synchron zu feuern. Personen, die aufgrund kognitiver Störungen Schwierigkeiten haben, in ihrem Gedächtnis Informationen zu organisieren und sich somit keinen Sinn oder ein Verständnis verschaffen können, müssen Gedächtnisspuren aktivieren, um eine Antizipation an das therapeutische Zusammensein zu haben. Diese Gedächtnisspuren zeigen dann, was als nächstes passiert bzw. geschieht. Die sinnvollen musikalischen Inputs sind damit akustische Cues, die auf das Zusammensein hinweisen und somit Schemata ergeben, die bei einigen Personen im Gegensatz zum Gebrauch von Worten besser oder überhaupt Gedächtnisspuren aktivieren können.

Das Singen wird dabei aber nicht als ein mechanischer Stimulus verstanden, der eine Person auf generelle Weise beeinflusst, sondern als eine Kombination von Einwirkungen, die Erlebnisse und persönliche Erinnerungen auf eine einzigartige Weise bei jeder einzelnen Person miteinander verbinden. Das musikalische Cueing entwickelt ein vereintes und sinnergebendes Muster, das in der Beziehung mit dem Therapeuten gestaltet wird. Der Therapeut wendet die Musik bewusst an, um Gedächtnisspuren zu aktivieren. Dies sind Spuren, die sich dabei nach und nach konsolidieren. Damit werden schließlich Personen mit Gedächtnis- bzw. kognitiven Problemen, wie bei der Demenz, fähig, Neues zu lernen. Die Personen erreichen ein Verständnis bzw. einen Sinn vom Zusammensein, was im Therapieverlauf ein jedes Mal mit Antizipationen gefestigt wird und sich daraus weiter entwickeln kann. Dieser Prozess bedeutet, dass mehr oder weniger konstante Schemata oder Muster vom Zusammensein mit dem Therapeuten gebildet werden trotz neurologischer Störungen. Diese Schemata werden insbesondere durch auditive musikalische Stimuli gestaltet, werden aber auch vorteilhaft mit anderen Sinneswahrnehmungen gekoppelt, z. B. bei der Begleitung des Taktschlages mit dem Bein oder einem leichten Hin- und Herschaukeln.

Es ist einfach, sich zu musikalischen Stimuli zu verhalten, denn viele gleichzeitige Stimuli, die sonst überwältigend wirken können, können sich in einem Lied zu einer nachvollziehbaren und verstehbaren Einheit verbinden.

Ein Beispiel dafür ist Johannes Brahms Wiegenlied *Guten Abend, Gute Nacht*. In diesem bilden die folgenden musikalischen Elemente zusammen eine Einheit:

- *Periodizität*, die eine zyklische Wiederholung von z. B. Rhythmus oder Ton ist,
- *Melodie*, die eine Verkettung der einzelnen Tönen zu wiedererkennbaren Strophen bildet,
- *Harmonie*, die den melodischen Verlauf in eine dreidimensionalen Perspektive fasst, z. B. wenn mehre Stimmen gleichzeitig klingen, oder im Rahmen der Akkordzusammensetzung, die in der melodischen Kontur erhalten sind,
- *Dynamik*, die die Energie oder Stimmung ist, womit die Töne sich entfalten und Veränderungen von Kraft und Intensität zeigen,
- *Klangfarbe*, die die Stimme betont in z. B. einen luftigen Charakter oder in einen klingenden Ton voller Obertöne und tiefer Vibrationen,
- *Form*, die die Einzelteile in einer Struktur oder Gestalt miteinander organisiert.

Die Neuropsychologie bietet eine Perspektive an, wo Prozesse, die mit Antizipationen zu tun haben, beschrieben werden. Um in einem Therapieverlauf Änderungen hervorzurufen (z. B. bei agitiertem Verhalten), muss die Person mit Demenz eine Art von Einsicht gewinnen. Sie muss spüren können: „Hier bin ich schon einmal gewesen. Dich habe ich vorher gesehen. Wir sollen etwas Sinnvolles und Angenehmes zusammen unternehmen."

Akustisches Cueing wird benutzt wenn der Therapeut die Therapie jedes Mal mit ausgewählter Musik anfängt. Ausgewählte Musik, z. B. ein Begrüßungslied zum Anfang, hilft, Gedächtnisspuren zu bilden, und einen wiedererkennbaren und geborgenen Raum für die Therapie zu schaffen. Der Musiktherapeut ist dabei besonders aufmerksam, dass nicht zu viele gleichzeitige Informationen oder Inputs die Konzentration stören und somit keine fixierte Aufmerksamkeit bewirken würden. Deshalb gibt der Therapeut keine überflüssigen Inputs, wie z. B. Fragen oder nebensächliche Gespräche. Diese Inputs überfordern die Person mit Demenz und der Therapeut versucht deshalb, einen forderungsfreien Raum anzubieten, in dem das Singen der wichtigste Input ist (siehe auch Ridder, 2005, 2009).

3.3 Die Anwendung des Singens aus der psychophysiologischen Perspektive

Das Wort Psychophysiologie wird benutzt, wenn wir Erlebnisse und gleichzeitige physiologische Veränderungen, z. B. in Blutdruck, Herzfrequenz, Muskelspannungen oder Hormonsekretion, beobachten, oder wenn wir psychosomatische Leiden und Stress verstehen wollen. In Abschnitt 1.2 wurde erwähnt, wie Personen mit Demenz oft psychiatrische Symptome wie Angst, Nicht-Wiedererkennen, Wahnvorstellungen, Halluzinationen und Depressionen sowie agitiertes Verhalten zeigen. Das agitierte Verhalten wird auf einem physiologischen Niveau als erhöhter Blutdruck, Herzfrequenz und Muskelspannungen beschrieben oder als eine Steigerung der Aktivität des sympathischen Nervensystems. Dieser Zustand ist mit dem Zustand von Stress zu vergleichen, der mit einem Fokus auf Psycho-Physiologie wie ein „Individueller Zustand, der psychophysiologisch von einer Kombination von höherer Anspannung/Aktivierung (sogenannte Arousal) und Unlust" gekennzeichnet ist (Sundhedsstyrelsen, 2007, S. 8).
Bei Alzheimer-Erkrankung ist ein Schwund des Hippocampus ein deutliches Zeichen einer angehenden Demenz. Im Hippocampus werden unsere Erinnerungen aus kleinen Einzelteilen zu einem sinnvollen gesamten Gedächtnisbild zusammengeführt (Gade, 1997). In *Hippocampus und Stressempfindlichkeit* argumentiert Hart, dass das Nervensystem bei herabgesetzter Hippocampusfunktion keinen relevanten Zusammenhang erschaffen kann und dass dies das Nervensystem zusätzlich stresst (Hart, 2006, S. 131). Diese Hyperempfindlichkeit und Überstimulierung hat zur Folge, dass das Nervensystem schneller in zu starken gefühlsmäßigen Reaktionen aktiviert wird. Angstzustände werden leicht bei den betroffenen Personen geweckt und führen schnell in ein Gefühl von Chaos und Gewalt (Ebenda, S. 133). Die hohe sympathische Aktivität verursacht, dass die Schwelle der Beeinflussbarkeit gegenüber äußeren Stimuli absinkt. Damit entsteht ein Teufelskreis, in dem es noch schwieriger für die Person mit den Störungen im Hippocampus ist, relevante Zusammenhänge zu verstehen und positive Antizipationen für ein eventuelles Zusammensein finden zu können.

Um den Teufelskreis zu durchbrechen, müssen dem Demenzbetroffenen in der psychophysiologischen Perspektive Strukturen, Aktivitäten oder Therapie angeboten werden, die den Stress- oder Angstzustand vermindern helfen. Eine Aktivierung des sympathischen Nervensystems hat u. a. folgende physiologische Auswirkungen:

- erhöhte Herzfrequenz,
- erhöhte Blutdurchströmung im Gehirn und in dem großen Muskeln,
- eine Erweiterung der Pupillen,
- Ausschüttung von Adrenalin im Blutkreislauf.

Der Organismus wird auf diese Weise auf eine Belastung vorbereitet. Der Gegensatz dazu wäre ein Zustand mit einer erhöhten Aktivität des parasympathischen Nervensystems, in dem das Herz langsamer schlägt, die Blutdurchströmung im Verdauungsapparat erhöht wird und der Körper einen Bedarf nach Ruhe meldet.

3.3.1 Die polyvagale Theorie und „das Selbstberuhigungssystem"

Menschen mit Demenz, die sehr pflegebedürftig sind, werden oft durch zwei diametral entgegengesetzte Extremzustände charakterisiert. Der eine Zustand ist ein solcher des *Vegetierens*, der Abwesenheit und des Hindämmerns (siehe Feil, 1992). Der andere Zustand ist ein *Hyper-Arousal*-Zustand mit hoher Aktivierung des sympathischen Nervensystems. In einem Hyper-Arousal-Zustand sind Kampf- und Fluchtmechanismen mobilisiert (LeDoux, 1998), und Symptome wie agiertes Verhalten treten häufig auf (Cohen-Mansfield et al., 1989). Diese zwei Zustände entsprechen dem ersten und zweiten Stadium des autonomen Nervensystems in der hierarchischen dreigeteilten Struktur, die in Stephen Porges polyvagaler Theorie präsentiert wird (Porges, 2001). Eine Kurzfassung der polyvagalen Theorie ist in Deutsch von Urs Honauer übersetzt worden (Porges, 2005).

Ausgehend von dieser Theorie ist es möglich, aus den zwei Zuständen *Vegetieren* („Immobilisation") und *Hyper-Arousal* („Mobilisation") in einen dritten Zustand überzugehen. Dieser Zustand ist ein „Selbstberuhigungssystem", in dem soziale Kommunikation und Engagement möglich werden. Dieses dritte „Selbstberuhigungssystem" entwickelt sich durch Bindung, emotionellen Kontakt und soziale Beziehungen schon ab der sechsten Lebenswoche (Hart, 2006, S. 111). In diesem Zustand kann die Person mit Demenz im Gegensatz zu den bei Demenz häufigen depressiven und agitierten Symptomen besser ihre Aufmerksamkeit fixieren und mit anderen interagieren und kommunizieren. Das Selbstberuhigungssystem – oder auch System für soziale Engagement genannt – wirkt in forderungsfreien Situationen. Es kann über die beiden zuvor genannten „primitiveren" Systeme des Vegetierens und der Hyper-Arousal in „Panik und Rage Zuständen" zur Wirkung kommen (ebd., S. 114). Das System entspricht dem dritten Stadium in einer hierarchischen Einteilung

I Grundlagen

des autonomen Nervensystems als mammales Vagussystem. Vagus ist der längste der 12 Hirnnerven und läuft vom Gehirn über Gaumen, Kehlkopf, Rachen, Luftröhre, Speiseröhre, Bronchien, Lungen und Herz bis zur Bauchhöhle.

Die polyvagale Theorie wird zunehmend der neuroaffektiven Forschung anerkannt (Fosha, Siegel & Solomon, 2009). Porges integriert Psychologie, Psychiatrie, Biologie und Medizin mit Psychotherapie. Die Theorie bietet eine ganzheitliche Erklärung da, wo die klinische Praxis und physiologische Zustände mit Abstraktionen wie Persönlichkeit, Selbst, Affektregulierung, Bindung und sozialen Kontakt verbunden werden.

Die Chance aus der Verbindung der psychophysiologischen Perspektive mit der Demenz ist, den Zustand des Demenzkranken genau zu beobachten oder wahrzunehmen, und wenn der Betroffene in einen Zustand von Immobilisierung (Vegetieren) oder Mobilisierung (Stress) gerät, ihm oder ihr dabei zu helfen und zu intervenieren, dass sein Selbstberuhigungssystem aktiviert wird. Wenn das gelingt, ist es für die betroffene Person möglich, irrelevante Stimuli auszuschließen und ihre Aufmerksamkeit auf das zu fokussieren, was in der aktuellen Gegenwart gerade geschieht. Auf diese Weise wird die Person im Verhältnis zu Emotionen, Handlungen und sozialen Interaktionen re-orientiert. Dies passiert weder bei einem totalen Entfernen von Erregungen, noch bei Überstimulierung, sondern nur wenn der Therapeut oder das Personal durch regulierende Techniken die eigenen selbstregulierenden Veranlagungen der Person unterstützt.

3.3.2 Singen, das Selbstberuhigungssystem und Interaktion

Wenn eine Person verhältnismäßig kräftig singt werden Muskeln im Bauchraum, eine tiefe und effektive Atmung und der Bereich um die Kehle und die Stimmbänder aktiviert. Die gleichen Bereiche können mit einer schwachen elektrischen Stimulation durch den Vagusnerv aktiviert werden. Diese Aktivierung wird als eine unbeabsichtigte Nebenwirkung bei anfallsreduzierender Behandlung von Epilepsie oder bei Depression beschrieben (Nemeroff et al., 2006). Die Frage ist, ob es möglich ist, die afferenten Nervenbahnen zu beeinflussen, die Impulse an das zentrale Nervensystem weiter zu leiten, bei physischer Stimulation in Körperbereiche, die mit dem Vagusnerv verbunden sind. Ist eine solche Stimulation möglich durch die Vibrationen, die im Hals- und Kehlbereich beim Singen gespürt werden? Wenn dies der Fall ist, muss vermutet werden, dass es beim Singen durch den Vagusnerv eine Aktivierung des Selbstberuhigungssystems eines Menschen bewirkt werden kann. Die Folge dieser Aktivierung wäre eine Stressreduktion. Es fehlt momentan der Nachweis für einen solchen *Ursache-Wirkungs-Zusammenhang*. Jedoch wird in der Forschung ein Zusammenhang zwischen Singen und Stressreduktion resultiert. Ein Beleg dafür ist, dass beim Chorgesang das Kortisolniveau abgesenkt und/oder die S-IgA-Antistoffe im Speichel vermehrt werden (Beck, Cesario, Yousefi & Enamoto, 2000; Grape, Sandgren, Hansson, Ericson & Theorell, 2003;

Kreutz, Bongard, Rohrmann, Hodapp & Grebe, 2004). Ein weiterer Beweis ist, dass Singen in der Musiktherapie mit Menschen mit Demenz agitiertes Verhalten reduziert (Brotons & Prickett-Cooper, 1996; Brown, Götell & Eckman, 2001; Fitzgerald-Cloutier, 1993).

In einer dänischen Forschungsuntersuchung in einem *Gerontopsychiatrischen* Pflegeheim wurde die Herzfrequenz täglich gemessen (5 Tage x 30 Minuten) bei sechs schwer demenzkranken Personen, die Symptome von agitiertem Verhalten zeigten. Hiernach nahmen die Teilnehmer (über ein ganzes Jahr verteilt) in 20 individuellen Musiktherapiesitzungen über vier Wochen teil. Nach den vier Wochen wurden die Messungen der Herzfrequenz wiederholt. Bei fünf von den sechs Demenzerkrankten zeigten sich signifikante Abnahmen der Hertzfrequenz in der Woche nach der Musiktherapie (Ridder, 2003). Die signifikante Abnahme der Herzfrequenz könnte bedeuten, dass Singen bei Demenzerkrankten einen beruhigenden Effekt hat, der nicht nur in der Situation wirkt, sondern auch noch Tage nach der Therapie. Da die *Ergebnisse nicht* ohne Vorbehalt *generalisiert werden* können, müssen weitere Untersuchungen mit Musiktherapie mit Menschen mit Demenz folgen.

Im Musiktherapieprozess kann der Musiktherapeut bewusst die stimulierenden und beruhigenden Aspekte der Musik anwenden. Falls der Demenzkranke in einem Hyper-Arousal-Zustand mit hoher sympathischer Aktivierung ist, hat der Therapeut die in den folgenden Absätzen beschriebene Möglichkeit, die Elemente der Musik so zu nutzen, dass sie beruhigend wirken.

Im Verhältnis zur *Periodizität* wird im Singen ein Rhythmus angewendet, der ein wenig langsamer als der Puls des Demenzerkrankten ist. Der Puls wird dann schrittweise in ein langsameres Tempo mit gezogen mit dem Ziel, den Ruhepuls zu erreichen.

Der Therapeut singt in einer *Tonhöhe,* die ein wenig tiefer ist als die des Klienten, und nähert sich allmählich einer Stimmlage, die sich an ein normales gedämpftes Sprechen nähert. Dieser Prozess, in dem der Therapeut nahe dem Tempo oder der Stimmlage des Klienten beginnt, um danach den Klienten in eine gewünschte Richtung zu ‚ziehen', wird in der Musiktherapie als Entrainment beschrieben (Rider, 1997; Schneck & Berger, 2006).

Der Therapeut wählt eine klare *melodische* Struktur mit einer Phrasierung, die einer ruhigen Atmung folgt. Dabei endet der melodische Verlauf auf dem Grundton der Melodie. Veränderungen in der Tonfolge werden voraussehbar und schrittweise sowie ohne große, unvorhersehbare Sprünge gestaltet. Die Tonfolge geht vor allem abwärts wie ein beruhigender Streicheln. Es werden dem Klienten vertraute Lieder ausgewählt mit – wie eben beschrieben – geeigneten Melodien. Oder der Therapeut improvisiert in dieser Art und wiederholt Teile solcher Melodien. Dem Therapeuten sind in dieser Weise *Harmonik, Dynamik, Klangfarbe und Form* des Liedes bewusst und setzt im eben beschriebenen Sinne ein. Er setzt seine Stimme, seine Körperhaltung, seine Bewegungen und seine Atmung auf diese Weise für den Klienten regulierend im Sinne einer Beruhigung oder Normalisierung ein. Der Therapeut ist somit in besonderer Art und Weise aufmerksam gegenüber dem Zustand der Person mit Demenz. Die Musik wird in diesem Sinne angepasst – je nachdem, ob der Betroffene in

I Grundlagen

einem Zustand von Immobilität oder hohem Arousal ist – mit dem Ziel das „Selbstberuhigungssystem" des Klienten zu aktivieren, um damit eine Möglichkeit des sozialen Kontaktes aufzubauen.

3.4 Die Anwendung von Singen aus der psychodynamischen Perspektive

Wie in Abschnitt 1.2 erwähnt, werden oft psychiatrische Symptome bei schwerer Demenz mit Antipsychotika behandelt. Das Kompetenznetz Degenerative Demenz empfiehlt, dass psychosozialen Interventionen erst erprobt werden müssen, bevor der Betroffene medizinisch behandelt wird. Tom Kitwood schlägt dabei *positive* und *psychodynamische* Interaktionen vor. Kitwood versteht Handlungen und das Ausdrucksverhalten eines Demenzerkrankten nicht als irrelevant oder störend, sondern sieht solche Handlungen als ein Phänomen nichterfüllter basaler Bedürfnisse. In der psychodynamischen Perspektive wird das Personal versuchen einzuschätzen, was der Betroffene mit Demenz emotionell kommuniziert. Was drückt er aus, wenn er „nach Hause" will, seine Sachen versteckt, oder von seiner „Mama" spricht bzw. welche aktuelle Bedeutung hat das für ihn?

Die beiden englischen Psychologen Cheston und Bender haben eine Erklärung dafür, warum Personen mit Demenz nicht als ein selbstverständlicher Bestandteil der Behandlung Psychotherapie angeboten wird. Sie meinen nicht, dass die Erklärung dafür die Gedächtnisprobleme seien, sondern dass die Personen *alt* sind. Sie erklären dies damit, dass die Begründer der Psychoanalyse, Sigmund Freud und Josef Breuer, meinten, dass Menschen in den mittleren Jahren etwas von einer Psychoanalyse profitieren würden, da die Behandlung von der Plastizität der mentalen Prozesse abhängig seien. Demgegenüber fehle nach ihrer damaligen Einschätzung eine solche Plastizität bei Menschen in einem Alter ab 50 Jahren. Darüber hinaus fehle älteren Menschen laut Freud die Lernfähigkeit. Nach Freuds Perspektive wäre in der Psychoanalyse hier so viel Material zu bearbeiten, dass es die Behandlungsperiode bis ins Unendliche verlängere (Cheston & Bender, 2003, S. 101).

Des Weiteren sei Psychotherapie kontraindiziert bei Menschen mit Demenz, da die Zielgruppe zusätzlich zum hohen Alter an degenerativen Krankheiten leide mit Gedächtnisstörungen und einem Mangel an Einsicht in die eigene Situation. Ein solches Angebot harmoniert nicht mit dem Standardparadigma, das laut Kitwood (1997) und Cheston & Bender (2003) in der Demenzpflege und -betreuung vorherrsche. Laut dieses Standardparadigmas setzte die Demenzerkrankung das Gefühlserleben, die Persönlichkeit, das Selbstbewusstsein und die Identität der Person stark bis vollständig herab. Allein ein neuer Durchbruch einer rein medizinischen Behandlung der Demenz könne diese Störungen bearbeiten bzw. heilen. Ein solcher Durchbruch ist jedoch noch lange nicht in Sicht.

Im Gegensatz hierzu gibt es aktuell in der Demenzpflege und -betreuung einen Paradigmenwechsel. Dementsprechend wird Demenz als eine Störung oder Dysfunktion verstanden. In welcher Art und Weise jedoch der Mensch mit Demenz davon betroffen ist, ist von seiner Pflege und Betreuung abhängig. Durch eine neue Kultur der Pflege und Betreuung können wir den Verlauf der Krankheit und die Symptome sogar auf der psychosozialen Ebene ändern. Dies betrifft insbesondere das herausfordernde Verhalten, das vor allem als ein Versuch unerfüllter Bedürfnisse nach dem neuen Paradigma verstanden wird. Das wichtigste Ziel der Betreuung ist es dann, neben der Erfüllung der basalen physischen Bedürfnisse für ein Erleben von Geborgenheit seitens des Betroffenen zu sorgen, seine Person an sich anzuerkennen und diese sowie weitere seiner psychosozialen Bedürfnisse zu erfüllen. Um die alltägliche Betreuung zu verbessern, ist es vor diesem Hintergrund auch notwendig, die Forschung weiter zu fördern, vor allem die Forschung zu psychosozialen Interventionen gegenüber der bei Demenz in Europa stark fokussierten biomedizinischen Forschung.

3.4.1 Singen, Validation und dyadische Resonanz

In der dänischen Medizinischen Wochenschrift empfehlen Stokholm & Waldemar eine multiprofessionelle, interdisziplinäre Zusammenarbeit in der Behandlung von frontotemporaler Demenz, da hier die meisten psychiatrische Symptome beobachtet werden und damit die psychosozialen Interventionen nochmals von ganz besonderer Bedeutung sind. Damit wird die Behandlung und Betreuung mit psychosozialen Interventionen sogar im Feld der Medizin selbst gegenüber medikamentösen und anderen rein medizinischen Interventionen hervorgehoben (Stokholm & Waldemar, 2003). Die dänische Gesundheitsbehörde (SST 2001) empfiehlt im gleichen Sinne als solche non-pharmakologischen Interventionen *Validation, Lebensgeschichte/Biographiearbeit, Sinnesstimulierung/Snoezelen* und *Erinnerungstherapie/Reminiszenztherapie* statt den früheren Interventionen und Methoden wie Mentalstimulierung, Realitäts-Orientierung und Verhaltenstraining.

Die gerade genannte Empfehlung der Validation ist ein Beispiel für den weiteren Paradigmawechsel in der Demenzbetreuung innerhalb der verschiedenen möglichen psychosozialen Interventionen. „Validation Therapy" ist von Naomi Feil (1992) eingeführt worden und als Validation im Sinne einer psychodynamischen Interaktion bei Kitwood (1997) benannt und weiter erläutert worden. Kitwood versteht Validation im Zusammenhang mit psychoanalytischer und humanistischer Therapie in einer besonderen Parallele zur humanistischen bzw. klientenzentrierten Psychotherapie nach Carl Rogers und Ronald D. Laing. *Die etymologische Bedeutung* von Validierung ist jemanden stark zu machen oder ihm ein Gefühl der eigenen Wertschätzung zu geben. Dies ist ganz im Sinne der Kernziele der eben genannten klientenzentrierten Psychotherapie. „Jemanden zu validieren bedeutet, seine Gefühle anzuerkennen, ihm zu sagen, dass seine Gefühle wahr sind" (Feil, 2005, S. 15; in: Hosp, 2006).

I Grundlagen

Validation wird bei Kitwood (1997) im Zusammenhang mit Holding (Halten) und Facilitation (Erleichtern) dargestellt. Beide Interaktionsformen sind psychotherapeutisch ausgerichtet. Validation geschieht, wenn die subjektive Realität und die Gefühle eines Betroffenen anerkannt werden und die Kommunikation auf der Gefühlsebene stattfindet, auch wenn sie für die Umwelt in dem Moment als unrealistisch erscheinen möge. In einer Kommunikation, die auf einer Gefühlsebene stattfindet, stehen die Worte nicht im Vordergrund. Das wichtigste hier ist nicht, was gesagt wird, sondern *wie* es gesagt wird. Deshalb ist Körpersprache und die Charakteristika der Stimme von Rhythmus, Tonlage, melodischer Kontur, Dynamik, Klangfarbe und schließlich die gesamte Form des Ausdrucks (siehe Absatz 2.3) der Dreh- und Angelpunkt der Kommunikation. Die gleichen paralinguistischen Charakteristika werden bei Daniel Stern (1993) angewendet, wenn er in seiner empirischen Säuglingsforschung die Formen des Selbstgefühls in Phasen beschreibt. An diese musikalischen Charakteristika kann auch der Begriff Resonanz anknüpfen.

Resonanz stammt vom Lateinischen „re-sonare" und bedeutet dort Widerhall. In der Physik bezeichnet Resonanz eine Verstärkung eines Tons, Mitschwingen oder dass ein Körperteil bei Schwingungen ähnliche Schwingung in einen anderen Körperteil hervorbringt. Stern betrachtet Resonanz als eine menschliche Eigenschaft auf einer Ebene mit Sympathie: „I cannot imagine any fundamental base for intersubjectivity without resonance, or sympathy by whatever mechanism" (Stern, 2004, S. 90). Der Begriff Resonanz erhält eine weitere Dimension in der Arbeit mit Musiktherapie, da er Prozesse darstellt, die für das therapeutische Verstehen von sehr großer Bedeutung sind. In der neuroaffektiven Theorie betont Hart die Interrelation beim Begriff *dyadische Resonanz*, bei der die Übertragung von affektiver Information verstärkt wird (Hart, 2006, S. 95). Einsicht kann durch dyadische Resonanz erreicht werden; nicht durch Reflexion oder Abstraktion, sondern durch ein affektives Zusammenspiel. Das Zusammenspiel ist dann nicht Intersubjektivität, die nur aus einer Perspektive heraus verstanden wird und Stern folgendes Beispiel dafür gibt: „I know/feel that you know... „Statt dieser einseitigen Kommunikation gilt die gegenseitige, reziproke dyadische Resonanz: „I (or we) know/feel that you know that I (we) know..." (Stern, 2004, S. 90).

In der psychodynamischen Psychotherapie wird Resonanz typischerweise in einem Gruppenzusammenhang beschrieben und wird als Voraussetzung dafür gesehen, dass eine freifließende und gefühlsgeladene Gruppenkonversation stattfinden kann (Andkjær-Olsen, 2002). Im deutschsprachigen Raum wird Resonanz ebenfalls in der Resonanztheorie oder Erfassungstheorie angewendet sowie in der soziologischen Systemtheorie von Niklas Luhmann und in Formen der psychoanalytischen Musiktherapie.

Damit der *Verlauf* einer *Psychotherapie* mit einer von Demenz betroffenen Person als erfolgreich bezeichnet werden kann, müssen positive Veränderungen herbeigeführt werden. Aber im therapeutischen setting passiert laut Stern eine psychotherapeutische Veränderung nicht als etwas Explizites und deutlich Messbares. Die Veränderung kann passieren bei einem Wechsel zu einem inneren Verstehen: „Change can come about through shifts in implicit knowing"

(Stern, 2004, S. 145). Dieses innere oder implizite Verständnis, dass eine Veränderung eingetreten ist, und dass etwas Neues entstanden ist, zeigt sich im Blickkontakt, in der Mimik, in der Gestik, im Atmen oder in der Stimme. Stern ist der Auffassung, dass wir vergessen haben, *wie* wir verstehen. Wir haben vergessen, dass die ganze Art und Weise, wie wir die Sprache durch Körper und Stimme formen, Bewegungen sind. Die Sprache ist Bewegung, die durch Körper und Stimme geformt wird. Wir haben vergessen, dass derjenige, der zuhört, diese Bewegungshandlungen zu einem inneren Verständnis und Erfahrung vom Anderen macht. Bei dieser körperlichen und paralinguistischen Bewegungen wird der Andere gespürt und wahrgenommen (Stern, 2004, S. 145).

Schließlich beschreibt Stern den Wendepunkt eines psychotherapeutischen Verlaufs als eine „Begegnung" zwischen Klient und Therapeut und nicht als eine sprachlich formulierte Einsicht. Dieser Begegnungen (moments of meeting) sind Momente, die nicht vergessen werden und die den *Verlauf der Psychotherapie ändern. Laut Stern entstehen solche* Begegnungen, *wenn Klient und Therapeut zusammen handeln, egal ob dies mental, gefühlsmäßig oder physisch geschieht* (Stern, 2004, S. 176). „Doing something together" kann sehr simpel klingen und sogar als eine zufällige Strategie gelten. Es bedeutet aber, die menschliche Beziehung als den Dreh- und Angelpunkt einer Therapie zu betrachten. Das Zusammensein ist in diesem Sinne die Grundlage der Therapie, aus der sich der Rahmen und die weiteren Bedingungen einer Therapie formen. Beide Menschen, Klient und Therapeut, spielen eine Rolle in diesem Zusammensein. Aber wenn der eine, der Klient, durch kognitive Störungen beeinträchtigt ist, ist es schwieriger, „etwas zusammen zu unternehmen" (Stern, 2004, S. 176). Singen kann dabei eine erfolgreiche Möglichkeit dafür bieten.

Wenn wir singen, nehmen wir gleichzeitig etwas Mentales, Gefühlsmäßiges und Physisches wahr. Singen ist eine paralinguistische Bewegung. Viele Demenzkranke können auch in späteren Phasen der Demenz singen, summen, trällern oder brummen (Clair, 2000). Sie können *mitsingen, singen* oder einfach *mit dabei* sein (Schwartz, 2001). Oft werden von Demenzkranken Melodien oder lange Liedtexte komplett erinnert trotz ihrer vielfachen kognitiven Störungen (Vanstone & Cuddy, 2010). Es ist eine unterschätze Ressource, das Demenzkranke ihre Lieder anderen Menschen beibringen können obwohl sie an massiven kognitiven Störungen leiden. Es ist in diesem Moment, als wenn der Opa oder die Oma dem Enkelkind ein Lied vorsingt. Etwas „zusammen zu tun" (Stern, 2004, S. 176) muss nicht nur Handlung oder Verhalten sein, es kann auch ein entspannendes Zuhören und *Musik Genießen* sein.

3.4.2 Die paralinguistischen und narrativen Elemente des Singens

Das gemeinsame Singen kann affektive Interaktion und dyadische Resonanz ermöglichen, weil diese paralinguistischen Elemente ein Teil des Singens sind. Außerdem haben Lieder eine erzählerische bzw. narrative Bedeutung, wenn wir

I Grundlagen

den Text wahrnehmen. Den paralinguistischen Ausdruck können wir als die *Art* benennen, *wie* wir die Worte sagen oder singen. Nur drei Worte, wie z. B.: „Wer bist Du?", können viele verschiedene Bedeutungen haben. Die konkrete Bedeutung hängt davon ab, wie die Worte in der musikalischen Stimmführung konkret gestaltet werden. Wir haben bereits in Absatz 2.3 sechs grundlegende musikalische Elemente berührt. Diese können gleichfalls den paralinguistischen Ausdruck bezeichnen. Diese waren der Rhythmus, die Stimme, die Tonlage, die melodische Kontur, die Dynamik, die Klangfarbe und die Form. Viele Demenzkranke werden nicht die semantische Bedeutung der Worte in einem Lied oder in einem Satz verstehen. Aber sie werden die prosodischen Elemente und somit die affektive Bedeutung der Stimme bzw. des Singens verstehen. Dies ist die Grundlage der dyadischen Resonanz und somit eine psychotherapeutischen Bearbeitung der Handlungen und Ausdrucksweisen der Klienten.

Miteinander zu singen bietet die Möglichkeit, ein gemeinsames Verständnis des Liedtexts zu haben. Das Lied kann eine Erzählung darstellen. Die Erzählung ist in den Worten des Textes enthalten, womit diese narrative Bedeutung vermittelt werden kann. Stern integriert den narrativen Aspekt in die Psychotherapie. So hat die Erzählung, die ein Lied enthält, eine wichtige Eigenschaft im Prozess der Validation. Aber bestimmte Worte oder besondere Vorstellungen können auch eine spezielle Bedeutung des Lieds vermitteln. Wenn das Lied bei gewissen Gelegenheiten gesungen wird, werden die Gefühle die besondere Bedeutung des Liedes prägen. Gleichzeitig kann das Lied aber auch immer wieder in einem neuen Zusammenhang gesungen werden. Dann wird es mit neuen Bedeutungen verknüpft.

Obwohl ein Liedertext von einer anderen Person geschrieben ist, kann das Lied, in dem Moment, in dem der Klient das Lied hört, der Träger einer starken und lebhaften emotionalen Erzählung sein. Dieses auf der existentiellen Ebene sinnvolle Narrative kann (wieder) erlebt werden, wenn sich Klient und Therapeut im musikalischen Zusammensein begegnen und der Klient spürt, dass er wahrgenommen und anerkannt wird. „A told narrative in psychotherapy is not just a coherent story but also an expressed emotional experience" (Stern, 2004, S. 194).

3.5 Drei Perspektiven für die Praxis und Zusammenfassung

Im vorliegenden Kapiteln werden drei Perspektiven, die voneinander abhängig sind, für die Musiktherapiepraxis hervorgehoben. In der Musiktherapie ist es wichtig, dass der Therapeut innerhalb der therapeutischen Beziehung Musik und Singen bewusst sowie gezielt anwenden kann. In Kapitel 13 ist dieser theoretische Ansatz mit einem Praxisbeispiel veranschaulicht. Die Einzelmusiktherapie bietet dabei einen Raum an, in dem es möglich ist, Gedächtnis- und Aufmerksamkeitsdefizite zu kompensieren. In der neuropsychologischen Perspektive wird erläutert, wie Musik und akustisches Cueing helfen, Gedächtnisspuren zu bilden, um einen wiedererkennbaren und geborgenen Raum zu erschaffen.

Eine psychophysiologische Perspektive bietet Theorien an, mit denen der Therapeut ermitteln kann, wie er durch regulierende Techniken die eigenen selbstregulierende Systeme Demenzbetroffener unterstützen kann. Dies ist besonders relevant, wenn der Betroffene schwer kontaktfähig ist in einem Zustand des Vegetierens, der Abwesenheit und des Hindämmerns oder in einem Hyper-Arousal-Zustand mit Symptomen, wie das agierte Verhalten. Bei beiden Zuständen ist Musik ein zentrales Werkzeug und trotz der Demenz wird es ermöglicht, dass der Demenzbetroffene psychisch anwesend und im Paar oder in der Gruppe teilnehmend ist. Das ist die Grundlage, um psychosoziale Bedürfnisse zu erfüllen.

In der psychodynamischen Perspektive, in der Validierung und Halten (holding) durch Musik eine zentrale Rolle besitzt, wird erklärt, wie die Erfüllung von psychosozialen Bedürfnissen Symptome der soziale Isolation und des agitierten Verhaltens reduziert. Damit wird zugleich die Lebensqualität der Demenzbetroffenen erhöht.

Wir wissen aktuell noch zu wenig darüber, inwiefern eine Demenz sich anders entwickelt und sich ihre psychiatrischen Symptome verbessern, wenn die Betroffenen eine psychotherapeutische Behandlung erhalten. Weitere Forschung ist notwendig, um die Rolle der Musiktherapie als non-pharmakologische Behandlung für Menschen mit Demenz umfassend und verallgemeinernd zu untersuchen.

Literatur

Aasgaard, T. (2002). *Song Creations by Children with Cancer – Process and Meaning*. PhD thesis, Institut for Musik og Musikterapi, Aalborg Universitet.

Andkjær-Olsen, O. (Hrsg.) (2002). *Psykodynamisk leksikon. Den psykodynamiske psykologi fremstillet i 548 encyklopædiske artikler og 313 kortere biografier*. Copenhagen: Gyldendal.

Ansdell, G. (1995). *Music for Life*. London: Jessica Kingsley Publishers.

Baker, F. & Wigram, T. (Hrsg.) (2005). *Songwriting. Methods, techniques and clinical applications for music therapy clinicians, educators and students*. London: Jessica Kingsley Publishers.

Beck, R.J., Cesario, T.C., Yousefi, A. & Enamoto, H. (2000). Choral singing, performance perception, and immune system changes in salivary immunoglobulin A and cortisol. *Music Perception, 18(1)*, 87–106.

Bickel, H. (2008). *Die Epidemiologie der Demenz*. Deutsche Alzheimer Gesellschaft e. V. Zugriff am 31.01.2010, von www.deutsche-alzheimer.de

Bonde, L.O. (2005). *The Bonny Method of Guided Imagery and Music (BMGIM) with Cancer Survivors. A psychosocial study with focus on the influence of BMGIM on mood and quality of life*. PhD thesis, Institut for Musik og Musikterapi, Aalborg Universitet.

Brotons, M. & Prickett-Cooper, P. (1996). The effects of music therapy intervention on agitation behaviours of Alzheimer's disease patients. *Journal of Music Therapy, 33(1)*, 2–18.
Brown, S., Götell, E. & Eckman, S. (2001). Singing as a therapeutic intervention in dementia care. *Journal of Dementia Care, 7*, 33–37.
Bruhn, P. (2004). Neuropsykologiske forstyrrelser ved demens [Neuropsychologischen Störungen bei Demens]. In S. Hasselbalch, N. Engelbrecht & O. Thage (Hrsg.), *Forstå demens* (S. 29–58). Copenhagen: Lindhardt og Ringhof Forlag A/S og Alzheimerforeningen.
Bruscia, K. (1987). *Improvisational Models of Music Therapy.* Springfield, IL: Charles C. Thomas.
Bruscia, K. (1998). *Defining Music Therapy.* Gilsum, NH: Barcelona.
Cheston, R. & Bender, M. (2003). *Understanding dementia. The man with the worried eyes.* London: Jessica Kingsley Publishers.
Clair, A. (2000). The importance of singing with elderly patients. In D. Aldridge (Hrsg.), *Music therapy in dementia care* (S. 81–101). London: Jessica Kingsley Publishers.
Cohen-Mahnsfield, J., Werner, P. & Marx, M. (1989). An observational study of agitation in agitated nursing home residents. *International Psychogeriatrics, 1(2)*, 153–165.
Darnley-Smith, R. & Patey, H.M. (2003). *Music Therapy.* London: Sage Publications.
Feil, N. (1992). Validation therapy with late-onset dementia population. In G.M. Jones & B.M. Miesen (Hrsg.), *Care-giving in dementia. Research and applications* (S. 199–218). London: Routledge.
Fitzgerald-Cloutier, M.L. (1993). The use of music therapy to decrease wandering: an alternative to restraints. *Music Therapy Perspectives, 11*, 32–36.
Fosha, D., Siegel, D.J. & Solomon, M. (Hrsg.) (2009). *The healing power of emotion. Affective neuroscience, development, and clinical practice.* New York: Norton & Company.
Gade, A. (1997). *Hjerneprocesser. Kognition og neurovidenskab.* Copenhagen: Frydenlund Forlag.
Grape, C., Sandgren, M., Hansson. L.O., Ericson, M., Theorell, T. (2003). Does singing promote wellbeing? An empirical study of professional and amateur singers during a singing lesson. *Integr Physiol Behav Sci. 38(1)*, 65–74.
Grocke, D. & Wigram, T. (2007). *Receptive Methods in Music Therapy Techniques and Clinical Applications for Music Therapy Clinicians, Educators and Students.* London: Jessica Kingsley Publishers.
Gustorff, D. & Hannich, H.J. (2000). *Jenseits des Wortes. Musiktherapie mit komatösen Patienten auf der Intensivstation.* Bern: Hans Huber.
Gustorff, D. (2002). *Songs without words – Music therapy with coma patients in intensive care.* Zugriff am 31.01.2010, von www.musictherapyworld.net
Hart, S. (2006). *Hjerne, samhørighed, personlighed.* Introduktion til neuroaffektiv udvikling. Copenhagen: Hans Reitzels Forlag.
Holck, U. (2002). Kommunikalsk samspil i musikterapi. PhD thesis, Institut for Musik og Musikterapi, Aalborg Universitet. Zugriff am 31.01.2010, von www.musik.aau.dk/phd-afhandlinger/holck/index.htm
Hosp, C. (2006). Soziale Dimensionen der Demenz. Diplomarbeit an der Geisteswissenschaftlichen Fakultät der Leopold-Franzens-Universität Innsbruck. Zugriff am 31.01.2010, von bidok.uibk.ac.at/library/hosp-demenz-dipl.html
Hougaard, E. (2004). *Psykoterapi – teori og forskning.* Copenhagen: Dansk Psykologisk Forlag.

Hørding, M. (2004). Behandling af de psykiatriske problemer ved demens. In S.G. Hasselbalch, N. Engelbrecht & O. Thage (Hrsg.), *Forstå demens* (S.155–160). Copenhagen: Lindhardt og Ringhof Forlag A/S og Alzheimerforeningen.

Jederlund, U. (2003). *Musik og sprog*. Århus: Forlaget Modtryk.

Kitwood, T. (1997). *Dementia reconsidered. The person comes first*. Buckingham: Open University Press. [Deutschsprachige Ausgabe (2002). *Demenz. Der person-zentrierte Ansatz im Umgang mit verwirrten Menschen*. Bern: Hans Huber.]

KNDD (2009) Kompetenznetz Degenerative Demenzen. Antipsychotika: Erhöhte Mortalität und erhöhtes Risiko für Schlaganfälle durch die Gabe von Antipsychotika bei Menschen mit Demenz – Evidenz und Empfehlungen. Zugriff am 31.01.2010, von www.knd-demenzen.de

Kreutz, G., Bongard, S., Rohrmann, S., Hodapp, V. & Grebe, D. (2004). Effects of choir singing or listening on secretory immunoglobulin A, cortisol, and emotional state. *Journal of Behavioral Medicin, 27,* 623–635.

LeDoux, J. (1998). *The emotional brain*. New York: Phoenix.

Magee, W. (1999). Singing my life, playing my self. Music therapy in the treatment of chronic neurological illness. In T. Wigram & J. De Backer (Hrsg.) *Clinical applications of music therapy in developmental disability, paediatrics and neurology* (S. 201–233). London: Jessica Kingsley Publishers.

Magee, W. (2002). Case studies in Huntington's disease. Music therapy assessment and treatment in the early to advanced stages. In D. Waller (Hrsg.), *Arts therapies and progressive illness. Nameless dread* (S. 56–67). East Sussex: Brunner-Routledge.

Malloch, S. (1999). Mothers and infants and communicative musicality. *Musicæ Scientiæ, special issue 1999–2000.*

Nemeroff, C.B., Mayberg, H.S., Krahl, S.E., McNamara, J., Frazer, A. Henry, T.R., Geroge, M.S. (2006). VNS Therapy in Treatment-Resistant Depression: Clinical Evidence and Putative Neurobiological Mechanisms. *Neuropsychopharmacology, 31,* 1345–1355.

Nordoff, P. & Robbins, C. (1977). *Creative Music Therapy*. New York: John Day.

Olderog-Millard, K.A. & Smith, J.M. (1989). The influence of group singing therapy on the behaviour of Alzheimer's disease patients. *Journal of Music Therapy, 26(2),* 58–70.

Palo-Bengtsson, L., Winblad, B. & Ekman, S.L. (1998). Social dancing: a way to support intellectual, emotional and motor functions in persons with dementia. *Journal of Psychiatric and Mental Health Nursing, 5(6),* 545–554.

Pedersen, A.D. (2002). Selv, bevidsthed og neuropsykologi. In P. Bertelsen, M. Hermansen & J. Tønnesvang (Hrsg.), *Vinkler på selvet – en antologi om selvbegrebets anvendelse i psykologien* (S. 301–341). Århus: Forlaget Klim.

Pedersen, I.N. (2007). *Modoverføring i musikterapi. En fænomenologisk undersøgelse af modoverføring anvendt som et klinisk begreb af musikterapeuter der arbejder med musikalsk improvisation i voksenpsykiatrien*. PhD thesis, Institute for Communication and Psychology, Aalborg University.

Porges, S. (2001). The polyvagal theory: phylogenetic substrates of a social nervous system. *International Journal of Psychopsysiology, 42,* 123–146.

Porges, S. (2005). *Neurozeption – die drei Regelkreise des Autonomen Nervensystems*. Übersetz von Urs Honauer. Zugriff am 31.01.2010, von www.stephenporges.info

Priestley, M. (1975). *Music Therapy in Action*. London: Constable.

Ridder, H.M. (2003). *Singing Dialogue. Music therapy with persons in advanced stages of dementia. A case study research design*. PhD thesis, Institut for Musik og Musikterapi, Aalborg Universitet. Zugriff am 31.01.2010, von www.mt-phd.aau.dk/

Ridder, H.M. (2005). Music Therapy as a Way to Enhance Lucidity in Persons with Dementia in Advanced Stages. In A. Esch, I. Frohne-Hagemann, M. Laqua, H.

Schirmer & E. Seitz (Hrsg.), *Jahrbuch Musiktherapie. Forschung und Entwickling [Music Therapy Annual. Research and Development]* (Vol. 1, S. 25–40). Wiesbaden: Reichert Verlag.

Ridder, H.M.; Wigram, T; Ottesen, A.M. (2009). A Pilot Study on the effects of Music Therapy on Frontotemporal Dementia – developing a research protocol. *Nordic Journal of Music Therapy, 18(2),* 103–132.

Rider, M. (1997). *The rhythmic language of health and disease.* Saint Louis: MMB Music, Inc.

Rizzolatti, G., Fogassi, L. & Gallese, V. (2006). Mirrors in the Mind. *Scientific American, 295(5),* 30–37.

Sacks, O. (1998). Music and the brain. In C. Tomaino (Hrsg.), *Clinical applications of music in neurologic rehabilitation* (S. 1–18). Saint Louis: MMB Music, Inc.

Schneck, D.J. & Berger, D.S. (2006). *The music effect. Music physiology and clinical applications.* London: Jessica Kingsley Publishers.

Schwartz, E. (2001). Alsang på Sølund. *Musik og Terapi, 28(1),* 3–12.

Siegel, D.J. (2006). *Wie wir werden, die wir sind. Neurobiologische Grundlagen subjektiven Erlebens und die Entwicklung des Menschen in Beziehungen.* Paderborn: Junfermann.

Siegel, D.J. (2009). Emotion as Integration. A possible answer to the question, what is emotion? In D. Fosha, D.J. Siegel, & M. Solomon (Hrsg.), *The healing power of emotion. Affective neuroscience, development, and clinical practice.* New York: Norton & Company.

Skille, O. & Wigram. T. (1995). The Effects of Music Vocalisation and Vibration on Brain and Muscle Tissue: Studies in Vibroacoustic Therapy. In T. Wigram, B. Saperston and R. West (Hrsg.), *The Art and Science of Music Therapy: A Handbook* (S. 23–57). Amsterdam: Harwood.

Stern, D. (1993). *Barnets interpersonelle univers.* Copenhagen: Hans Reitzels Forlag.

Stern, D. (2004). *The present moment in psychotherapy and everyday life.* New York: W.W. Norton & Company, Inc.

Stokholm, J.; Waldemar, G. (2003). Frontotemporal demens – ny viden om Picks sygdom. *Ugestrift for bæger, 165 (b),* 553–556.

Stuss, T.D. & Benson, D.F. (1986). *The Frontal Lobes.* New York: Raven Press.

Sundhedsstyrelsen (2007). *Stress i Danmark – hvad ved vi?* Udarbejdet for Sundhedsstyrelsen af Naja Rod Nielsen, Statens Institut for Folkesundhed. Tage Søndergård Kristensen, Det Nationale Forskningscenter for Arbejdsmiljø.

Tomaino, C.M. (1998). *Music on their minds: Aqualitative study of the effects of using familiar music to stimulate preserved memory function in persons with dementia.* Doctoral dissertation. New York: New York University.

Wigram, T. (2004). *Improvisation. Methods and techniques for music therapy clinicians, educators and students.* London: Jessica Kingsley Publishers.

Wigram, T. & Dileo, C. (Hrsg.) (1997). *Music vibration and health.* Cerry Hill: Jeffrey Books.

Vanstone, A.D. & Cuddy, L.L. (2010). Musical Memory in Alzheimer Disease. *Aging, Neuropsychology, and Cognition, 17,* 108–128.

Zillmer, E.A. & Spiers, M.V. (2001). *Principles of Neuropsychology.* Belmont: Wadsworth.

4 Untersuchung zur Verankerung des Volksliedes in verschiedenen Altersgenerationen – eine Pilotstudie auf dem Magdeburger Weihnachtsmarkt

Heike Fischer

4.1 Einführung und Übersicht

Das Volkslied sei eine längst vergessene musikalische Gattung und ein Therapieinstrument, welches bei alten Menschen Erinnerungen weckt und Emotionen aktiviert. Mit diesem Leitgedanken begann die Autorin ihre empirische Untersuchung zum Verbleib des deutschen Volksliedgutes in Hinblick auf die heilpädagogische, pflegerische und musiktherapeutische Arbeit mit Menschen mit Demenz. Musiktherapeuten wie Dorothea Muthesius oder Christoph Schwabe schreiben von Liedern als „Codes" – als „Schlüssel zum Altgedächtnis" (vgl. Muthesius, 1990, S. 140). Trotz dass die Volkslieder zum Teil jahrzehntelang zurückliegen, erreichen sie bei Gebrauch ihre alte Lebendigkeit zurück. Grundvoraussetzung für das Musizieren mit Volksliedern ist also die „musikalische Sozialisation" der Patienten. Sie haben trotz unterschiedlicher „Lebensbedingungen", „Produktionsbedingungen" und „Familienverhältnissen" aktiv musiziert und gemeinsam gesungen, „da technische Musikmedien noch nicht wesentlich verbreitet waren" (ebd., S.134). Zunächst wird erläutert, was ein Volkslied ausmacht. In der Regel ist das Volkslied ein einstimmiges Lied, welches wegen seines allgemeinverständlichen Inhalts und des überschaubaren Aufbaus, leicht erfasst werden kann (vgl. Riede, 1998, S. 157). Somit ist die Voraussetzung geschaffen für die Verbreitung durch das Volk, denn die elementare Gestalt, der ausgewogene Rhythmus und die leicht zu singenden Intervalle erleichtern das Singen und Behalten des Volksliedes (vgl. Michels, 1997, S. 124). Erstmals findet man schriftlich notierte Lieder mit sakralem Inhalt und in deutscher Sprache (vgl. Rölleke, 1993, S. 19) und somit die Wurzeln des Volkslieds im 12. Jahrhundert, als die Kirche allmählich den Gemeindegesang in den Gottesdiensten etabliert. Neben den geistlichen Gesangsbüchern findet man seit dem 15. und 16. Jahrhundert zum ersten Mal eine Fülle an weltlichen mündlich überlieferten Liedern in Volksliedsammlungen. Die entstandenen Volkslieder kann man als „ältere" Volkslieder bezeichnen (vgl. Moser, 1949, S. 56). Die „neueren" Volkslieder folgten ab dem 18. Jahrhundert. Ab jener Zeit sind viele Komponisten und Autoren bekannt, die Volkslieder schufen und sie in zahlreichen Sammelbänden für die nachfolgenden Generationen festhielten. Dazu gehören „Der Mond ist aufgegangen", „Am Brunnen vor dem Tore" oder „Das Heideröslein". In der deutschen Wandervogelbewegung zu Beginn des 20. Jahrhunderts entbrannte die Begeisterung für das Volkslied von Neuem. Es entstand die Liedersammlung „Zupfgeigenhansel", herausgegeben von Hans Breuer (Breuer, 1990). Die Einstellung zum deutschen Volkslied änderte sich im Besonderen nach der Zerschlagung des nationalsozialistischen Regimes und nach der Auflösung der DDR. Während beider Geschichtsperioden war das Volkslied als Propagandamittel missbraucht worden (vgl. Braun, 1994, S. 110).

4.2 Grundannahmen und Fragestellung

Die Bedeutung des Volksliedes in der musikalischen Sozialisation älterer Menschen und somit für das Kulturgut der alten Generation ist groß und in der Einführung kurz angerissen. Doch wie verhält es sich im Zeitalter der Medien: Kann sich das Volkslied neben der enormen Musikbrandbreite auf dem Markt noch behaupten? Singen Eltern heutzutage noch mit ihren Kindern? Lernen Schüler noch Volkslieder? Ist es möglich, dass sich Jugendliche in der Freizeit zum Singen treffen, obwohl sie täglich mit unzähligen Klingeltönen von Mobiltelefonen oder Musik aus MP3-Playern beschallt werden? Die vorliegende Untersuchung soll Antworten auf diese und folgende Fragestellungen geben:

- Kennen die Menschen der Erhebung noch Volkslieder im Allgemeinen?
- Wo lernen Menschen heutzutage Volkslieder?
- Ist es den Personen möglich, Volkslieder aus verschiedenen Lebensbereichen bzw. Liedfamilien zu nennen?
- Findet man Unterschiede in den weiter unten aufgestellten fünf Altersgruppen?
- Welche Bedeutung hat Musik generell für die Befragten?

Diese Fragen wollte die Autorin untersuchen, um eine Prognose abzugeben, wie eine heilpädagogische und musiktherapeutische Arbeit in der Gerontopsychiatrie in 20 Jahren aussehen kann. Denn das „Lieder-Singen" ist als das vielleicht am besten geeignete Medium in der Arbeit mit an Demenz erkrankten Menschen anzusehen (vgl. Muthesius, 1990a, S. 140). Ich hatte die Vermutung, dass sich das Volkslied in der heutigen Zeit neben der enormen Musikbandbreite auf dem Markt schlecht behaupten könne. Ich ging davon aus, dass die jüngeren Befragten nur wenige spezifische Lieder kannten, dass hingegen die älteren Befragten einen beträchtlichen Fundus an altem Volksliedgut nachweisen würden. Bestimmte Volkslieder, so lautete eine weitere Hypothese, sollten in allen Altersgruppen einen bestimmten Bekanntheitsgrad aufweisen. Weiterhin vermutete ich, dass sowohl das Singen als auch das Hören von Volksliedern in den jüngeren Generationen keine Rolle mehr spielte.

4.3 Methode

Zur Durchführung der Untersuchung wurde eine mündliche Befragung mittels eines „standardisierten" Fragebogens durchgeführt (vgl. Schnell, 1999, S. 300). Ich entschied mich für eine „stark strukturierte Interviewsituation", d. h. mit der Auflage, allen Probanden dieselben Fragen in derselben Reihenfolge zu stellen. Mit Hilfe der „standardisierten Befragung mittels Fragebogen" (Mayntz, 1971, S. 104) war es möglich, innerhalb einiger Wochen innerhalb der Zeitspanne, in welcher der Magdeburger Weihnachtsmarkt geöffnet war, die gewünschte Anzahl von 100 Personen zu befragen. Die angewandte Befragungsmethode macht eine vereinfachte Auswertung möglich. In diesem Fall wurde das SPSS-Programm 11.5.1 (Stand 2001) und dessen deskriptive Statistik verwendet.

4.3.1 Fragebogen

Inwieweit ist das Volkslied noch Alltagsgut der Menschen? Ist eine Fortsetzung der Tradition dieses alten Liedguts möglich? Im konkreten wollte ich mit Hilfe des Fragebogens erfahren, welche Bedeutung dem Volkslied heute noch beigemessen wird sowie die unter zweitens genannten Fragestellungen untersuchen. Anhand von 15 Fragen sollte der aktuelle Wissensstand zum Volkslied ermittelt werden. Ich kombinierte dabei offene mit standardisierten Fragen. Des Weiteren stellte ich grundsätzlich nachprüfbare „Faktfragen" und persönliche Stellungnahmen, also „Meinungsfragen", im Fragebogen zusammen (vgl. Mayntz, 1971, S. 103). In **Abbildung 1** ist der Fragebogen zu sehen.

Zuerst wurden die demographischen Daten wie Alter und Geschlecht erfasst, was für die spätere Auswertung in den Altersgruppen maßgeblich war. Danach wurden die Befragten nach Volksliedern nachgefragt, die ihnen im Sinn sind. In den folgenden drei Fragen wurden Lernorte („Wo lernen/lernten Sie Volkslieder kennen"), Singgelegenheiten („Zu welchen Gelegenheiten singen Sie heute Volkslieder") und Singgemeinschaften („Mit wem singen Sie heute Volkslieder?") erfragt mit Vorgaben und offenen Antwortmöglichkeiten. Fünf verschiedene Volksliedkategorien wurden in den Fragen fünf bis neun befragt. Jeweils zwei Lieder zu den genannten Themen sollten aus der Erinnerung heraus genannt werden. Dies betrifft auch die zehnte Frage, in welcher die Befragten aufgefordert wurden, zwei Strophen eines beliebigen Volksliedes aufzusagen oder zu singen. Vier Liedanfänge galt es in Frage elf zu vervollständigen, so dass der erste Satz des jeweilig gefragten Liedes komplett war. Die Auswahl stand für oft und gerne gesungenes Liedgut von Menschen reiferen Alters[9] und sollte nun Aufschluss über die Bedeutung dieser Lieder für die jüngeren Befragten geben. Die folgende Frage bestand aus einer Liste von zehn Liedtiteln. Die Interviewten wurden befragt, ob ihnen die einzelnen Lieder

---

9   In seiner Untersuchung von 1975 zur „Situation des Singens in der Bundesrepublik Deutschland" stellt Ernst Klusen die bekanntesten Lieder der Deutschen vor, unter welchen sich auch die drei erstgenannten Lieder aus Frage 11 befinden (vgl. Klusen, 1975; Tabelle I/II).

I Grundlagen

Alter
Geschlecht
Datum

1. Wie viele Volkslieder fallen Ihnen spontan ein? – Nennen Sie mir die Titel!
2. Wo lernen/lernten Sie Volkslieder kennen? (Kindergarten, Schule, Verein, Arbeit, Familie,...)
3. Zu welchen Gelegenheiten singen Sie heute Volkslieder? (Feste: Geburtstag, Weihnachten, Ostern; Arbeit; Freizeit; ...)
4. Mit wem singen Sie heute Volkslieder? (Familie, Freunde, Verwandte, Kollegen, Mitschüler, Mitstudenten, allein)
5. Nennen Sie mir 2 Frühlingslieder!
6. Nennen Sie mir 2 Lieder, in denen die Heimat besungen wird!
7. Nennen Sie mir 2 Lieder, die von der Liebe handeln!
8. Nennen Sie mir 2 Kinderlieder!
9. Nennen Sie mir 2 Weihnachtslieder!
10. Von welchem Volkslied kennen Sie 2 Strophen? (Bitte aufsagen!)
11. Vervollständigen Sie die Zeile!
    - Im schönsten Wiesengrunde ...
    - Sah ein Knab ein Röslein stehn ...
    - Hoch auf dem gelben Wagen ...
    - Freut euch des Lebens ...
12. Welche Lieder von den hier genannten kennen Sie? (Titel und Melodie!)
    - Der Mai ist gekommen
    - Guten Abend, schön Abend
    - Muss i denn zum Städtele 'naus
    - Auf einem Baum ein Kuckuck
    - Hab mein Wage vollgelade
    - Es waren zwei Königskinder
    - Fuchs du hast die Gans gestohlen
    - Du, du liegst mir im Herzen
    - Tausend Sterne sind ein Dom
    - Der Mond ist aufgegangen
13. Gibt es ein Volkslied oder anderes Lied, von dem Sie glauben, dass Sie es noch in 20 Jahren im Ohr haben werden? – Wenn ja, welches?
14. Welche Musik hören Sie in Ihrer Freizeit?
15. Wie wichtig ist Ihnen das Hören, Spielen bzw. Singen von Musik?

Auf einer Skala von 1–5 wie wichtig ist Ihnen das:

Hören von Musik	1	2	3	4	5
Spielen eines Instruments	1	2	3	4	5
Singen	1	2	3	4	5

(1 ... ohne Bedeutung, 5 ... sehr große Bedeutung)

Abb. 1: Fragebogen der Erhebung

als Titel mit der dazugehörigen Melodie bekannt seien. Die Titel der Frage zwölf wurden aus mehreren Liedkategorien zusammengestellt, wie das Frühlingslied „Der Mai ist gekommen", das Abendlied „Der Mond ist aufgegangen" und die beiden Weihnachtslieder „Tausend Sterne sind ein Dom" und „Guten Abend, schön Abend" (vgl. Bröcker, 1994, 1738). Exemplarisch für Kinderlieder wählte die Autorin „Fuchs, du hast die Gans gestohlen" und „Auf einem Baum ein Kuckuck", als Burschenlied „Hab mein Wage vollgelade" (vgl. ebd.). Diese Auswahl vervollständigten zwei Liebeslieder „Du, du liegst mir im Herzen" und „Es waren zwei Königskinder" und das Wander- bzw. Abschiedslied „Muss i denn zum Städtele 'naus". Die Lieder wurden aus den genannten Liedgattungen zufällig ausgewählt. Als Grundlage diente die Liedersammlung „Deutsche Volkslieder", herausgegeben von Bernd Pachnicke (1976). In der nächsten Frage waren die Befragten aufgefordert, einen Titel eines beliebigen Musikgenres zu nennen, welchen sie ihrer Meinung nach auch noch in 20 Jahren abrufen könnten. Hierbei sollte sich das eine oder andere Volkslied ergeben, welches Generationen überdauern könnte. Frage 14 erfasste den aktuellen Musikgeschmack der Befragten als offene Frage, die letzte Frage die Einstellung zum Hören, Singen und instrumentalem Spiel der Befragten anhand von drei Antwortvorgaben. Das Anliegen dieser Frage war es, die Bedeutung der Musik unter den Befragten im Allgemeinen einzuschätzen.

4.3.2 Stichprobe

Mein Ziel war es, fünf Altersgruppen in ihrem Verhältnis zum Volkslied zu vergleichen. Deshalb sollte zur statistischen Auswertung jede Gruppe mindestens 20 Personen umfassen. Für die Befragung wurde eine zeitlich realisierbare Anzahl und doch für Auswertungszwecke geeignete Anzahl an Probanden gewählt. „Im Allgemeinen geht man bei Stichprobenuntersuchungen, je nach Forschungsproblem, von 100, 1000 oder 2000 Fällen aus" (Dreier, 1994, S. 31). Das Resultat war eine Stichprobe von 103 Personen. Die Auswahl der Altersgruppen war angelehnt an die entwicklungspsychologische Einteilung des Erwachsenenalters von Robert J. Havighurst (Oerter & Montada, 1998, S.124). Ich entschied mich für die Gruppe des frühen (21–35), des mittleren (36–59) und des späten Erwachsenenalters (älter als 60). Hinzugefügt wurden zwei Altersgruppen sinnbildlich für die jüngere Generation, in den ersten Jahren des Lernens in der Schule, dem Grundschulalter (6–11 Jahre), und die anschließenden Jahre bis zum Abschluss der Schule bzw. der Ausbildung inklusive deutlicher Pubertät und Adoleszenz (12–20 Jahre).

4.3.4 Ort der Untersuchung

Die mündliche Befragung fand in der Zeit des Bestehens des Magdeburger Weihnachtsmarktes statt, also im gesamten Monat Dezember, im Jahr 2005. Personen, die sich rund um den Weihnachtsmarkt (am Eingang, Ausgang, an

I Grundlagen

den Ständen oder Wegen auf dem Markt) befanden, wurden von den Interviewern an allen Tagen in der Woche „willkürlich" ausgewählt, d. h. die Aufnahme lag im Ermessen der Auswählenden (vgl. Schnell, 1999, S. 277f.). Der Weihnachtsmarkt wurde als besonders geeignet ausgewählt hinsichtlich der Erreichbarkeit einer Breite der „Grundgesamtheit" Magdeburg. Hier fand die Autorin an unterschiedlichen Tagen zu verschiedenen Zeiten (je nach Schul- oder Dienstschluss, Tagesablauf der Senioren und der nicht Arbeitstätigen, Wochenendaktivitäten von Familien usw.) alle Altersgruppen aller sozialer Schichten. Die besondere Stimmung, wie man sie in der Adventszeit findet, war für eine mündliche Befragung von Vorteil, denn die meisten Menschen erklärten sich trotz Kälte freiwillig zum Interview bereit. Es wurde wert darauf gelegt, dass stets nur eine Person getrennt von ihrer Begleitung befragt wurde, um pro mündlicher Befragung auch nur eine individuelle Rückmeldung zu erhalten. Die einzige Ausnahme stellte die Befragung einiger Kinder der Altersgruppe 6–11 dar, die ihre Elternteile als „stillen" Beistand dabei hatten. Die Fragen wurden von der Interviewenden vorgelesen, welche dann auch die Antworten per Hand aufschrieb bzw. die Kreuze setzte.

4.4 Ergebnisse

Die Mehrheit der Ergebnisse bestätigen die eingangs gestellten Hypothesen. Wie erwartet schnitten die Befragten über 60 Jahre bei vielen Fragen besser ab als die anderen Befragten. Besonders das spontane Nennen einiger Lieder, sowohl in der ersten Frage als auch in den Fragen fünf bis neun (Kategorienfragen), traf für Menschen über 60 Jahre zu.[10] Auf die erste Frage hin konnten nur zwischen 30 und 40 Prozent der Befragten der ersten drei Altersgruppen ein oder mehrere Volkslieder nennen. Hingegen nannten doppelt so viele Personen der vierten und fünften Altersgruppe (80 bzw. 72 %) Lieder. Die am häufigsten genannten Volkslieder waren „Hoch auf dem gelben Wagen" (18) und „Am Brunnen vor dem Tore" (17). Insgesamt waren 41 verschiedene Volkslieder spontan abrufbar. Es fiel auf, dass es den Befragten bis 35 Jahren Schwierigkeiten bereitete, den Begriff „Volkslied" überhaupt einzuordnen. Die Mehrzahl der Befragten gaben die Schule und die eigene Familie als Lernorte von Volksliedern an. Auf die Frage, wo Lieder gelernt wurden, nannten 95 von 103 befragten Personen die Schule. 70 Personen gaben die Familie als Ort des Liederlernens an, wobei der Anteil in vier der fünf Altersgruppen bei rund 70 % lag. Aber nur zehn Personen (47,6 %) der 21 bis 35-Jährigen gaben die Familie als Lernort von Volksliedern an. Die Kirche scheint durch den historischen Hintergrund (DDR) keine wesentliche Rolle beim Erlernen von Volksliedern in der hier befragten Region zu spielen, denn nur eine geringe Prozent-

---

10 Immer mindestens 50 % der Befragten der Gruppe IV konnten die Fragen komplett beantworten.

zahl nennt die Kirche als Lernort (7,8 % der Befragten, davon 13,6 % aus der fünften Altersgruppe der älter als 60-Jährigen). Mehr als zwei Drittel aller Befragten nutzen die Adventszeit bzw. das Weihnachtsfest als Gelegenheit zum Volksliedersingen. Vermutlich kommt dem Weihnachtslied eine besondere Rolle innerhalb der Liedkategorien zu. Warum nur die Hälfte der über 60-Jährigen zu Weihnachten singen, kann damit erklärt werden, dass ein Großteil dieser Personen allein lebt und somit die Gesellschaft der Familie wegfällt, in der man früher gesungen hatte.

Aus den bisherigen Ergebnissen zu Lernort und Lerngelegenheit erschließt sich, warum die Befragten am häufigsten mit Familienmitgliedern und Mitschülern Volkslieder singen, da beide Orte die Hauptorte des Erlernens von Volksliedern in der vorliegenden Untersuchung sind.

Der auffälligste Unterschied zwischen den Altersgruppen machte sich bei den Liebesliedern bemerkbar. Das einzige Lied, welches die Sechs- bis Elfjährigen nannten, war „Laurenzia, liebe Laurenzia mein". Nachvollziehbar wird hier, dass in diesem Alter der Bezug zu Liebesliedern noch nicht ausreichend ausgeprägt ist. Doch auch in den folgenden beiden Altersgruppen der Zwölf- bis 35-Jährigen stieß diese Kategorie auf Nichtkenntnis. Die vierte Altersgruppe der 36- bis 59-Jährigen war die zweitstärkste Gruppe im Nennen von Liedkategorien insgesamt, wobei hier die eben genannten Liebeslieder als auch die Heimatlieder von weniger als der Hälfte der Befragten benannt wurden. Dafür wurde von dieser Altersgruppe eine Fülle an Frühlingsliedern und spontanen Liedern hervorgebracht. Es ist anzunehmen, dass die „älteren" Personen (die Gruppe der 36- bis 59-Jährigen und der über 60-Jährigen) einen näheren Bezug zum Lied aufgrund ihres biographischen Hintergrunds haben. Das Volkslied gehörte sowohl in den 1920er Jahren und im nachfolgenden nationalsozialistischen Regime, als auch in der vom Kollektivgeist geprägten DDR zum festen Bestandteil des schulischen Curriculums und darüber hinaus zu kollektiven Aktivitäten in den jeweiligen Jugendbewegungen beider Regime. Als inhaltliche und didaktische Vorlage dienen demgegenüber den Musiklehrern in Sachsen-Anhalt heute keine bis in das Detail festgeschriebenen Lehrpläne mehr als Grundlage bzw. Diktat für den Unterricht, sondern Rahmenrichtlinien mit generellen Grundstrukturen und Leitbildern ohne z. B. fest vorgeschriebenes Volksliedgut. Umso erstaunlicher ist es jedoch, dass 80 % der Sechs- bis Elfjährigen und 100 % der Zwölf- bis 20-Jährigen die Schule als Ort des Lernens von Volksliedern angaben. In der Verinnerlichung oder Automatisierung von Volksliedern gibt es aber sowohl hinsichtlich der Lehrmethoden als auch vieler weiter kultureller Hintergründen große Unterschiede, so dass im Endeffekt der Gruppe der älter als 60-Jährigen die größte Anzahl sowohl von Volksliedern als auch von deren Kategorien einprägte.

Insgesamt wurden aber Kinder- und Weihnachtslieder von allen Untersuchten über sämtliche Altersgruppen hinweg in großer Zahl genannt. Bei den jüngeren Befragten mochten die Kinderlieder in noch nicht allzu langer Vergangenheit liegen. Das Alter, also die lange Spanne zurück zur Kindheit, mag ein Grund dafür sein, dass die Menschen über 60 Jahre am wenigsten Kinderlieder von allen nannten (32 genannte Lieder), und nur 14 von 22 befragten

Personen die zwei verlangten Lieder abrufen konnten. Betrachtet man alle Altersgruppen, wurden sowohl alte Kinderlieder, die dem 18. und 19. Jahrhundert zuzuordnen sind, als auch zeitgenössische moderne Lieder aufgezählt. Von den Letzteren kann man noch nicht sagen, inwieweit sie sich zum Volkslied entwickeln werden. Sie wurden aber bereits als solche von den Befragten benannt. Insgesamt ist zu vermuten, dass Kinderlieder sehr wohl noch tradiert werden. Vielleicht liegt die Quelle dafür in den Kinderbetreuungseinrichtungen, was in weiteren Untersuchungen zu klären ist.

Die Weihnachtslieder nehmen eine besondere Stellung ein. Lediglich zwei Befragte konnten kein einziges Weihnachtslied nennen. Darüber hinaus konnten 92,2 % aller Befragten auch zwei Weihnachtslieder aufzuzählen. Als Fehlerbetrachtung muss hier angemerkt werden, dass das eine oder andere Lied auf dem Weihnachtsmarkt parallel zur Befragung erklang. Insgesamt wurden 32 unterschiedliche Weihnachtslieder von den Befragten genannt. Die größte Liedervielfalt, nämlich 47 Lieder, ergab jedoch die Frage nach den zwei Kinderliedern. 50 % aller Befragten wussten zwei Strophen eines Volksliedes auswendig. Dies betraf zum Großteil die 36- bis 59-Jährigen sowie die über 60-Jährigen. Als Fehlerbetrachtung muss hier angemerkt werden, dass dies eine Selbstauskunft war und dies in dem Moment nicht geprüft wurde. Vier Volksliedtitel zu ergänzen war dem Großteil der Befragten der Sechs- bis 20-Jährigen nicht möglich. Lediglich fünf Personen von 40 Befragten der insgesamt Sechs- bis 20-Jährigen ergänztem die Titel „Sah ein Knab ein Röslein stehn" und „Hoch auf dem gelben Wagen". Die Lieder „Im schönsten Wiesengrunde" und „Freut euch des Lebens" waren darüber hinaus auch den 20- bis 35-Jährigen kaum bekannt. Hingegen hatten die insgesamt 36- bis über 60-Jährigen kaum Probleme, die Liedzeilen zu beenden. „Sah ein Knab ein Röslein stehn" und „Hoch auf dem gelben Wagen" ergänzten jeweils 80 % der Befragten dieser letztgenannten Altersgruppen. Das Lied „Im schönsten Wiesengrunde" wurde jedoch allein von den über 60-Jährigen ergänzt (16 von 22 Befragten). Es stellte sich heraus, dass Titel, die in anderen Studien von vor 35 Jahren noch als sehr bekannt galten (Klusen 1975), den jüngeren Befragten völlig fremd sind. Vielleicht ist die Aufmerksamkeit auf das Volkslied aufgrund der vielfältigen Musikeinflüsse besonders aus dem Genre „Pop" und „Rock" verloren gegangen. Musiksender wie VIVA oder MTV zählen zu ihren Zielgruppen eher die Jugend, wohingegen die Volksmusiksendungen anscheinend von den älteren Generationen bevorzugt werden.

Gegenüber diesen letzten Ergebnissen bereitete die Frage, zehn Liedtitel als bekannt bzw. unbekannt einzustufen, kaum Schwierigkeiten. Vier Volkslieder waren dem Großteil aller Befragten bekannt, darunter zwei Kinderlieder sowie „Guten Abend schön Abend" und „Der Mond ist aufgegangen". Drei weitere Titel waren noch mehr als zwei Drittel der Befragten bekannt. Für mich bedeutet das, dass fast alle Probanden in ihrem Leben schon einmal mit dem Volkslied in Berührung gekommen sind, allerdings mit unterschiedlicher Intensität, mit verschiedener Verinnerlichung und unterschiedlichem Bewusstsein. Auf die Frage nach einem Lied, welches in 20 Jahren noch in den Köpfen der Probanden existiert, waren die Weihnachtslieder die am häufigsten genannte

Antwort. Wiederholt zeigt sich hier die besondere Stellung des Weihnachtsliedes, wobei nochmals beachtet werden muss, dass auf dem Weihnachtsmarkt ständig Weihnachtslieder zu hören waren. Mit Sicherheit führt die besondere emotionale Atmosphäre in der Weihnachtszeit mit dazu, dass diese Lieder sich tiefer als andere im Bewusstsein verankern.

Die meisten der Befragten gaben an, dass sie in ihrer Freizeit vor allen Dingen Musik aus dem „Charts-Bereich" hören. Bei der Abschlussfrage, welche Bedeutung die Befragten dem Hören von Musik, dem Singen und dem Instrumentalspiel beimessen, wurde vor allem das Musikhören sehr positiv von allen fünf Altersgruppen zurückgemeldet. In dieser Form begleitet uns Musik, so scheint es, im Alltag und über die gesamte Lebensspanne hinweg sehr.

4.5 Schlussfolgerungen und Ausblick

Die vorliegende Erhebung auf dem Magdeburger Weihnachtsmarkt kann als „Pretest" oder Voruntersuchung dienen und wichtige erste Aussagen als auch den Ausgangspunkt für eine breiter angelegte Untersuchung zur Tradition und Bedeutung von Volksliedern geben. Zu beachten ist dann, dass die Einteilung der Altersgruppen kleinschrittiger erfolgen müsste. Im Nachhinein erschien die Gruppe der Personen im mittleren Erwachsenenalter (36- bis 59-Jährige) sehr groß. Auch aus der Gruppe der Menschen ab 60 Jahren könnte man angesichts der heutigen durchschnittlichen Lebenserwartungen in Deutschland zwei Gruppen unterteilen. Die herauszuarbeitenden signifikanten Unterschiede werden dann aus den Erfahrungen der vorliegenden Untersuchung heraus noch deutlicher.

Das Volkslied stellt in der heutigen musiktherapeutischen und heilpädagogischen Arbeit bei Menschen mit Demenz ein wichtiges Werkzeug dar, um an Vergangenes anzuknüpfen und um somit kognitive Fähigkeiten und Emotionserleben zu aktivieren. Die eingangs gestellte Frage, ob das Volkslied mit der alten Generation entschwindet, kann sicherlich, trotz der vorliegenden Untersuchung, nicht pauschal beantwortet werden. Dennoch hat die Untersuchung auf dem Magdeburger Weihnachtsmarkt gezeigt, dass vorrangig die Menschen höheren Alters aber auch die Menschen mittleren Alters (36–59 Jahre) einen nicht unbedeutenden Bezug zum Volkslied haben. Dementsprechend können die Musiktherapie, die Heilpädagogik und die Pflege weiterhin vom Volkslied als wirkungsvolles Instrument über Jahrzehnte in der Altenarbeit profitieren, angesichts der weiter steigenden Lebenserwartung der Menschen. Aus den vorliegenden Ergebnissen dieser Befragung ergibt sich jedoch, dass für die heutige Jugend das Volkslied im Alter eine deutlich geringere Rolle spielen wird. Diese wird sich wesentlich von der Wirksamkeit für die heute alte Generation unterscheiden. Nicht zu vernachlässigen sind aber eine Reihe von bestimmten Liedern bzw. einzelnen Liedkategorien, wie Weihnachtslieder und vor allem die Kinderlieder, die in großer Zahl weiterhin eine Rolle spielen. Gerade die musiksoziologisch bedeutsamen Weihnachtslieder, die fester Bestandteil im Leben vieler Menschen sind, könnten eine noch größere Rolle in der zukünftigen Arbeit mit an Demenz erkrankten Menschen spielen.

Dennoch ist eine wichtige Konsequenz dieser Untersuchung, woher auf anderem Weg die „Codes", also die musikalischen Schlüssel zu Erinnerungen, genommen werden. Welche Musiken könnten ähnliche Effekte wie das Volkslied auslösen, um Erinnerungen zu wecken und Emotionen zu aktivieren? Vielleicht wird es ein ganz und gar neuartiges „Volkslied" geben, welches sich aus der „modernen" Rock- und Pop-Musik entwickelt und durch sein beständiges Dasein und langes Leben biographisch wertvoll für die Patienten wird. Vorstellbar sind hier beispielsweise Musiken der 1960er und 1970er Jahre, wie die Beatles oder ABBA. Bis jetzt haben deren „Songs" einen wichtigen Platz sowohl in so manchem Musikunterrichtsplan als auch auf vielen Karaoke-DVDs. Für deren Überlieferung ist und wird also gesorgt. Denkbar sind darüber hinaus auch die gesamte Breite aller alltäglich gehörten und produzierten Musik. Kinder- und Weihnachtslieder werden uns weiter erhalten bleiben sowie möglicherweise ganz andere „Songs" zu dem werden, was aktuell für die älteren Generationen das Volkslied als höchst effektvolles Mittel in der Arbeit mit Alten Menschen und mit Menschen mit Demenz ausmacht.

Literatur

Antholz, H. (1966). Jugend und Volkslied – heute. In I. Gruner & E. Hoffmann (Hrsg.), *Blätter des Pestalozzi-Fröbel-Verbandes e. V.* (S. 165–171). Heidelberg: Quelle & Meyer.
Braun, H. (1994). Volkslied und Nationalbewusstsein. In: F. Brusniak & D. Klenke (Hrsg.), *„Heil deutschem Wort und Sang!" Nationalidentität und Gesangskultur in der deutschen Geschichte*. Tagungsbericht Feuchtwangen.
Breuer, H. (1990) (Hrsg.). *Der Zupfgeigenhansl*. Mainz: B.Schott's Söhne.
Bröcker, M. (1994). Volksmusik. In L. Finscher (Hrsg.), *Die Musik in Gegenwart und Geschichte (MGG)*. Allgemeine Enzyklopädie der Musik in 27 Bänden (S. 1733–1758). Kassel: Bärenreiter-Verlag.
Dreier, V. (1994). *Datenanalyse für Sozialwissenschaftler*. München: Oldenbourg.
Fischer, H. (2007). Momentaufnahmen und Zukunftsvisionen in der heilpädagogischen Arbeit bei Menschen mit Demenz [unveröffentlichte Diplomarbeit, Hochschule Magdeburg-Stendal (FH)].
Mayntz, R., Holm, K. & Hübner, P. (1971). *Einführung in die Methoden der empirischen Soziologie*. Opladen: Westdeutscher Verlag.
Michels, U. (1997). dtv-Atlas Musik, systematischer Teil. *Musikgeschichte von den Anfängen bis zur Renaissance*. München: dtv.
Moser, H.J. (1949). *Kleine deutsche Musikgeschichte*. Stuttgart: J.G. Cotta'sche Buchhandlung.
Muthesius, D. (1990). „Denkt man doch in Silberhaar gern' vergang'ner Zeiten". In Deutsche Gesellschaft für Musiktherapie e. V. (Hrsg.), *Musiktherapeutische Umschau* (S. 132–140). Frankfurt am Main: Erwin Bochinsky.
Oerter, R. & Montada, L. (Hrsg.) (1998). *Entwicklungspsychologie*. Weinheim: Beltz Verlag.

Pachnicke, B. (Hrsg.) (1976). *Deutsche Lieder für Singstimmer und Klavier*. Leipzig: Peters Verlag.
Riede, B. (1998). *Musik. Vorbereitung auf das Abitur. Musiktheorie*. München: G. J. Mainz AG.
Rölleke, H. (Hrsg.) (1993). *Das Volksliederbuch*. Köln: Kiepenheuer & Witsch.
Schnell, R. (Hrsg.) (1999). *Methoden der empirischen Sozialforschung*. München: Oldenburg.

5 Die Bedeutung populärer Musik in der Musiktherapie bei Demenz – eine empirische Untersuchung

Karsten Kiewitt

5.1 Einleitung

Die Bedeutung populärer Musik in der Arbeit mit Menschen mit Demenzerkrankungen ist bislang noch recht übersichtlich diskutiert worden (vgl. Grümme, 1998; Kiewitt, 2005). Ein Grund dafür könnte das allgemein vorherrschende Verständnis sein, dass populäre Musik die Musik der Jugend ist, zu deren Inhalten und musikalischer Gestaltung alte Menschen keinen Zugang finden. Deutlich wird dieser Aspekt in dem Song *Junge* der Punk-Rockgruppe *Die Ärzte*, in dem der Vater seinem Sohn vorhält: „... und ständig dieser Lärm. Elektrische Gitarren und immer diese Texte, das will doch keiner hören ..."

Auch wenn in der populären Musikwelt Deutschlands aktuell ein Jugendkult erkennbar ist, kann nicht außer Acht gelassen werden, dass es viele Bands gibt, die aus älteren Musikern bestehen. Das Repertoire dieser Bands besteht häufig aus Musiktiteln der 1960er und 1970er Jahre oder Cover-Versionen solcher Titel. Das Alter des Publikums hier entspricht meist dem Alter dieser Musiker (von Zahn, 2008).

Es ist davon auszugehen, dass populäre Musik durchaus von Bedeutung sein kann für die Lebensqualität älterer und alter Menschen. Inwieweit allerdings eine entsprechende Bedeutung dieser Musik für Menschen mit Demenz besteht, muss unter den Besonderheiten dieser Erkrankung betrachtet werden. Hier zeigen Erfahrungsberichte, dass ein unreflektierter Einsatz populärer Musik die Symptome dementer Menschen sogar verstärken kann (Kiewitt, 2005a). Wie sich weiter unten zeigt, ist es wichtig, das emotionale Erleben der Demenzkranken in den Mittelpunkt zu rücken. Auch die aktuelle Orientierung auf die Lebensqualität der Betroffenen in den unterschiedlichen Handlungskonzepten macht diese besondere Bedeutung der Einflussnahme auf die Emotionalität der Menschen mit Demenz deutlich (vgl. BFSFJ, 2002). Insofern ist zu erörtern, inwieweit populäre Musik eine Wirkung auf die Emotionen Demenzkranker zeigt. Die folgenden Ausführungen dazu nehmen Bezug auf ein Forschungsprojekt zu dieser Thematik, welches der Verfasser im Rahmen seiner Diplomarbeit an der Hochschule Magdeburg-Stendal (FH) 2005 durchführte. Vorab wird der Begriff *Populäre Musik* betrachtet.

Aufgrund der Vielschichtigkeit des Begriffes *Populäre Musik* soll zunächst eine Eingrenzung vorgenommen werden. In verschiedenen Definitionen des Begriffs ist der Hinweis zu finden, dass es sich hier um Musik unterschiedlicher Genres und Gattungen handelt, die in großen Mengen hergestellt und vermarktet wird (Wicke, 1992; 2001). Diese Musik hat inzwischen nicht mehr nur regionale Bedeutung wie noch im 19. Jahrhundert, vielmehr hat sie sich zu einem weltweit verbreiteten Medium entwickelt. Wicke schreibt dazu: „Die populären Musikformen sind im zwanzigsten Jahrhundert zu einer nahezu allgegenwärtigen Erscheinung des Alltagslebens geworden, wobei sie – über die modernen audio-visuellen Massenkommunikationsmittel massenhaft produziert und verbreitet – zunehmend einen globalen Charakter angenommen haben. War ihre Entwicklung noch im neunzehnten Jahrhundert an regionale oder lokale Funktions- und Wirkungszusammenhänge gebunden, die sich in jeweils charakteristischen Musikformen und einem entsprechend identifizierbaren musikalischen Idiom niederschlugen (z. B. *Wiener Walzer*), so treten mit der Herausbildung des modernen Industriekapitalismus, der Bindung der populären Musikformen an die Massenmedien und der Entstehung einer komplexen, nach und nach internationalisierten Musikindustrie an deren Stelle nun soziale, technologische und ökonomische Faktoren, die aus der populären Musik eine transnationale Musikpraxis haben werden lassen" (Wicke, 1992, S. 445).

Im Sinne der hiesigen Thematik erscheint es günstig, solche Musik als populär einzuschätzen, die zu einem bestimmten Zeitpunkt eine allgemeine Beliebtheit in einer breiten Bevölkerungsschicht findet.

5.2 Biographiearbeit und Emotionalität

Einen ersten Ansatz zum Einsatz populärer Musik bei Demenzkranken bietet die aktuelle Überschneidung von Musiktherapie und Biographiearbeit in diesem Bereich. Hier endet die Biographie nicht im Kindesalter, sondern durchzieht das gesamte Leben. Im Hinblick auf die Symptomatik der Demenzerkrankungen wie u. a. Gedächtnis-, Sprach- und Orientierungsstörungen sowie sekundär psychomotorische Unruhe, Reizbarkeit und depressive Verstimmungen etc. erscheint die von Grümme (1998) beschriebene biographieorientierte Musiktherapie besonders interessant. Durch ihr Ansetzen an der Emotionalität der Betroffenen stellt sie selbst eine sinnvolle therapeutische Intervention auch bei fortgeschrittenen Schweregraden dar (Grümme, 1998).

In Hinblick auf Störungen des Gedächtnisses, besonders des Langzeitgedächtnisses verbunden mit Beeinträchtigungen der Orientierung, formulieren Mutheisus und Kellermann: „Das Wiederfinden von – emotional bewegenden – Musikerinnerungen reaktiviert bildliche Assoziationen, verknüpft die Emotionalität mit dem Denken und löst Erzählungen – also das Wiederfinden sprachlicher Fähigkeiten – aus. Dies führt zur Stärkung des Identitätsgefühls und -bewußtseins" (Muthesius & Kellermann, 1999, S. 13).

Daraus ergibt sich ein bedeutsames Ziel musiktherapeutischer Arbeit, nämlich die emotionale Aktivierung der Betroffenen, durch die in der Folge andere Störungen beeinflusst werden können. Dies entspricht auch den Zielformulierungen anderer musiktherapeutischer Autoren (vgl. Hansen, 1997;

Muthesius, 1999). Hartogh und Wickel (2004, S. 225) führen dazu aus: „Der Wirkfaktor einer durch Musik angeregten Biographiearbeit liegt also in der emotionalen Ansprechbarkeit durch die Musik begründet." Um dies zu erreichen, ist es notwendig, die musikalische Sozialisation im Allgemeinen sowie die individuellen musikalischen Lebensgeschichten der Betroffenen im Besonderen zu berücksichtigen.

Betrachtet man nun aber die in dieser musiktherapeutischen Biographiearbeit empfohlenen Musiken, werden in der aktuellen Literatur doch Einschränkungen auf bestimmte Lebensabschnitte vorgenommen.

In der Biographie orientierten Musiktherapie werden Musik und musikalische Handlungsformen genutzt, die der Zielgruppe vertraut sind. Ein solches Vertrautsein wird der Musik aus der Zeit von 1920–1950 zugeschrieben (Grümme, 1998). Musikalische Handlungsformen, die sich zu dieser Zeit der musikalischen Sozialisation der Betroffenen großer Popularität erfreuten, waren das gemeinsame Singen, Tanzen und Musikhören. Besonders dem Singen von bekannten Liedern wird eine besondere Bedeutung beigemessen (Grümme, 1998). Es wird davon ausgegangen, dass mit dem gemeinsamen Singen eine Aktivierung von Erinnerungen und Emotionalität erfolgt (vgl. Hansen, 1997; Grümme, 1998; Minkenberg, 2004). Auch das Tanzen wird als bedeutsam eingeschätzt. Ab den 1920er Jahren nahmen Tanzveranstaltungen und das Interesse am Tanzen in Deutschland stark zu (vgl. Muthesius, 1997; Grümme, 1998). In der Arbeit mit alten Menschen ist festzustellen, dass die damals populären Tänze vielen noch gut bekannt sind.

In Bezug auf das Hören von Musik wird empfohlen, musikalisches Material zu verwenden, das den Betroffenen vertraut und für ihre Biographie relevant ist. Hier wird der Schwerpunkt auf Unterhaltungsmusik aus der Zeit von 1920–1950 gelegt (vgl. Frank-Bleckwedel, 1996; Muthesius, 1997; Grümme, 1998). Diese Musik wird als therapeutisch relevantes Material beschrieben, das „die ‚lebensnotwendige Erinnerungsarbeit' in Gang setzt oder in Gang hält" (Frank-Bleckwedel, 1996, S. 330). Grümme (1998) verweist darauf, dass die vertrauten Melodien häufig eine äußerlich wahrnehmbare Wirkung zeigen, woraus auf eine emotionale Anteilnahme der Betroffenen geschlossen werden kann.

Zusammenfassend kann festgestellt werden, dass in der musiktherapeutischen Arbeit mit Demenzkranken musikalisches Material verwendet wird, welches biographisch relevant für die Betroffenen ist. Diese biographische Relevanz wird bisher im Wesentlichen der Musik und den musikalischen Handlungsformen zugeschrieben, die in der Kindheit und Jugend der Menschen populär war. Ausgehend von dieser Situation ergab sich für den Verfasser die Notwendigkeit, den in der Literatur häufig gebrauchten Begriff *biographisch relevante Musik* genauer zu diskutieren. Weiterhin erscheint die Frage bedeutsam, ob auch Musik, die im höheren Lebensalter kennen gelernt und erlebt wird, für Menschen mit Demenz bedeutsam ist.

5.3 Zum Begriff biographisch relevanter Musik

In der Literatur zur Musiktherapie mit Demenzkranken wird die Klassifizierung einer *biographisch relevanten Musik* thematisiert (Muthesius & Beyer-Kellermann, 1999). Aus der oben erfolgten Beschreibung musiktherapeutischer Arbeit in diesem Feld wird nachvollziehbar, dass es sich dabei um Musik handelt, die in der Kindheit und Jugendzeit der heute über 65-Jährigen populär war. Dies sind insbesondere Schlager der 1920er bis 1950er Jahre, aber auch z. B. Operettenmelodien und Walzer.

Später entstandene Musik, die die alten Menschen in ihrem Erwachsenenleben kennengelernt haben, wird im Allgemeinen nicht als biographisch relevant für die Musiktherapie benannt. Ein erster Widerspruch ist hier darin zu sehen, dass die musikalische Entwicklung nicht mit der Bildung von musikalischen Vorlieben im Jugendalter endet (vgl. Grümme, 1998; Kraemer, 2004), was unabhängig von weiteren neurologischen Grundlagen als ebenfalls prägend betrachtet wird.

Für die Arbeit mit Betroffenen im frühen und mittleren Stadium einer Demenz erscheint dies jedoch als besonders wichtig für die Auswahl des musikalischen Materials, weil hier das Langzeitgedächtnis noch in größerem Umfang funktionstüchtig ist (Krämer, 1996, S. 119; Kapitel Adler im vorliegenden Buch). Mittel- und längerfristig zurückliegende Erinnerungen können durch entsprechende Interventionen, die das Wiederfinden ermöglichen, aktiviert werden.

Eine konkrete Definition des Begriffs *biographisch relevante Musik* findet sich nicht. Daher entstanden für den Verfasser folgende Fragen:

- Wie entsteht biographische Relevanz von Musik?
- Kann ausschließlich Musik eines bestimmten Lebensabschnitts biographisch relevant werden?
- Kann die als biographisch relevant eingestufte Musik für jeden alten Menschen gelten oder ist sie von der individuellen musikalischen Entwicklung abhängig?
- Welche Schlussfolgerungen ergeben sich für die musikalische Arbeit, wenn die biographische Relevanz von Musik individuumsabhängig ist (vgl. Kiewitt, 2005b)?

Hier erscheint ein Blick auf die musikalische Entwicklung des Menschen als sinnvoll.

5.4 Die musikalische Entwicklung des Menschen

5.4.1 Musikalische Sozialisation

Für die musikalische Sozialisation werden von Shuter-Dyson (1993) vier Einflussfaktoren benannt, nämlich Elternhaus, Schule, Gleichaltrige und Medien.

Die Bedeutung elterlichen Singens mit Kindern wird oft beschrieben. Erfahrungsberichte vieler alter Menschen machen deutlich, dass in ihrem Elternhaus zu vielen unterschiedlichen Gelegenheiten gemeinsam gesungen wurde (vgl. Muthesius, 1999, S. 14ff.). Für den schulischen Bereich kann ähnliches gelten, denn Singen bildete einen Schwerpunkt in der Schulbildung der heute alten Menschen (Grümme, 1998). Dies hat sich im familiären Bereich verändert, spätestens seit in den 1960er Jahren die Verbreitung technischer Medien wie Schallplattenspieler, CD-Player bis hin zu MP3-Playern massiv zunahm. Durch die fast ständige Verfügbarkeit von Musik ist das Singen in der Familie stark zurückgegangen.

Auch die Gruppe der Gleichaltrigen scheint besonders im Jugendalter einen großen Einfluss auf die musikalische Sozialisation des Einzelnen auszuüben (vgl. Kunz, 1998; Kraemer, 2004). Alte Menschen berichteten oft vom Singen bei gemeinsamen Aktivitäten mit Gleichaltrigen wie etwa in Jugendorganisationen, bei den Pfadfindern oder der Wandervogelbewegung (vgl. Muthesius, 1993). Auch hier zeigt sich seit den 1960er Jahren eine Tendenz weg vom gemeinsamen Singen.

Schließlich ist der Einfluss der Medien zu erwähnen. Seit 1923 Rundfunk für die Öffentlichkeit gesendet wurde, nahm die Verbreitung von Unterhaltungsmusik sehr schnell zu (Muthesius, 1991). Auch der Tonfilm hatte für die Verbreitung von Musik eine massenmediale Wirkung, denn viele Schlager sind durch Filme bekannt geworden (Muthesius, 1997). Zur populären Musik der o. g. 1920er bis 1950er Jahre als besondere Zeit der musikalischen Sozialisation heutiger älterer Menschen zählen somit Volkslieder, Unterhaltungsmusik (z. B. Schlager), Operettenmelodien, Tanzmusik (z. B. Walzer) und Marschmusik.

5.4.2 Entwicklung von Musikpräferenzen

Welche dieser Musikangebote konkret von einzelnen Menschen bevorzugt werden, ergibt sich aus der Entwicklung individueller Musikpräferenzen. Behne (1993) hat darauf hingewiesen, dass lebenslang anhaltende musikalische Vorlieben in der Jugendzeit gebildet werden. Dies erfolgt durch eine „auswählende Orientierung an einem Teil des verfügbaren Musikangebots" insbesondere um das zwanzigste Lebensjahr (Behne, 1993, S. 345). Im Zusammenhang mit dem Einfluss Gleichaltriger in der Jugendzeit ist allerdings festzustellen, dass Jugendliche häufig ihre Aufmerksamkeit auf wenige Musikstile richten, während die meiste andere Musik abgelehnt wird. Das ist besonders im Rahmen der Zugehörigkeit zu Gleichaltrigen-Gruppen oder peer-groups zu erkennen, denn: „Vor allem in durch Gruppendruck geprägten restriktiven Situationen sind Musikpräferenzen in dieser Zeit eingeengt" (Behne, 1993, S. 346).

Grundsätzlich kann davon ausgegangen werden, dass das Maß der emotionalen Beteiligung beim Erleben von Musik einen entscheidenden Einfluss auf die Entwicklung musikalischer Vorlieben hat. Die Art, in der erlebte Musik durch den Menschen individuell mit emotionaler Bedeutung besetzt wird, bestimmt maßgeblich, wie weit dieser Musik selbst Bedeutung beigemessen wird und ob dafür schließlich eine Präferenz entwickelt wird (Kiewitt, 2005b). Dies bedeutet, wenn eine Situation jemanden emotional besonders berührt und diese mit einer Musik verbunden ist, egal ob gehört oder selbst musiziert, kann diese in die eigenen Präferenzen eingehen.

Für die Arbeit mit Menschen mit Demenz ist hier von Bedeutung, dass die in der Jugendzeit bevorzugte Musik die Gedächtnisfähigkeit beeinflusst, denn durch ihre Reproduktion und Rezeption kann die Erinnerung von Erlebnissen aus jener Zeit bei den alten Menschen auch bei Demenz aktiviert werden (vgl. Muthesius, 1991; Bruhn, 2003).

5.4.3 Musikalische Entwicklung im Erwachsenenalter

Auch wenn dem Musikerleben in Kindheit und Jugend eine besondere Bedeutung bisher beigemessen wurde, sollte die musikalische Entwicklung im Erwachsenenalter nicht unberücksichtigt bleiben. Trotz der Bildung lebenslang bedeutsamer Musikpräferenzen in der Jugendzeit, ist mit der Ausprägung einer Ich-Identität als Ergebnis der pubertären Phase eine Orientierung der Musikpräferenzen an individuellen Bedürfnissen über diese Zeit hinaus zu erkennen (Behne, 1993). In diesem Sinne zeigen Erkenntnisse zur musikalischen Entwicklung im mittleren und höheren Alter, dass musikalisches Lernen die ganze Lebensspanne umfasst (vgl. Gembris, 1995; Kraemer, 2004). Vielerorts initiierte musikalische Bildungsprogramme für Senioren zeigen auf, dass diese Erkenntnis selbst im höheren Lebensalter praktische Anwendung findet. Kraemer (2004) weist darauf hin, dass Erwachsene in weitaus größerem Maße als Kinder und Jugendliche eigenverantwortlich lernen und selbst bestimmt entscheiden, mit welcher Musik sie sich auseinandersetzen. Es wird auf das Bedürfnis von Erwachsenen verwiesen, sich für ein gesteigertes Wohlbefinden intensiv mit Musik zu beschäftigen. Dafür entwickeln Erwachsene die Bereitschaft, ihre Kenntnisse und Fertigkeiten zu erweitern. Die damit verbundene Aufgeschlossenheit gegenüber Neuem (Krämer, 2004) ermöglicht eine Beschäftigung auch mit neuer Musik.

Auf dieser Grundlage kann davon ausgegangen werden, dass die musikalische Entwicklung nicht mit dem Eintritt in das Erwachsenenalter endet, sondern lebenslang erfolgt. Menschen können somit Interesse nicht nur an populärer Musik der Jugendzeit entwickeln, sondern auch an Musik, die nach ihrer Jugendzeit populär ist.

Wie oben dargestellt, steht die Bedeutung, die Musik für den einzelnen Menschen gewinnen kann, zudem in Abhängigkeit zu der emotionalen Bewertung der erlebten Musik. Da eine solche emotionale Bewertung von Musik ebenfalls über die gesamte Lebensspanne erfolgt, können lebenslang musikalische Vorlieben gebildet werden.

Die beim Erleben von Musik ausgelösten Emotionen können jedoch individuell sehr unterschiedlich sein (Böttcher, 1971; Gembris, 1996). Ebenso ist auch die Bedeutung, die Musik für den Einzelnen hat, sehr unterschiedlich

(Kiewitt, 2005). Welche Musik ein Mensch bevorzugt, ist also immer von seiner individuellen musikalischen Biographie über die gesamte Lebensspanne abhängig.

5.5 Wirkung biographisch relevanter Musik auf das emotionale Erleben von Demenzkranken

Die Beeinflussung der Emotionalität durch Musik ist insbesondere in der musiktherapeutischen Literatur des Öfteren beschrieben worden (vgl. Gembris, 1996; Muthesius, 1999). Bezugnehmend auf das Hören von Musik weist die Musiktherapeutin Frank-Bleckwedel (2004) auf eine neurologisch nachweisbare Verbindung zwischen Musikhören und Emotionen hin. Unter Berücksichtigung der zwar längerfristig vorhandenen, jedoch schwer aktivierbaren emotionalen Kompetenzen bei Demenzkranken erscheint die Rezeption von Musik als bedeutsame Möglichkeit zur Aktivierung des emotionalen Erlebens dieser Zielgruppe. So stellt Frank-Bleckwedel (2004, S. 222) fest: „Bei alten und vor allem dementen Menschen ist das Hören von Musik oft ein allerletzter Zugang zu ihrer bewussten Wahrnehmung und kann im günstigsten Fall andere Wahrnehmungs- und Ausdruckskanäle wieder öffnen."

Das Phänomen der besseren Erinnerung emotional besetzter Ereignisse (Muthesius & Kellermann, 1999) legt bei Berücksichtigung der emotionalisierenden Wirkung von Musik nahe, dass gerade emotional besetzte Musikerlebnisse aus der Biographie der Betroffenen bei einer erneuten Rezeption das emotionale Erleben fördern und Erinnerungen wecken. Dafür spricht auch die längerfristige Funktionstüchtigkeit der für emotionales Erleben zuständigen Strukturen des limbischen Systems bei Menschen mit Demenz (Ärztezeitung, 2003; Kapitel Ridder zu neurologischen Grundlagen im vorliegenden Buch).

Insoweit kann davon ausgegangen werden, dass durch Rezeption biographisch relevanter Musik das emotionale Erleben und die Gedächtnisleistung von Demenzkranken aktiviert werden.

5.6 Forschungsprojekt zur Wirkung biographisch relevanter Musik auf die Emotionalität Demenzkranker

Um die vorgenannten Überlegungen zur Wirkung der Rezeption biographisch relevanter Musik auf das emotionale Erleben von Demenzkranken zu überprüfen, führte der Verfasser eine Untersuchung mit Menschen mit Demenz durch (vgl. Kiewitt, 2005b). Hier rückte die Frage nach Unterschieden in der Wirkung biographisch relevanter und nicht relevanter Musik im Sinne einer Aktivierung des emotionalen Erlebens in den Mittelpunkt. Damit sollte auch der Frage nachgegangen werden, ob tatsächlich nur die Musik der 1920er bis 1950er Jahre für die heute alten Menschen, insbesondere Demenzkranke, biographisch relevant ist oder ob auch Musik aus der Zeit des Erwachsenenalters biographisch relevant sein kann.

Die Untersuchung wurde mit sechs an Demenz erkrankten Bewohnern einer Altenpflegeeinrichtung durchgeführt. Im Vorfeld der Untersuchung wurde mit den Teilnehmern eine Befragung zu deren musikalischen Vorlieben durchgeführt. Bezüglich der Frage nach beliebter Musik kann zusammenfassend gesagt werden, dass alle Teilnehmer noch immer gern die Musik hörten, die sie bereits in der Jugend gern gehört haben. Dazu zählten Volkslieder, Schlager, Walzer, Märsche und Operettenmelodien. Als unbeliebt wurden dagegen moderne Musik aus jüngerer Zeit, neue Schlager, Rock und alles Laute eingeschätzt.

5.6.1 Einstufung und Auswahl der Musik

Auf der Grundlage der Befragung sowie der o. g. Aussagen der musiktherapeutischen Literatur wurde eine Einstufung in *biographisch relevante Musik* und *biographisch nicht relevante Musik* festgelegt.

Davon ausgehend wurden folgende Musikformen als *biographisch relevant* eingestuft:

- Unterhaltungsmusik der 1920er bis 1950 Jahre (Schlager)
- Tanz-, Operetten- und Marschmusik des 19. und frühen 20. Jahrhunderts

Für den Bereich *Unterhaltungsmusik* wurden vier Schlager aus der Zeit zwischen 1920 und 1950 ausgewählt, sowie für den Bereich *Tanz-, Marsch- und Operettenmusik* je ein Walzer, ein Marsch und ein Stück aus einer Operette.

Für den Bereich der *biographisch nicht relevanten Musik* wurden folgende Musikformen ausgewählt:

- Unterhaltungsmusik aus der Zeit von 1970 bis 2000
- klassische Musik aus der Zeit des 19. und frühen 20. Jahrhunderts

Aus dem Bereich der Unterhaltungsmusik wurden zwei Schlager, eine Rockballade und ein Popsong ausgewählt. Für den Bereich der klassischen Musik wurden eine Arie aus einem hochromantischen Oratorium, ein Satz aus einer impressionistischen Symphonie sowie ein Satz aus einer impressionistischen symphonischen Dichtung ausgewählt.

Die Untersuchung erfolgte über einen Zeitraum von drei Wochen mit je einer Sitzung von maximal 25 Minuten täglich. Das Verhalten der Teilnehmer während der Sitzungen wurde mit einer Videokamera aufgezeichnet.

Die erste Sitzung wurde mit einem als biographisch relevant eingestuften Schlager aus dem Jahre 1930 begonnen. Es folgte in der zweiten Sitzung eine als biographisch nicht relevant eingestufte Rockballade aus dem Jahr 1976, in der dritten Sitzung ein Walzer aus dem Jahr 1930 (biographisch relevant) und in der vierten Sitzung ein symphonisches Werk aus dem Jahr 1924 (biographisch nicht relevant). Die weiteren Sitzungen wurden in der gleichen Abfolge gestaltet mit einem jeweiligen Wechsel relevanter und nicht relevanter Musik.

Für die Auswertung wurden die Videoaufnahmen von je einer Sitzung zu jeder der vier Musikformen analysiert. Weiter eingrenzend wurde aus beiden Gruppen je eine Teilnehmerin für die Analyse ausgewählt. Diese erfolgte somit für zwei der sechs Teilnehmer und eine Sequenz von zwei Minuten am Beginn der Sitzung (im Sinne einer Mikroanalyse, vgl. Wosch & Wigram, 2007). Bezogen auf das emotionale Erleben der Musik wurde eingrenzend der Schwerpunkt auf die Emotion *Freude* gelegt. Hierzu wurden auf der Grundlage emotionspsychologischer Erkenntnisse (vgl. Ulich & Mayring, 1992) Kategorien gebildet, die Ausdrucksformen emotionaler Beteiligung beinhalteten.

Folgende Ausdrucksformen der Teilnehmer standen im Fokus der Analyse:

- Lächeln (mimische Gesichtsveränderung durch Emporziehen beider Mundwinkel)
- Stimme (spontanes Mitsingen oder Mitsummen der gespielten Musik, spontane Sprache mit Bezug zur gespielten Musik)
- Rhythmische Kopfbewegung (Bewegung des Kopfes im Rhythmus der gespielten Musik)
- Rhythmische Oberkörperbewegung (Bewegung des Oberkörpers im Rhythmus der gespielten Musik
- Rhythmische Handbewegung (Bewegung der Hand oder eines Fingers im Rhythmus der gespielten Musik)
- Rhythmische Beinbewegung (Bewegung eines oder beider Knie beziehungsweise eines oder beider Füße im Rhythmus der gespielten Musik)

5.6.2 Ergebnisse

Die Ergebnisse der Auswertungen jener Sitzungen, in denen als biographisch relevant eingestufte Musik (ein Walzer und ein Schlager von 1942) gehört wurde, zeigten bei den Teilnehmern eine positive emotionale Beteiligung. Dies wurde deutlich durch Lächeln, stimmliche Äußerungen wie Mitsingen oder Mitsummen und rhythmischen Bewegungen von Extremitäten belegt.

Diese Ergebnisse lassen die Annahme einer Bestätigung dieser Musik als biographisch relevante Musik verbunden mit einem positiven emotionalen Erleben der Teilnehmer zu.

Die Auswertung der beiden Sitzungen, in denen als biographisch nicht relevant eingestufte Musik gehört wurde, erscheinen aber als besonders interessant. Allerdings unterscheiden sich beide Sitzungen hinsichtlich der emotionalen Beteiligung der beiden Teilnehmer sehr stark. In der Analyse der vierten Sitzung war bei beiden Teilnehmern durchweg keine emotionale Beteiligung im Hinblick auf die oben beschriebenen Ausdrucksformen zu beobachten.

Das zeigt, dass die hier gehörte, als biographisch nicht relevant eingestufte klassische Musik, eine symphonische Dichtung von 1924, das emotionale Erleben beider Teilnehmer nicht aktivierte und damit in diesem Fall nicht biographisch relevant war.

Entgegengesetzte Ergebnisse erbrachten aber die Auswertungen der Sitzung, in der ein Schlager von 1976 gehört wurde, der ebenfalls als nicht biographisch relevant eingeordnet wurde. Bei beiden Teilnehmern war eine positive emotionale Beteiligung während der Musikrezeption zu beobachten. Dies zeigte sich durch mimische Veränderungen in Form von Lächeln, teilweises Mitsingen und rhythmische Körperbewegungen.

Das Hören der hier verwendeten, als biographisch nicht relevant eingestuften Musik aktivierte das emotionale Erleben beider Teilnehmerinnen. Damit ist davon auszugehen, dass dieses Stück doch eine biographische Relevanz für die beiden Teilnehmerinnen besessen hat.

In diesem Zusammenhang ist darauf hinzuweisen, dass individuelle Unterschiede in der Häufigkeit des Auftretens der emotionalen Ausdrucksformen beim Hören der aktivierenden Musik deutlich wurden. Auch wenn beide Teilnehmerinnen die Musik offensichtlich kannten, zeigte sich ein deutlicher Unterschied in der Häufigkeit des Lächelns, der stimmlichen Beteiligung und der rhythmischen Körperbewegungen.

Auch in einer weiteren Sitzung, in der ein als nicht biographisch relevant klassifizierter Pop-Song von 1992 gehört wurde, war eine deutliche emotionale Beteiligung in Form von Lächeln, rhythmischen Körperbewegungen und sogar teilweises Mitsingen des Refrains bei den Teilnehmern zu beobachten. Im Rahmen eines Gesprächs wurde deutlich, dass Teilnehmer die Musik kannten.

Ein Ergebnis dieser Untersuchung war für die hier untersuchte Gruppe, dass biographisch relevante Musik das emotionale Erleben von Demenzkranken aktiviert. Das ist bei biographisch nicht relevanter Musik nicht der Fall. Weiterhin hat sich gezeigt, dass nicht nur Musik der Kindheit und Jugendzeit (1920er bis 1950er Jahre) biographisch relevant ist. Auch Musik, die im höheren Lebensalter erlebt wurde, kann biographisch relevant sein.

Aufgrund der z. T. verschiedenen Intensitäten im Erleben jener im Erwachsenenalter erworbenen biographischen Relevanz einer Musik konnte festgestellt werden, dass die biographisch relevante Musik grundsätzlich individuell ausgeprägt ist.

5.7 Schlussfolgerungen für die Arbeit mit populärer Musik bei Demenz

Auf der Grundlage der oben dargestellten Sachverhalte sowie der Ergebnisse der vorliegenden Pilotstudie ergeben sich für die musikalische Arbeit mit Menschen mit Demenz mehrere Schlussfolgerungen.

Die hier untersuchten Fälle zeigten, dass Musik, die zu unterschiedlichen Zeiten im Leben an Popularität gewinnt, über die gesamte Lebensspanne biographisch relevante Musik werden kann. Damit stellt für den Musiktherapeuten grundsätzlich die Kenntnis der individuellen musikalischen Entwicklung sowie der individuellen musikalischen Präferenzen über die gesamte Lebensspanne hinweg für seine Arbeit mit Demenzkranken eine wesentliche Voraussetzung dar. Insgesamt werden damit die bisherigen o. g. genannten Einschränkungen auf die Musik der 1920er bis 1950er Jahre für diese Arbeit vollkommen erweitert und mit den ersten Einzelfällen hier empirisch widerlegt. Dies hat für den Musiktherapeuten eine wesentlich breitere notwendige Repertoire-Kenntnis zur Folge. Diese enorme Ausweitung macht zwar die Arbeit nicht einfacher. Sie erweitert jedoch den relevanten Fundus und seine Ressourcen für die Betroffenen erheblich. Wichtig ist hier, dass diese Konsequenzen nicht allein aus Erfahrungswerten und allgemeinen Annahmen resultieren, sondern hier einer empirischen Prüfung entstammen. Diese gehen absolut in die gleiche Richtungen, wie sie im vorliegenden Buch in den Kapiteln von Adler und Ridder zu den neurologischen Grundlagen der Musiktherapie bei Demenz nach neuesten Erkenntnissen geschlussfolgert wurden. Sie stellen bisherige Annahmen für die musiktherapeutische Arbeit mit Demenzerkrankten infrage und geben neue empirisch und neurologisch fundierte Perspektiven und Möglichkeiten für diese Arbeit und die Betroffenen.

Wie bereits eingangs erwähnt, kann aber die mangelnde Berücksichtigung individueller musikalischer Präferenzen auch negative Auswirkungen auf Menschen mit Demenz haben. Im konkreten Fall zeigte sich dies darin, dass demente Bewohner der Pflegeeinrichtung mit gesteigerter Verwirrung, Aggression und Agitiertheit auf für sie nicht biographisch relevante Rockmusik reagierten (Kiewitt, 2005a). Dies zu beachten und zu vermeiden ist auch im Pflegealltag von höchster Bedeutung.

Im Hinblick auf eine Steigerung der Lebensqualität dementer Menschen ist somit die Individualität der Betroffenen mit ihrer gesamten Lebensentwicklung in den Mittelpunkt der Arbeit zu rücken. Die Frage nach der Popularität, Präferenz und biographischen Relevanz von Musik ist dann mit jedem einzelnen Demenzkranken individuell vom Musiktherapeuten zu erkunden und wird letztlich vom Demenzkranken vermittelt über den Musiktherapeuten entschieden.

Literatur

Ärztezeitung (2003). Zellverlust bei Alzheimer im Bild festgehalten. Zugriff am 07.12.2004, von www.aerztezeitung.de/docs/2003/02/24/035a0106.asp
Behne, K.-E. (1993). Musikpräferenzen und Musikgeschmack. In H. Bruhn, R. Oerter & H. Rösing (Hrsg.), *Musikpsychologie: Ein Handbuch*. Reinbek: Rowohlt.
Böttcher, H.F. (1971). Die Dimensionen des Erlebens und das Musikerleben. In C. Kohler (Hrsg.), *Musiktherapie, Theorie und Methodik* (S. 34–47). Jena: Gustav Fischer Verlag.
Bruhn, H. (2003). Musikalische Entwicklung im Alter. In *Musiktherapeutische Umschau, 24(2)*, 134–149.

Bundesministerium für Familie, Senioren, Frauen und Jugend (2002). *Vierter Bericht zur Lage der älteren Generation in der Bundesrepublik Deutschland. Risiken, Lebensqualität und Versorgung Hochaltriger – unter besonderer Berücksichtigung demenzieller Erkrankungen.* Berlin: Schriftenreihe des BMFSFJ.

Frank-Bleckwedel, E.M. (1996). Rezeptive Musiktherapie. In H.-H. Decker-Voigt (Hrsg.), Lexikon Musiktherapie (S. 326–331). Göttingen: Hogrefe.

Frank-Bleckwedel, E. (2004). Musikhören. In T. Hartogh, & H.H. Wickel (Hrsg.), *Handbuch Musik in der Sozialen Arbeit* (S. 211–222). Weinheim: Juventa.

Gembris, H. (1991). Musiktherapie und Musikpsychologie: Möglichkeiten einer interdisziplinären Kooperation. *Musiktherapeutische Umschau, 12,* 279–297.

Gembris, H. (1996). Rezeptionsforschung. In: Decker-Voigt, H.-H. & Weymann, E. & Knil, P. (Hrsg.): *Lexikon Musiktherapie.* Göttingen: Hogrefe, S. 321-326.

Grümme, R. (1998). *Situation und Perspektive der Musiktherapie mit dementiell Erkrankten. Beiträge zur Gerontologie, Sozialpolitik und Versorgungsforschung.* Band 2. Deutsches Zentrum für Altersfragen e. V. Regensburg: Transfer Verlag.

Hansen, S. (1997). Erinnerungen – ein Weg zur Gegenwart: Musiktherapie mit alten, chronisch kranken Menschen. *Musiktherapeutische Umschau, 18(2),* 94–102.

Hartogh, T. & Wickel, H.H. (Hrsg.) (2004). *Handbuch Musik in der Sozialen Arbeit.* Weinheim: Juventa.

Jonas, J.L. (1991). Preferences of elderly music listeners residing in nursing homes for art music, traditional jazz, popular music of today and country music. *Journal of Music Therapy, 28(3),* 149–160.

Kiewitt, K. (2005a). Befremdende Klänge. *Altenpflege, 7,* 42–44.

Kiewitt, K. (2005b). *Musikbiografie und Alzheimer-Demenz. Zur Wirkung der Rezeption biografisch relevanter Musik auf das emotionale Erleben von Alzheimer-Betroffenen.* Hamburg: Kovač.

Krämer, G. (1996). *Alzheimer-Krankheit: Benennung und Abgrenzung, Ursachen und Vererbung, Veränderungen am Nervensystem, Krankheitszeichen, Untersuchungen, Behandlung und Verlauf.* Stuttgart: Thieme.

Kraemer, R.-D. (2004). *Musikpädagogik – eine Einführung in das Studium.* Augsburg: Wißner.

Kunz, A. (1998). *Aspekte der Entwicklung des persönlichen Musikgeschmacks.* Frankfurt a.M.: Lang.

Minkenberg, H. (2004). Singen. In T. Hartogh & H.H. Wickel (Hrsg.), *Handbuch Musik in der Sozialen Arbeit* (S. 103–112). Weinheim: Juventa.

Muthesius, D. (1991). Gerontopsychiatrische Patienten mit Walkman? Über die musikalische Sozialisation als Kriterium für die Auswahl therapeutischen Materials. *Musiktherapeutische Umschau, 12(2),* 131–138.

Muthesius, D. (1993). Ansätze der Musiktherapie mit Altersdementen. *Praxis der Psychomotorik, 18(1),* 22–28.

Muthesius, D. (1997). *Musikerfahrungen im Lebenslauf alter Menschen.* Hannover: Vincentz.

Muthesius, D. (1999a). Musik und Biografie. Lieder und Singen im Lebenslauf. In Deutsche Gesellschaft für Musiktherapie (Hrsg.) (1999). *Beiträge zur Musiktherapie.* Eigenverlag.

Muthesius, D. (1999b). *Gefühle altern nicht: Musiktherapie mit altersdementen Patienten.* Zugriff am 15.04.2010, von www.alzheimerforum.de/3/1/6/12/mmadp.html

Muthesius, D. & Beyer-Kellermann, H. (1999). Indikationskatalog Musiktherapie für chronisch und chronisch-psychisch erkrankte ältere und alte Menschen. In Deutsche Gesellschaft für Musiktherapie (Hrsg.), *Beiträge zur Musiktherapie.*

Shuter-Dyson, R. (1993). Einfluß von Peers, Elternhaus, Schule und Medien. In H. Bruhn, R. Oerter & H. Rösing (Hrsg.), *Musikpsychologie: Ein Handbuch* (S. 305–316). Reinbek: Rowohlt.

Ulich, D. & Mayring, P. (1992). Psychologie der Emotionen. In D. Ulich & H. Selg (Hrsg.), *Grundriß der Psychologie*. Band 5. Stuttgart: Kohlhammer.

Universität Heidelberg(ohne Autorenangabe): *DEMIAN – Demenzkranke Menschen in individuell bedeutsamen Alltagssituationen. Entwicklung einer Methode zur Förderung der Lebensqualität durch Stimulierung positiver Emotionen.* Zugriff am 07.01.2005, von www.uni-heidelberg.de/institute/fak10/gero/WWW/projekte.html

Wicke, P. (1992). Jazz, Rock und Popmusik. In D. Stockmann (Hrsg.), *Volks- und Popularmusik in Europa. Neues Handbuch der Musikwissenschaft* (S. 445–477). Band 12. Laaber: Laaber-Verlag.

Wicke, P. (Hrsg.) (2001). *Rock- und Popmusik. Handbuch der Musik im 20. Jahrhundert.* Band 8. Laaber: Laaber-Verlag.

Wosch, T. & Wigram, T. (2007) (Hrsg.). *Microanalysis in Music Therapy.* London: Jessica Kingsley Publishers.

von Zahn, R. (2008). *... alles hat seine Zeit. Alter(n) in der populären Musik.* Zusammenfassung der 19. Arbeitstagung des Arbeitskreises Studium Populärer Musik (ASPM) e. V.

6 Motivation und Musikerleben bei Altersschwermut und Demenz

Maika Schroeder

Veränderungen der Motivation und des Antriebs finden sich in verschiedenen Krankheitsbildern beschrieben. Die nähere Betrachtung von motivationspsychologischen Grundlagen zeigt aufgrund der Häufigkeit von motivationalen Verhaltensänderungen bei Alzheimer-Demenz sowie aufgrund der hohen Prävalenz im Alter erhöhte Brisanz.

Aus der eigenen praktischen Tätigkeit lässt sich der gezielte Einsatz von Musik als einen bedeutsamen Interventionsansatz ableiten, um die Motivation und Handlungsbereitschaft von Menschen mit Altersschwermut und Alzheimer-Demenz positiv zu beeinflussen. Die Struktur der Musik, der klare Rhythmus und die sich wiederholenden Elemente in der Melodie, der unverkennbare Anfang und Schluss erweisen sich als besser „verständlich" als die Struktur der Sprache. Erinnerungen, Emotionen und Handlungen werden durch Musik in eine greifbare und verstehbare Form gebracht, das Erleben von Kohärenz scheint leichter möglich. Es lässt sich eine adäquate, d. h. den Wünschen und Fähigkeiten des Individuums entsprechende und Überforderungen weitgehend vermeidende musikalische Betätigung als geeignete Möglichkeit vermuten, dem Erleben von Verlust im Alter das Gefühl von Kompetenz entgegenzusetzen und dabei einen bedeutenden Beitrag zum Erhalt von Wohlbefinden und Gesundheit im Alter zu leisten. „Daß Musik und Motivation in einem engen Beziehungsgefüge stehen, ist von Praktikern erkannt, ... derzeit aber noch nicht hinreichend untersucht worden" konstatiert Lehmann bereits 1992 (S. 81). Nahezu zwei Jahrzehnte später zeigt sich die Verbindung zwischen Motivation und Musik sowie insbesondere zu Alzheimer-Demenz in der Publikationslandschaft noch immer unzulänglich beachtet. Der vorliegende Einblick in die Motivationspsychologie liefert Ansätze, wie insbesondere Menschen mit Alzheimer-Demenz für bestimmte Handlungen „bewegt" werden können und wie sich dabei das von Beuningen (2005, S. 9) beschriebene „Aufwachen" erklären lässt.

6.1 Motivationspsychologische Grundlagen

6.1.1 Handlungsmotivation

Handlungen sind motiviert durch individuelle Ziele und durch Emotionen, die während des Verhaltens bzw. mit der Zielerreichung auftreten oder mit der Realisierung der Handlung erwartet werden. Der Begriff „Motivation" ist abgeleitet vom lateinischen Verb „movere". Er beschreibt den Prozess, der „etwas in Bewegung bringt" und erklärt, warum spezifische Situationen gewählt, begonnen und mit bestimmter Intensität und Zeitdauer verfolgt werden. Die Motivationsforschung versucht demnach Beweggründe und Ursachen für das zielstrebig verfolgte Handeln herauszufinden und schildert individuelles absichtlich oder willkürlich aufgenommenes Verhalten, welches aus verschiedenen individuellen und situativen Gründen bedeutsam bzw. erstrebenswert ist. Motivation beschreibt, dass jemand die Wahl und ein Ziel hat, sich anstrengt und ablenkungsfrei sowie mit Ausdauer bei der Sache ist (vgl. u. a. Rudolph, 2003; Rheinberg, 2004; Heckhausen, 2006).

6.1.2 Handlungsveranlassung

Handlungsmotive

Motive entsprechen den natürlichen Bedürfnissen und gelten als stabile Merkmale sowie als Ausdruck stammesgeschichtlicher Anpassung. Es lassen sich zwei voneinander getrennte Motivsysteme mit impliziten und expliziten Motiven beschreiben:

Die *impliziten Motive* bezeichnen basale Motive, welche in begrenzter Anzahl als biologisches Grobmuster evolutionär verankert sind. Diese universellen Bedürfnisse sind genetisch und/oder vorsprachlich früh erworben und meist nicht bewusst repräsentiert. Eine Anregung erfolgt über situative Hinweisreize, wobei die Verhaltenseffekte, besonders in offenen Situationen, *langfristig* sind. Weiterhin verweist Rheinberg (2004, S. 194) auf den spezifischen Affekt wie den des Stolzes oder des Gefühls von Kompetenz und Stärke, welcher den Kern jedes Motivs darstellt. Dieser Affekt, durch Ausschüttung bestimmter Neurohormone verbunden, ist der eigentliche Motor der basalen Motive. „Die Ausschüttung dieser Hormone hat belohnende Wirkung und verstärkt die Tendenz, in ähnlichen Situationen künftig die gleichen Zustände wieder herbeiführen zu wollen" (ebd.). Die basalen Motive sind weniger an rationaler Zielstellung beteiligt, sondern werden stärker „im genussvollen Vollzug bestimmter Aktivitätsformen" (ebd., S. 195) deutlich.

Die *expliziten Motive* umfassen „bewusste, sprachlich repräsentierte (oder zumindest repräsentierbare) Selbstbilder, Werte und Ziele, die sich eine Person selbst zuschreibt" (Heckhausen & Heckhausen, 2006a, S. 4). Diese im Leben später erworbenen und gänzlich lernabhängigen Motive verdeutlichen individuelle Vorlieben, Wünsche und überdauernde Ziele einer Person (vgl. Rheinberg, 2004, S. 192ff.). Sie umfassen eine unbegrenzte Zahl einzigartiger Selbstdefinitionen und entstehen neben eigenen Wahrnehmungen durch kulturelle Normen sowie durch Sozialisationseinflüsse wie Einschätzungen, Bewertungen als auch Wünsche anderer Personen, die für das Subjekt bedeutsam sind. Eine Anregung erfolgt über die Aktivierung selbstbezogener Kognitionen. Dabei sind die Verhaltenseffekte *kurzfristig*, besonders in sozial definierten Situationen (vgl. Rheinberg, 2004, S. 198f.).

Es lassen sich weiterhin zwei Anreizebenen unterscheiden. Zum einen die tätigkeitszentrierte Anreizebene als intrinsischer Motivationsfaktor, in der die *Handlung* selbst als Anreiz dient, und zum anderen die zweckgebundene Anreizebene als extrinsischer Motivationsfaktor, in der die *Folgen* als Anreize künftiger Zustände gesehen werden (vgl. Rheinberg, 2004, S. 144).

Eine intrinsisch motivierte Person handelt aus eigenem Antrieb, aus Freude an der Tätigkeit bzw. einem intrinsischen Interesse, etwas gerne zu tun und kompetent zu sein. Die Motivationsquelle ist völlig unabhängig von Belohnungen und anderen äußeren Handlungsveranlassungen (Krapp & Ryan, 2002, S. 59; vgl. Rheinberg, 2004, S. 152).

Die Aktivität bei einer extrinsisch motivierten Handlung ist auf den Anreiz von Zielen sowie Ergebnissen gerichtet und wird von äußeren Einflüssen gesteuert. Dabei zeigt sich stets eine instrumentelle Funktion der Motivationsanregung (vgl. Rheinberg, 2004, S. 150f.). Es lassen sich nach Krapp & Ryan (2002, S. 61ff.) vier Stufen extrinsischer Handlungsregulation beschreiben, wobei die erste Stufe eine völlig fremdbestimmte Form der extrinsischen Motivation darstellt und die anderen drei zunehmend selbstbestimmte Formen mit ansteigender Nähe zu intrinsischer Motivationsanregung offenbaren.

Handlungsziele

In Inhaltsklassen zusammengefasst, bilden Motive individuelle Handlungsziele eines Menschen. Sie bleiben über Zeit und Situation hinweg stabil und werden daher als beständige Persönlichkeitsmerkmale betrachtet. Kleinbeck (2006, S. 275) beschreibt, dass menschliches Handeln „nicht ohne Ziele geplant, ausgeführt und bewertet werden" kann. Diese Aussage untermauert die Annahme einer zielgerichteten Handlungssteuerung von Menschen. Dabei können Ziele bewusst oder unbewusst wahrgenommen werden. Die o. g. expliziten Motive sowie die extrinsische Motivation verdeutlichen insbesondere bewusste Zielvorstellungen. Die impliziten Motive sowie intrinsischen Motivationsfaktoren weisen stärker auf unbewusste Zielvorstellungen hin.

Kleinbeck (2006, S. 269f; nach Austin & Vancouver, 1996) formuliert verschiedene Handlungsziele sowie deren Inhalte. Diese werden unterschieden nach den Zielen innerhalb einer handelnden Person sowie nach den Zielen mit Bezug zu der Situation, in der eine Person handelt. Ziele innerhalb einer Person lassen sich häufiger auf intrinsische Motivationsfaktoren beziehen. Sie werden aufgrund einer inneren Befriedigung durch die Handlung an sich (bspw. die Erwartung von Kompetenz, Ablenkung und Erinnerung) sowie durch die inhärenten Affekte motiviert. Extrinsische Motivationsfaktoren sind vermehrt zweckorientiert und beziehen sich stärker auf Handlungsziele innerhalb einer bestimmten Situation. Eine Tätigkeit wird bspw. aufgrund der sozialen Kontakte aufgesucht, es wird Anschluss, Gemeinschaft, soziale Integration sowie Erfolg in der Tätigkeit erwartet (vgl. Schroeder, 2009, S. 15f.).

Zusammenfassend werden in **Abbildung 2** die eben beschriebenen Phänomene und Faktoren einer Handlungsmotivation in ihrer Beziehung und Abgrenzung zueinander veranschaulicht.

I Grundlagen

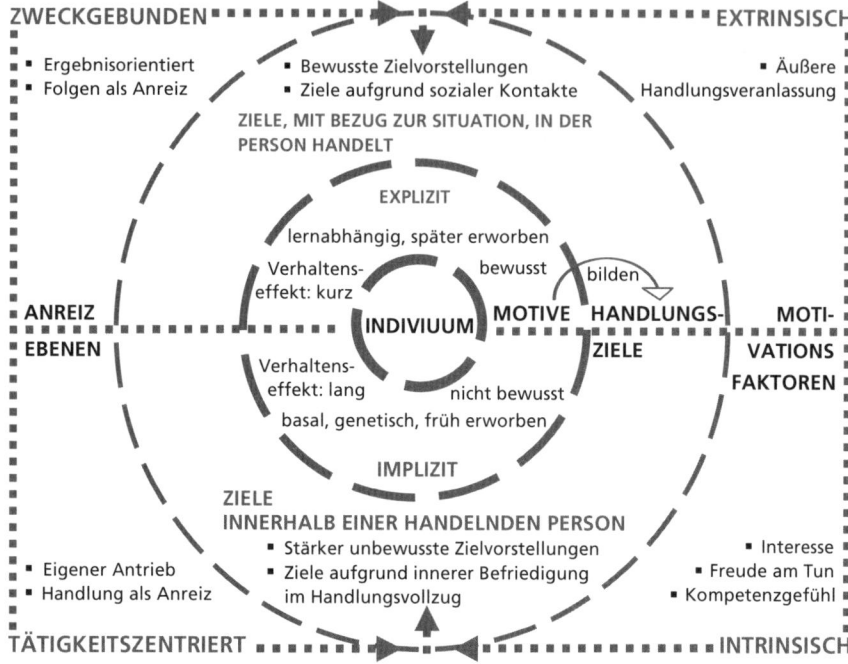

Abb. 2: Innere und äußere Phänomene einer Handlungsveranlassung

6.1.3 Subjektive Wertigkeit situativer Anreize

Situationen haben für unterschiedliche Personen verschiedene Handlungsanreize. Ein *Anreiz* bezeichnet die Attraktivität eines Zielobjektes und den Aufforderungscharakter zu einer Handlung (vgl. Rudolph, 2003, S. 99; Heckhausen & Heckhausen, 2006a, S. 5). Ein bestimmtes Objekt bzw. Phänomen, welches zur Zielerreichung geeignet ist, besitzt dabei eine bestimmte Wertigkeit bzw. eine bestimmte *Valenz* (vgl. Rudolph, 2003, S. 89). Ein individuelles Bedürfnis löst eine innere Spannung aus und alle wahrgenommenen Objekte, welche dieses Motiv befriedigen können, nehmen eine positive Valenz an. Die subjektive Wahrnehmung und Bewertung von Situationen haben dabei eine wesentliche Bedeutung für die Beschreibung situativer Reize und bestimmen im Wesentlichen ein Verhalten. Die *subjektive Erfolgserwartung* ist mit entscheidend für die Zielerreichung, in der eine Tendenz des Handelns beschrieben wird, Erfolg aufzusuchen und Misserfolge zu vermeiden (vgl. Rudolph, 2003, S. 125ff.). Die Erfolgserwartung beschreibt eine „situative Variable, die von einer Person aufgrund von eigenen Erfahrungen gelernt wird" (ebd., S. 125).

Sowohl die Konzepte der internalen Kontrollüberzeugung nach Rotter (Rheinberg, 2004, S. 137) als auch die Selbstwirksamkeitserwartung nach Bandura (Krapp & Ryan, 2002, S. 71) beschreiben für eine hinreichend hohe Erfolgswahrscheinlichkeit einer Handlung zugleich die Fähigkeit und Sicherheit, eine bestimmte Handlung zum erwünschten Ergebnis führen sowie diese Handlung aus den vorhandenen Kräften ausführen zu können. Erfahrungen von Kompetenz, Realisierbarkeit und Wirksamkeit haben eine zentrale Bedeutung im Motivationsgeschehen. „Dieses Gefühl einer Person bezüglich ihrer Fähigkeiten beeinflusst ihre Wahrnehmung, ihre Motivation und ihre Leistung. ... Wir erwägen nicht einmal etwas zu tun oder zu riskieren, wenn wir erwarten, dass wir nichts damit bewirken. Wir meiden Menschen und Situationen, wenn wir uns den Anforderungen, die diese stellen, nicht gewachsen fühlen" (Zimbardo, 1995, S. 498). Schwarzer und Jerusalem (2002, S. 29) beschreiben darüber hinaus, dass die Selbstwirksamkeitserwartung nicht stimuliert wird, wenn eine Leistung nicht der Kompetenz, sondern den äußeren Umständen zugeschrieben wird. Die Interpretation von Barrieren zeigt sich maßgeblich bedeutsam für die Selbstwirksamkeit und Leistungsfähigkeit. Zahlreiche Theorien gehen des Weiteren davon aus, „dass das emotionale Erleben von Kompetenz (Kompetenzgefühl) einem grundlegenden menschlichen Bedürfnis entspricht, dessen Befriedigung sehr eng mit Lebensglück und Wohlbefinden verknüpft ist" (Krapp & Ryan, 2002, S. 71f.).

6.1.4 Beeinflussung der Motivation bei Altersschwermut und Demenz

Normales Altern ist mit kognitiven Veränderungen verbunden, es werden häufig Einbußen des expliziten Lernens und Erinnerns beschrieben (vgl. Kaschel, 2001, S. 39). Diese Anforderungen im Alter beeinflussen nicht selten die eigene Bewertung von Kompetenz und der damit verbundenen Handlungsmotivation. Becker (2006, S. 113) umschreibt das Verlangen nach Kompetenzerleben in den Bedürfnissen nach „Achtung und Wertschätzung" sowie nach „Orientierung und Sicherheit". Letzt genanntes erweist sich als besonders bedeutsam für die Beschreibung einer Handlungsbereitschaft bei Menschen mit Alzheimer-Demenz. Neben der Verstehbarkeit in Situationen zeigt dieses Bedürfnis die Gegenwärtigkeit von Zielen, auf die ein Handeln stets ausgerichtet ist (vgl. u. a. Achtziger & Gollwitzer, 2006, S. 277). Diese Bedürfnisse nach Orientierung und Sicherheit verdeutlichen Anknüpfungspunkte mit dem individuellen Kohärenzgefühl (SOC) von Antonovsky. Der einflussreiche Gesundheitstheoretiker konstatiert, dass jeder Mensch das Bedürfnis hat, Situationen zu verstehen und mögliche Folgen seines Handelns vorherzusehen, Situationen zu bewältigen sowie Sinnhaftigkeit zu erleben (vgl. u. a. Becker, 2006, S. 90ff; Faltermaier, 2005, S. 70ff, 166ff). Wohlbefinden ist demzufolge möglich, wenn grundlegende Bedürfnisse und Zielsetzungen erfüllt werden.

Bei Alzheimer-Demenz und Schwermütigkeit sind gezielte Motivansprachen sowie die Wahrnehmung von Situationen als sinnhaft, verstehbar und bewältigbar zunehmend erschwert. Diese Erkrankungen im Alter scheinen das individuelle Wohlbefinden gerade auch durch die psychischen und psychiatrischen Begleitsymptome sowie durch eine verminderte Annäherung an die basalen menschlichen Bedürfnisse mittels eigener Handlungsaktivität immens zu beeinflussen. Gauggel und Bröcker (2004, S. 72) stellen dar, dass sich mit steigendem Schweregrad der Demenz auch die Auftretensrate einer „schweren Motivationsstörung" erhöht. Die allgemeine Sinnentleertheit in Handlungen kann bei Menschen mit Alzheimer-Demenz depressive Verstimmungen erzeugen. Dieses ist insbesondere dem motivunpassenden Verhalten eines antriebsarmen Menschen geschuldet. Demenz und Schwermut im Alter verzeichnen den negativen Einfluss auf das menschliche Grundbedürfnis des Kompetenzerlebens und auf die Faktoren Stimmung, Aktiviertheit und Erregungsniveau, welche das Wohlbefinden im Wesentlichen charakterisieren (vgl. Schroeder, 2009).

6.2 Musik und Motivation im Alter mit Bezug zu Alzheimer-Demenz

6.2.1 Handlungsmotivation durch Musikerleben

Die Ausführung einer Handlung bei Alzheimer-Demenz ist dann möglich, wenn sie an den individuellen Bedürfnissen und Fähigkeiten anknüpft und wenn Handlungen nicht primär aufgrund der erwarteten Ergebnisse und Folgen (extrinsische Motivation) sondern aufgrund der Freude an der Tätigkeit per se (intrinsische Motivation) aufgenommen werden. Gezielte äußere Reize zur individuellen Motivansprache, bspw. durch Musik, zeigen sich für das Keimen von Motivationen verstärkt bedeutungsvoll. Sowohl die leicht verständliche Struktur, der Gleichtakt der Klangabläufe in der Musik als auch die Wahrnehmung und Bewertung der Situation als bedeutsam, verstehbar und handhabbar sind bezeichnend, um eigenes Handeln bei Menschen mit Alzheimer-Demenz und Schwermütigkeit zu motivieren.

6.2.2 Handlungsveranlassung durch Musikerleben

Das Hören von Musik wird nach Lehmann (1992, S. 83) „durch Motive ‚angetrieben', das heißt begründet oder verursacht, aktiviert und auf ein Ziel ausgerichtet." Die Grundlage einer Rezeptionshandlung bzw. Hörwahrnehmungshandlung sowie Aktivierung wird weiterhin mit Hilfe der aktuellen Motivation beschrieben, welche aus dem Zusammenspiel aktueller Motive resultiert und durch innere und äußere Reize in einer bestimmten Situation geweckt werden. Rezeptionsmotive werden beeinflusst durch Interessen und Neigungen des Subjekts, durch die unterschiedliche Funktionalität der musikalischen Genres, „durch bestimmte Ziele, durch äußere Umstände und situative Handlungsbedingungen, durch pädagogische Motivierungsmaßnahmen u. a. sowie durch habitualisierte Einstellungen, Kenntnisse, Fähigkeiten, Gewohnheiten, Willenseigenschaften und durch emotional empfundene Bedürfnisse" (Lehmann, 1992, S. 83).

Bei älteren Menschen stellt Musik häufig einen wichtigen Bestandteil des gesellschaftlichen Lebens dar. In Familien wurde viel gesungen, die Musik diente in der Gemeinschaft zur Unterhaltung und als Genussmittel (vgl. Muthesius, 1999). Insbesondere „die Vertrautheit von Singen hängt vielleicht mit Erfahrungen der Individuen aus einer Zeit zusammen, in der sie getragen, gewiegt und gestreichelt wurden und in der man ihnen etwas vorsang, wenn sie Trost brauchten" (Clair, 2003, S. 58f.).

Mit Hilfe musikalischer Reize können diese früh erlernten und basalen Musikerfahrungen sowie Motive der Aktivität und Begegnung angesprochen werden. Musik wird aufgrund von Erfahrungen als etwas Gemeinschaftliches und Geselliges empfunden, so dass auch in (therapeutischen) Einzelkontakten z. B. Geselligkeit erlebt werden kann.

Gleichfalls werden diese sehr früheren subjektiven Musikerfahrungen häufig mit Kompetenz und Genuss am Handeln als auch Wohlbefinden assoziiert. Die erwartete Freude an der musikalischen Wahrnehmung und Betätigung bewirkt den Impuls zum Musizieren und dabei etwas zu leisten sowie Erfolg zu haben. Die Handlung selbst zeigt Anreizcharakter und veranlasst eine innere Befriedigung.[11] Ebenso beschreibt Linden (1997, S. 148f.) den Nutzen musikalischen Handelns bei Menschen mit Alzheimer-Demenz weniger in einer langfristigen und zweckzentrierten Wirkung, sondern in den „Momenten musikalischer Gegenwart, in der Sinnhaftigkeit und Lebendigkeit des Augenblicks und damit in einer qualitativen Bereicherung des Lebens." In der musikalischen Betätigung kann das emotional getönte Handlungsziel einer intrinsisch motivierten Handlung mit tätigkeitszentrierter Anreizebene stets neu erlebt werden und ermöglicht insbesondere bei Alzheimer-Demenz überhaupt eine Verstehbarkeit von sowie Orientierung in Situationen.

Extrinsische Motivationsfaktoren sind im Verlauf einer Alzheimer-Erkrankung weniger relevant, da die Autonomie, die Selbstwirksamkeit, die Wahrnehmung von gesetzten Zielen und Werten einer Person im Verlauf der Erkrankung beträchtlich abnehmen und demnach auch die Ansprache extrinsischer Motivationsformen in Bezug auf diese Bereiche. Die erstrebten Folgen der Handlung können krankheitsbedingt während des gesamten Handlungsvollzugs nur teilweise erinnert werden, wodurch der Sinn und die damit verbundene Motivation immer wieder verloren gehen.

Das implizite, nicht willentlich oder bewusst abrufbare Gedächtnis zeigt sich nach Stoppe (2006, S. 36) bei Alzheimer-Demenz weniger vom Abbau betroffen. Implizite Bedürfnisse zeigen sich als Handlungsbereitschaften, sich mit bestimmten Anreizen – Musik erweist sich aufgrund der Stimulation des körpereigenen Belohnungssystems als ein solcher besonderer Anreiz – immer wie-

---

11 Die Ziele liegen innerhalb der handelnden Person; die Handlung an sich und die inhärenten Affekte motivieren.

I Grundlagen

der auseinanderzusetzen. Das daraus resultierende Handeln und die Verhaltenseffekte sind längerfristig (vgl. Spitzer, 2005, S. 397f.).

Der Sinn eines Handelns wird insbesondere durch die Struktur der Musik, dem (Neu-)Erleben inhärenter Ziele in der Ansprache intrinsischer, tätigkeitzentrierter Motivation erschlossen.

6.2.3 Subjektive Wertigkeit musikalischer Anreize

Die musikalische Rezeption durch ein Individuum sowie dessen Wahrnehmung und Erleben wird durch die Wechselwirkung von objektiven und subjektiven Parametern bestimmt. Neben der Art und Struktur der real erklingenden Musik und dem objektiven Anreizcharakter einer Situation beeinflussen subjektive Persönlichkeitseigenschaften – wie der persönliche Geschmack und die Hörgewohnheiten, die Wahrnehmungs-, Erkenntnis- und Steuerungsprozesse ebenso wie die aktuellen Motive und Bedürfnisse des Hörers – den Grad der Stimulierung (vgl. Lehmann, 1992, S. 83f.).

Musik erhält eine positive Wertigkeit, wenn es mit einem Bedürfnis einer Person korrespondiert. Ein einladendes Setting mit Objekten und Phänomenen, die zur Zielerreichung geeignet sind, wie bspw. ein Lied, ein Liederbuch und Instrumente, ein Sitzplatz sowie eine angenehme Atmosphäre, zeigen insbesondere bei älteren Menschen hohe Valenz. Das Singen von Volksliedern und Schlagern offenbart eine konkrete Attraktivität des Anreizes. Die Verknüpfung von Anreiz und Handlungsaussicht lässt vermuten, dass musikalische Aktivitäten aufgrund erhöhter Erfolgserwartungen gewählt werden sowie der Freude an der Tätigkeit selbst. Es zeigt sich eine größere Anstrengung, Ausdauer und Äußerung gerade von positiven Emotionen.

Bei einem gezielten Angebot mit Musik kann eine größere Valenz erreicht werden als bspw. bei einem ungerichteten Einsatz von Musik durch Radio oder CD. Wenn ein Ergebnis bereits ohne die eigene Beeinflussung erwartet wird, sucht ein Individuum kaum nach individuellen Handlungsmöglichkeiten – wenn bspw. Musik im Radio läuft oder die Pflegekräfte lautstark mitsingen, ohne dass ein Betroffener die Möglichkeit sieht, sich selbst einzubringen oder die Situation zu verändern. Bewertet eine Person sich allerdings in einer bestimmten Situation als kompetent und selbstbestimmt, so existiert eine hohe Handlungs-Ergebnis-Erwartung sowie Ergebnis-Folge-Erwartung und demnach eine hohe Motivation für eine bestimmte Handlung. Je größer jedoch die Situations-Ergebnis-Erwartung ist, desto schwächer ist die Motivation, überhaupt zu handeln (vgl. Rheinberg, 2004, S. 133).

Aldridge & Aldridge 1996 konnten zeigen, dass die Musikalität bei einer Demenz noch lange erhalten werden kann (in Stoppe, 2006, S. 116). Verschiedene Untersuchungen und Erfahrungsberichte beschreiben, dass in der Anwendung von Musik bei Alzheimer-Demenz insbesondere affektive Inhalte und das Erleben von Wohlbefinden beeinflusst werden können. Wohlbefinden resultiert u. a. aus einem Gleichgewicht von Kompetenz und Anforderung. Beim Musizieren mit relativer Schwierigkeit kann eine hohe Fähigkeit bei einer häufig beschriebenen positiven Gestimmtheit angenommen werden, welche wiederum Auswirkung auf das Kompetenzerleben hat. Die Anstrengung wird dabei als geringer und die individuellen Handlungsmöglichkeiten in der konkreten Situation erhöht wahrgenommen. Dieser Effekt zeigt sich besonders bei den kognitiven Defiziten einer dementiellen Erkrankung als vielversprechend. Die hohe Motivation führt zusammen mit dem Können zur wahrscheinlichen Zielerreichung (vgl. auch Kleinbeck, 2006, S. 258; Rudolph, 2003, S. 152f.).

6.3 Perspektiven einer Motivationsanregung in der Praxis

Wie in den vorherigen Abschnitten geschlussfolgert, kann eine musiktherapeutische Anregung Handlungsziele eines Individuums im Alter mit unterschiedlichen Inhalten ansprechen und stellt sich als eine bedeutsame Interventionsmöglichkeit in der Beeinflussung von Stimmung, Aktiviertheit und des Erregungsniveaus dar. Dies zeigt sich insbesondere für den Einsatz des Singens (vgl. Adamek, 1996, S. 62ff., S. 93; Clair, 2003, S. 59, S. 67; Wojnar, 2005, S. 34f.; Muthesius, 1997, S. 53). Es wird die Hypothese bestätigt, dass gezielte musikalische Interventionen älteren Menschen mit Alzheimer-Demenz eine adäquate Möglichkeit zur Ansprache von Motivation und Wohlbefinden bieten. Darüber hinaus wird die Vermutung gesichert, dass Motivationsprozesse, welche sich bei Menschen mit Alzheimer-Demenz deutlich verändern, in einer gezielten Ansprache individueller Handlungsziele angeregt sowie Sinnhaftigkeit und damit Handlungsbereitschaft erhalten werden können. Die eigene Handlung des Musizierens, Singens bzw. Zuhörens wird dabei häufig mit Erlebnisformen wie Stolz, Kompetenz und positiver Gestimmtheit (Erregung bzw. Beruhigung) in Verbindung gebracht (siehe Schroeder, 2009, S. 75).

Zusammengefasst lässt sich konstatieren, dass individuell bedeutsame Musik unter Berücksichtigung spezifischer Handlungsziele das situative Erleben von Sicherheit und Orientierung sowie von Sinnerfülltheit und Kompetenz erhöhen und eine strukturierte musikalische Anregung bei Menschen mit Alzheimer-Demenz zu einer gesteigerten Handlungsbereitschaft motivieren kann. Eine möglichst umfangreiche Kenntnis der Lebensumstände, der Gewohnheiten, der Wünsche, der individuellen Bedürfnisse und musikalischen Präferenzen eines Menschen im Alter ist besonders wichtig, da die impliziten Motive gerade durch diese Musikerlebnisse erinnert und angeregt werden können und die Grundlagen für explizite Motiviertheit bei Alzheimer-Demenz wenig bis gar nicht gegeben sind. Sind Menschen im Alter auf ein Heim angewiesen, erweist sich das Wissen um individuelle Bedürfnisse und die musikalischen Präferenzen eines Menschen als besonders dienend, um emotionales Wohlbefinden zu erhalten bzw. zu erreichen.

Eine adäquate Gestaltung des Settings zeigt sich in Einzelsitzungen oder in Kleingruppen für eine Ansprache von Menschen mit Alzheimer-Demenz als bezeichnend. Der situative Kontext sollte von den tätigen Berufsgruppen so beeinflusst werden, dass dieser die individuellen Zielsetzungen sowie die Wahl und Aufnahme einer Handlung aufgrund subjektiver Erfolgserwartung anregen und damit einen Einfluss auf die Motivationsfaktoren haben kann. Es besteht eine erhöhte Ergebnis-Folge-Erwartung. Das Singen bspw. ist dabei Folge des Motivationsprozesses und versteht sich gleichfalls als Ursache für die daraus entstehenden neuen psychischen Prozesse (vgl. Adamek, 1996, S. 64).

Die Kenntnis und bewusste Anregung individueller Motive insbesondere auch der Personen, die sich verbal nicht mehr ausdrücken können, ist demnach abhängig von einer strukturierten Gestaltung der Umwelt durch musikalisch und biographisch sensibilisierte Helfer bzw. Therapeuten und Betreuer. Die Ansprache der intrinsischen Motivation eines Individuums und die Suche nach bedeutsamen Musiken sowie individuellen Vorlieben lässt Pflegende gewiss oftmals sowohl an ihre zeitlichen und personellen als auch fachlichen Grenzen geraten. Gerade hier sind die dafür besonderen Kompetenzen und Zeitmodelle von Musiktherapeuten zielführend. Es lässt sich feststellen, dass im sonstigen Stationsalltag mehrheitlich äußere, extrinsische Motivationsfaktoren eingesetzt werden. Eine Anregung extrinsischer Motivation ist bei Menschen mit Alzheimer-Demenz nur dann sinnvoll, wenn die Anreize an den Motiven des Individuums anknüpfen und der Ort der Handlungsverursachung stärker nach innen verlagert ist. Verursachen jedoch rein externe Faktoren ein Verhalten, zielt die extrinsische Motivationsanregung ausschließlich auf das Ergebnis einer Handlung ab und lässt bei den Betroffenen möglicherweise den Motivations- und Handlungsprozess nicht vollenden, da der Sinn der Handlung sowie die erwarteten Folgen im Verlauf nicht mehr erinnerbar sind. Dies bedeutet zum einen eine Frustration bei den Betroffenen sowie eine Symptomverstärkung sowohl der Demenz als auch der Schwermütigkeit. Zum anderen werden hier die besonderen Potentiale einer engen interdisziplinären Arbeit von Musiktherapeuten und Pflegenden zum größten Nutzen und wirklichen Symptomminderung der Betroffenen notwendig.

Um gelingend einen Handlungsprozess anzuregen, sollten demnach individuelle Motive sowie insbesondere intrinsische Motivationen erkundet und angesprochen werden. Eine selbst erzeugte Musik lässt sich dabei im Gegensatz zu einer Musik vom Tonträger bezüglich Thema, Dauer und Intensität adäquater auf die anwesenden Individuen abstimmen und erhöht in dieser Abstimmung auf den einzelnen Betroffenen nochmals die beschriebene Wirksamkeit. Bei Unwohlbefinden ist zudem eine direkte Intervention möglich, z. B. durch einzelne Abwandlungen der Musik, ohne in der Situation ein Gefühl des Ausgeliefert-Seins zu evozieren. Diese Annahme verknüpft sich mit dem Aspekt der wahrgenommenen Handhabbarkeit und der hohen Situation-Erfolgs-Erwartung der eigenen Handlung. Basale Bedürfnisse nach Geborgenheit und Freude an einer Handlung scheinen universell für Menschen mit Demenz relevant. Diese Motivationsform entspricht den kognitiven Besonderheiten einer Alzheimer-Demenz, bei welcher ein Motivationsprozess im Alltag immer wieder unterbrochen ist. Eine musikalische Tätigkeit kann dabei den Motivationsprozess immer wieder aufnehmen und weiterführen.

Die o. g. Schlussfolgerung über die voraussichtlich zu investierende Anstrengung vor bzw. während einer Aufgabe legt die Vermutung nahe, dass Menschen mit neuropsychologischen Defiziten und geringen Anstrengungsmöglichkeiten verstärkt solche Anreize und Aufgaben erhalten sollten, welche sie mit ihren individuellen Ressourcen und Fähigkeiten verbinden und die damit eine Handlungsaufnahme und auch Wohlbefinden ermöglichen. Die oben bereits angesprochene intensive Kooperation zwischen Pflegenden und Musiktherapeuten als auch Weiterbildungsangebote für Betreuungspersonen sowie deren Zusammenarbeit mit Musiktherapeuten erweisen sich als relevant, um musikalische Angebote überhaupt gezielt und erfolgreich motivierend in den Lebensalltag der Betroffenen zu integrieren und gezielt auch bei deren antriebsgeminderten Verhalten einzusetzen. Diese fruchtbare Zusammenarbeit ist bereits vielversprechend an vielen Orten begonnen, jedoch noch lange nicht flächendeckend realisiert.

Literatur

Achtziger, A. & Gollwitzer. P.M. (2006). Motivation und Volition im Handlungsverlauf. In J. Heckhausen (Hrsg.), *Motivation und Handeln* (S. 277–302). Heidelberg: Springer.

Adamek, K. (1996). *Singen als Lebenshilfe*. Münster: Waxmann.

Antonovsky, A. (1997). *Salutogenese. Zur Entmystifizierung der Gesundheit*. Tübingen: dgvt.

Becker, P. (2006). *Gesundheit durch Bedürfnisbefriedigung*. Göttingen: Hogrefe.

Beckmann & Heckhausen (2006). Motivation durch Erwartung und Anreiz. In J. Heckhausen (Hrsg.), *Motivation und Handeln* (S. 105–142). Heidelberg: Springer.

Beckmann (1996). Aktuelle Perspektiven der Motivationsforschung: Motivation und Volition. In E.H. Witte (Hrsg.), *Sozialpsychologie der Motivation und Emotion* (S. 13–33). Lengerich: Papst.

Beuningen, B. (2005). Lebensfreude durch Musik. In Deutsche Gesellschaft für Musiktherapie (Hrsg.). *transparent 1*, 9.

Clair, A. (2003). Singen in der Lebensqualität alter Menschen. In D. Aldridge (Hrsg.), *Music Therapy World. Musiktherapie in der Behandlung von Demenz*. London: Jessica Kingsley Publishers.

Faltermaier, T. (2005). *Gesundheitspsychologie*. Stuttgart: Kohlhammer.

Gauggel, S. & Bröcker, M. (2004). Neuropsychologische Grundlagenforschung bei demenziellen Erkrankungen anhand ausgewählter Beispiele. *Zeitschrift für Gerontopsychologie & -psychiatrie*, 17 (2). 67–75.

Heckhausen, H. & Heckhausen, J. (2006a). Motivation und Handeln: Einführung und Überblick. In J. Heckhausen (Hrsg.), *Motivation und Handeln* (S. 1–9). Heidelberg: Springer.

Heckhausen, H. & Heckhausen, J. (2006b). Motivation und Entwicklung. In J. Heckhausen (Hrsg.), *Motivation und Handeln* (S. 393–454). Heidelberg: Springer.

Kaschel (2001). Neuropsychologische Diagnostik bei Altern, Depression und Demenz. In U. Hegerl, M. Zaudig & H.-J. Möller (Hrsg.), *Depression und Demenz im Alter* (S. 39–58). Wien: Springer.

Kleinbeck (2006). Handlungsziele. In J. Heckhausen (Hrsg.), *Motivation und Handeln* (S. 255–276). Heidelberg: Springer.

Krapp, A. & Ryan, R. (2002). Selbstwirksamkeit und Lernmotivation. Eine kritische Betrachtung der Theorie von Bandura aus der Sicht der Selbstbestimmungstheorie und der pädagogisch-psychologischen Interessentheorie. *Zeitschrift für Pädagogik, 44,* 54–82. Weinheim und Basel: Beltz.

Lehmann, D. (1992). Musik und Motivation. *Musik-, Tanz- und Kunsttherapie, 3(2),* 81–86.

Linden, U. (1997). ... den Jahren Leben geben. Ein Praxisbericht zur EMT in der Geriatrie. In Deutsche Gesellschaft für Musiktherapie (Hrsg.), *Musiktherapeutische Umschau, 18,* 139–149.

Muthesius, D. (1997). *Musikerfahrungen im Lebenslauf alter Menschen.* Hannover: Vincentz.

Muthesius, D. (1999). *Musik und Biographie – Lieder und Singen im Lebenslauf.* Berlin: Deutsche Gesellschaft für Musiktherapie.

Rheinberg, F. (2004). *Motivation.* Stuttgart: Kohlhammer.

Rudolph, U. (2003). *Motivationspsychologie.* Weinheim: Beltz.

Schneider, K. & Schmalt, H.-D. (1994). *Motivation.* Stuttgart: Kohlhammer.

Schroeder, M. (2009). *Musikalische Intervention im Alter zum Anstieg von Handlungsmotivation.* Saarbrücken: VDM.

Schwarzer & Jerusalem (2002). Das Konzept der Selbstwirksamkeit. *Zeitschrift für Pädagogik, 44,* 28–53.

Stoppe, G. (2006). *Demenz. Diagnostik, Beratung, Therapie.* München: Ernst Reinhardt.

Spitzer, M. (2005). *Musik im Kopf.* Stuttgart: Schattauer.

Wojnar, J. (2005). Bedeutung von Musik für die Lebensqualität von Demenzkranken. In Kuratorium Deutscher Altenhilfe (Hrsg.), Balsam für die Seele: Hausmusik. Verbesserung der häuslichen Pflegesituation gerontopsychiatrischer Patienten unter Einsatz von Musiktherapie. *Vorgestellt, 73,* 34–40. Köln: KDA.

Zimbardo, P.G. (1995). *Psychologie.* Berlin: Springer.

7 Beziehungsqualität in der Musiktherapie mit Menschen mit Demenz

Britta Warme, Claudia Steinert

Dieser Artikel widmet sich der Erörterung der Beziehungsqualität in der Musiktherapie mit Menschen mit Demenz. Unsere wichtigsten Fragestellungen sind:
1. Wie lässt sich Beziehungsqualität beschreiben?
2. Wie entwickelt sich die Beziehungsfähigkeit bei fortschreitender Demenz?

Das Erleben zwischenmenschlicher Beziehung ist ein Grundbedürfnis, das sich entwicklungspsychologisch betrachtet ein Leben lang entwickelt und verändert (Muthesius, Sonntag, Warme & Falk, 2010, S. 53 ff.). Beziehungserfahrungen manifestieren sich bzw. werden aufgebaut, gehen verloren und können korrigiert werden. Die Fähigkeit, in Beziehung treten zu können, setzt voraus, sich seiner selbst bewusst zu werden. Das *Selbstentwicklungskonzept* von D. Stern (2007; Original 1985) beschreibt die Entwicklung des Selbsterlebens in Beziehung zu Anderen. In der Musiktherapie mit Menschen mit Demenz ist Beziehungsgestaltung vielfältig möglich. Die Suche nach Beziehung ist charakterisiert durch verlässliche langfristige Nähe, flüchtige Kontakte bis hin zu Beziehungsvermeidung und Rückzug korrespondierend mit den *Phasen der Demenzentwicklung*.

Um Beziehung zu beschreiben, soll hier das Evaluierungsinstrument zur Einschätzung der Beziehungsfähigkeit (Schumacher, Calvet & Reimer, 2010; Schumacher, 1999) vorgestellt werden. Ausgewählt wurde es aufgrund positiver Anwendungserfahrungen in der Praxis. Es existiert eine Vielzahl weiterer Analysemethoden für musiktherapeutische Arbeit. Dieses Instrument gründet u. a. auf dem Selbstentwicklungskonzept Sterns (2007). Es wurde von Schumacher und Calvet in ihrer musiktherapeutischen und entwicklungspsychologischen Tätigkeit mit Kindern mit tiefgreifender Entwicklungsstörung entwickelt. Die *Reliabilitätsanalyse* fand mit positiven Ergebnissen 2006 statt (Schumacher, Calvet & Stallmann, 2006). Die differenzierten Modi des EBQ sind voneinander abgrenzbar und charakterisieren die Art und Weise bzw. verschiedene Stufen der Beziehungsqualität. Unterdessen wird das EBQ-Instrument in verschiedenen musiktherapeutischen Anwendungsgebieten erprobt (Psychosomatik: Körber, 2007; Demenz: Warme, 2005; 2010). Eine Reliabilitätsanalyse für den Demenzbereich ist noch nicht erfolgt. Erste Anwendungserfahrungen werden hier aber diskutiert.

Mit fortschreitender Demenz gehen Beziehungsqualitäten verloren (Muthesius, Sonntag, Warme & Falk, 2010, S.194). Außerdem verändert sich in den Entwicklungsphasen der Demenz die *Affektregulation*, die eine entscheidende Variable für die Beziehungsgestaltung ist.

I Grundlagen

Nach Art der Demenz-Erkrankung, sei es vaskuläre Demenz, Korsakow-Demenz, Lewy-Body-Demenz, frontotemporale Demenz oder Alzheimer-Demenz, können verschiedene Beziehungsformen präferiert werden. Außerdem entfalten Persönlichkeitsakzentuierungen im Alter ihre Ausprägung, welche ebenfalls ihren Beitrag zu den Beziehungsformen eines Menschen geben.

Erikson (1988, S. 36) ordnet den Lebensphasen psychosoziale Krisen und Entwicklungsaufgaben zu. Als Entwicklungsaufgabe für das Alter bezeichnet er den Gegensatz zwischen Integrität und Verzweiflung zu bewältigen und als Radien bzw. Kontext für diese Aufgaben im Alter die Menschheit als Ganzes. Die Entwicklungsaufgaben in der Altersphase gelten auch unter den Bedingungen einer sich entwickelnden Demenz und bedürfen feinfühliger empathischer Begleitung. Nicht zuletzt stellt die Psychodynamik der Beziehungsgestaltung hohe Anforderungen an Pflegende, Angehörige und Therapeuten (Kitwood, 2004).

Bezogen auf alle diese eben genannten Dimensionen treffen die Autorinnen eine Auswahl und beschränken sich im vorliegenden Artikel auf die Entwicklung der Affektregulierung bei fortschreitender Demenz. Dies geschieht bezogen auf die Beziehungsqualitäten von Demenz Betroffener, da ganz besonders hier *Affekte* Motoren für Beziehungsfähigkeit und Beziehungsgestaltung sind. Dabei wird eine Verbindung zum EBQ-Instrument auf mehreren Ebenen entwickelt.

7.1 Die Modi des EBQ-Instruments

Das EBQ-Instrument gliedert sich in vier Skalen. Diese vier Skalen orientieren sich an Stern und haben alle den gleichen Aufbau. In jeder Skala wird ein spezifisches Ausdrucksphänomen fokussiert. Dies sind in den ersten drei Skalen der instrumentale Ausdruck, der vokale Ausdruck, der körperlich-emotionale Ausdruck. Zu bedenken ist bereits bei diesen drei Skalen, dass einige Patienten ausschließlich eine bestimmte Ausrucksmöglichkeit präferieren oder weder instrumental noch vokal aktiv werden. Somit gibt es in Einzelfällen einen Schwerpunkt auf einzelne dieser drei Skalen. In der vierten Skala werden die Beziehungsqualitäten des Therapeuten und seine Interventionen eingeschätzt.

Die Skalen tragen folgende Bezeichnungen:

- Instrumentaler Ausdruck (IBQ)
- Vokaler Ausdruck (VBQ)
- Körperlich-emotionaler Ausdruck (KEBQ)
- Therapeutenskala (TBQ)

In allen vier Skalen werden jeweils sieben Modi der Beziehungsqualitäten unterschieden und sind in der jeweils aktuellen therapeutischen Beziehung zu bewerten. Diese sieben Modi sind:

- Modus 0: Kontaktlosigkeit/Kontaktabwehr
- Modus 1: Sensorischer Kontakt/Kontakt–Reaktion

- Modus 2: Funktionalisierender Kontakt
- Modus 3: Kontakt zu sich selbst/Selbsterleben
- Modus 4: Kontakt zum Anderen/Intersubjektivität
- Modus 5: Beziehung zum Anderen/Interaktivität
- Modus 6: Begegnung/Interaffektivität

Die auf Demenz bezogene differenzierte Darstellung der Modi findet sich in der Literatur (Muthesius, Sonntag, Warme & Falk, 2010). Je niedriger der Modus, desto weniger vertraut ist einem im Allgemeinen die Art der Beziehung, weil im bewusst wahrgenommenen Alltag die Modi 4–6, die eine zwischenmenschliche Beziehungsfähigkeit nachweisen, erwartet werden und uns gewohnt sind. Im Folgenden werden die sieben Modi für die Musiktherapie bei Demenz beschrieben. Dies wird jeweils sofort mit den zum Modus dazugehörigen musiktherapeutischen Interventionen im Rahmen von Beziehungsgestaltung verbunden.

7.1.1 Modus 0: Kontaktlosigkeit/Kontaktabwehr

Die Patienten nehmen die Anwesenheit des Therapeuten scheinbar nicht wahr. Der Therapeut nähert sich den Patienten deshalb behutsam. Musik wird im Sinne einer Atmosphäre, die Beziehung potentiell ermöglicht, aber keinen direkten Kontakt forciert, angeboten. Mitunter wird in diesem Modus lange verweilt. In diesen Modus therapeutische Präsenz zu halten, bedeutet für den Therapeuten auch, für sich selbst zu sorgen und seine eigene Musik zu entwickeln. Dies geschieht allerdings ohne jegliche Intention zur Selbstdarstellung. Es wird in jedem Fall nach Resonanz schaffender Musik gesucht, die mit dem Zustand der Demenzkranken und der Raumstimmung korrespondiert. Es entsteht somit eine Stimmung im Raum, welche die Haltung des Therapeuten verdeutlicht, den Zustand des Patienten zu akzeptieren und ihn musikalisch einzuhüllen. Musik wird in ihrer Funktion als Gefäß, Hülle und Rahmen eingesetzt (siehe hier auch Praxisbeispielartikel Ridder und dessen Bezug zum Holding). Dem Patienten wird Zeit gegeben, *ganz bei sich* zu sein und *dennoch nicht allein*.

Rückzug kann hier aber auch ein Ausdruck einer notwendigen Pause sein. Je schwächer ein Mensch ist, desto größer kann die mit Kontakt verbundene Anstrengung von seiner Seite aus sein. Das im Kontakt Erlebte muss außerdem verarbeitet werden. Scheinbare Resonanzlosigkeit (auch wenn der körperlich-emotionale Ausdruck mit berücksichtigt wird), bedeutet allerdings keineswegs zwingend Kontaktlosigkeit. Es ist letztlich unmöglich, auszuschließen, dass innerlich doch mit vollzogen wird, was außen stattfindet. Entkräftung oder Erkrankung verunmöglichen u. U. ein wahrnehmbares Reagieren. In diesem Fall ist der Therapeut auf sein intuitiv-atmosphärisches Mitschwingen angewiesen und wird auf der Basis dieser Empfindung intervenieren. Im weiteren Fortschreiten der Demenz-Erkrankung in der letzten Phase wird Kontakt allein im Modus 0 möglich. Dies gilt auch für die *Sterbebegleitung* (vgl. Steinert & Muthesius, 2004).

7.1.2 Modus 1: Sensorischer Kontakt/Kontakt-Reaktion

In diesem Modus kommt es zu kurzzeitigen Begegnungen zwischen dem Therapeuten und dem Patienten. Reaktionen des Patienten mobilisieren die Zugewandtheit des Therapeuten und stehen im Mittelpunkt seiner Wahrnehmung.

Die therapeutischen Interventionen sollen die Sinn gebende Verarbeitung von Sinneseindrücken ermöglichen. Zu Hörendes, zu Spürendes und zu Sehendes, also Auditives, Emotionales und Visuelles, werden in Übereinstimmung gebracht. Halt gebend ist der Therapeut auch in diesem Modus als Initiativträger. Ohne seine Vorgabe wäre keine sinngebende Wahrnehmung und spontane Reaktion möglich. In der Unfähigkeit des Demenz-Betroffenen eigene Bedürfnisse wahrzunehmen und zu stillen, braucht es den Impuls des Therapeuten.

7.1.3 Modus 2: Funktionalisierender Kontakt

In diesem Modus stehen hohe Affekte im Mittelpunkt. Der Patient hatte z. B. zu lange keine Möglichkeit, seinen Gefühlen Ausdruck zu verleihen, so dass ein Stau entsteht.

Dem Ausdrucksverlangen der Patienten stellt sich der Therapeut zur Verfügung und lässt sich in diesem Sinne funktionalisieren. Der Therapeut stimmt sich in seiner Dynamik auf den affektiven Zustand des Patienten ab und hilft ihm, Affekte zu regulieren. Die Affektzustände sind *primärprozesshaft* gesteuert und treten entsprechend mächtig in Erscheinung. Primärprozesshaft meint hier die Verdichtung und Verschiebung der Denkinhalte, Zeitlosigkeit, Fortfall der wachen Logik und korrigierender Realität. In der Verantwortung des Therapeuten liegt es in diesem Modus, Grenzen zu ziehen, um zerstörerische Angriffe auf Gegenstände und Personen zu verhindern. Grenzen ziehen meint nicht, Verbote auszusprechen, sondern Interventionen feinfühlig einzusetzen und in Mimik und Gestik Verständnis zu zeigen, sowie musikalisch und verbal mitzuschwingen. Der Therapeut muss sich in den Affekt hinein begeben, um authentisch in Kontakt zu bleiben. Beschwichtigungen bewirken eher eine Affektverstärkung. Der Therapeut stellt sich als Person ganz in den Dienst der Problematik des Patienten. Der Therapeut übernimmt damit Hilfs-Ich-Funktionen für den Patienten. Er bietet eine Projektionsfläche und Gestaltungsräume für übermächtige Affekte an. Der Therapeut darf dem Affekt nicht hinterher laufen oder ihn einfach nur spiegeln, sondern er ist einen Schritt voraus, indem er Gestaltungsformen zur Affektregulation anbietet. Gestaltungsformen meint hier musikalisch gestaltete Abläufe, die einen Prozess- und Entwicklungsgedanken einschließen und somit einen Ausblick weisen, dass auch der Affekt, wenn er gestaltet wird, eine Entwicklung nimmt und sich verändert sowie reguliert werden kann. Auch eine freie Improvisation[12], welche der Therapeut formend begleitet, kann Entlastung ermöglichen durch das gemeinsame Teilen

---

12 Freie Improvisation ist eine spontane musikalische Äußerung ohne Themenbezug.

des Affektes und seine „künstlerisch-musikalische" Gestaltung. Das dynamische Spektrum der Stimme und der eingesetzten Instrumente ermöglicht es, den Affekt abzustimmen und zu regulieren. Die rhythmisch-dynamisch genaue Abstimmung affektiver Äußerungen kann Orientierungslosigkeit und Ängste aufheben. Rhythmus und die Kontur der Dynamik wirken hier als Organisatoren und Koordinatoren intra- und interpersoneller Abstimmungsprozesse. In dieser *Affektabstimmung* sind Therapeut und Patient miteinander verstrickt. Nur durch die Affektgestaltung des Therapeuten wird diese Verstrickung in eine gebührende Distanz gebracht. Dies kann in der Gruppensituation bedeuten, den jeweils massivsten Affekt in den Mittelpunkt der therapeutischen Interventionen zu stellen und damit dann andere Gruppenteilnehmer zu schützen. Eine solche Vorgehensweise entspricht auch dem gestalttherapeutischen Prinzip, demzufolge die Bearbeitung von *„Störungen"*, als die Affekte wie Unmut, Ärger und Aggression hier zu werten sind, Vorrang haben. Die Affektregulierung weist dann sinnstiftend Wege für *Interaktionen* innerhalb der Gruppe, die als ein lebendiges aufeinander Bezugnehmen interpretierbar sind. Moderierend kann der Therapeut diese Interaktionen begleiten und den gegenseitigen Austausch der Gruppenmitglieder befördern. Solche Interventionen gehen dann rasch in den Sprachraum über, d. h. die Betroffenen finden auch Worte für ihr Erleben.

7.1.4 Modus 3: Kontakt zu sich selbst – Selbsterleben

In Modus 3 steht die Erfahrung von *Urheberschaft* und *Selbstwirksamkeit*[13] im Mittelpunkt, sowie die Wahrnehmung des eigenen Körpers als Ausgangspunkt für intentionale Handlungen. Hier findet die Belebung von in der Biographie verankerten Erfahrungen statt und gleichzeitig ist hier ein Raum vorhanden, neue Erfahrungen zu machen.

Explorative Handlungen des Patienten werden unterstützt, begleitet, umspielt und verstärkt. Dabei bleibt der Therapeut möglichst *unaufdringlich begleitend* auf die Äußerungen des Patienten konzentriert. Es eröffnen sich Räume für Selbstwirksamkeit und Selbsterleben, was für Menschen mit Demenz von besonderer Bedeutung ist, werden diese Bedürfnisse doch im Alltag aufgrund des Mangels an Gelegenheit oft frustriert. Spontanen vokalen und instrumentalen Äußerungen verleiht der Therapeut durch sein Interesse und sein Aufgreifen Bedeutung. Nicht selten werden instrumentale *Ressourcen* wiederentdeckt. Dies bedeutet, dass z. B. früher erlerntes Spiel von Musikinstrumenten von Demenz-Betroffenen aufgegriffen, angewendet und erneuert werden kann.

---

13 Dies meint, dass sich der Demenzbetroffene selbst als Verursacher einer Handlung und damit als handlungskompetent erlebt.

7.1.5 Modus 4: Kontakt zum Anderen – Intersubjektivität

Die Beziehung in Modus 4 ist gekennzeichnet durch einen gemeinsamen Spielimpuls, der mit Blickkontakt immer wieder rückversichert wird. Auch der Therapeut versichert sich der gemeinsamen Spielidee mit der wohlwollenden Übereinkunft, den Anderen in das eigene Spiel hineinzulassen. Patient und Therapeut verfolgen die gleiche Absicht, nämlich Musik zu machen und/oder zu hören. Sie richten ihre Aufmerksamkeit gemeinsam auf den gleichen Gegenstand, welcher hier ganz zentral die Musik ist.

Der Therapeut kann eigene Ideen in die Beziehung einbringen, ohne allerdings schon auf einen Dialog hin abzuzielen. Dabei respektiert der Therapeut den Wunsch der Betroffenen nach Pausen. Pausen dienen der Verarbeitung und der Verinnerlichung und verhelfen zu einer selbstbestimmten Wiederaufnahme des gemeinsamen Tuns. Die Bandbreite der musikalischen Parameter wird von den Patienten selbst bestimmt. Dabei wissen sie sich in ihren Motiven und Ideen vom Therapeuten getragen. Die grundlegend neue Qualität der Beziehung ist erlebbar im Interesse, das die Patienten den Handlungen und der Person des Therapeuten entgegen bringen. Zum Beispiel wird der singende Therapeut vom Betroffenen angeschaut. Über visuellen, aber auch akustischen Kontakt findet dann eine *Feinabstimmung* aufeinander statt.

Von besonderer Wichtigkeit in der Arbeit mit Menschen mit Demenz ist das Berücksichtigen des langsamen Tempos. Dies geschieht, da zum Beispiel Erinnern, Orientieren, Verbalisieren und/oder die Stimme finden. Zeit braucht, die unbedingt eingeräumt werden muss, auch wenn z. B. Lieder dadurch etwas von ihrem ursprünglichen Temperament verlieren. Ebenfalls zu berücksichtigen ist die Tonhöhe. Höhere Stimmlagen sind aufgrund des Alters meist nicht mehr zu erreichen und sollten, wenn dies der Fall ist, nicht benutzt werden. Das instrumentale Spiel des Therapeuten wird verfolgt mit Blickkontakt zum Instrument und zum Therapeuten (*Triangulierung*).[14] Den Patienten gelingt hier nicht nur die Verknüpfung „Ich sehe, was ich höre", sondern sie können sich gemeinsam mit dem Therapeuten auf ein Spiel konzentrieren. Der Therapeut bietet Spielpausen und Räume an, um eigeninitiative Handlungen des Patienten zu ermöglichen. Die Stimme des Therapeuten und seine Instrumentenwahl können sich deutlich von jener des Patienten unterscheiden, ohne dass die Beziehung dadurch gefährdet wäre.

Die Pausen sind im Sinne von Stabilisierung des Selbst nach intensivem Kontakterleben interpretierbar. Aufgrund des intensiven Kontakterlebens in Modus 4 wird Sprache mobilisiert. Das Gesungene wird mit Erinnerungen verknüpft und diese werden sofort mitgeteilt. Der Therapeut befördert dies durch Anteil nehmendes Interesse.

---

14 Dies meint, dass die Musik hier neben Betroffenem und Therapeut als drittes Beziehungsobjekt oder Kommuniksationspartner verstanden wird.

7.1.6 Modus 5: Beziehung zum Anderen – Interaktivität

Die Beziehung in Modus 5 ist etabliert. Die Beziehung ist von Wechselseitigkeit gekennzeichnet, was darin zum Ausdruck kommt, dass der Patient eine Kontaktaufnahme von sich aus initiieren kann. Er nimmt die Erwartungshaltung des Therapeuten wahr und kann ihr mit eigenen Impulsen begegnen. In dem Wunsch nach Austausch äußert sich das Bedürfnis nach zwischenmenschlicher Nähe, die sich im Dialog ereignet. Der musikalische Dialog ist gekennzeichnet von gegenseitigen Motiven, Rhythmen, Nonsensversen und -silben[15] oder einzelnen Tönen. Diese Ausdrucksphänomene können imitierend und variierend gestaltet sein, als Lücken- und Imitationsspiele sowie Ergänzungsreihen. Voraussetzung dafür ist das Verstehen des Kontextbezugs. Wenn Selbsterleben und Wahrnehmung des Anderen gewährleistet sind, so findet in diesem Modus Begegnung zirkulierend und interaktiv nicht nur in der Zweierbeziehung sondern auch im Gruppenprozess statt. Im gemeinsamen Spielraum wird kommuniziert. Solche Begegnungen ereignen sich in der Gruppenmusiktherapie mit Menschen mit Demenz eher selten. Es entscheidet die individuelle Persönlichkeitsstruktur, die Einstellung zu lustvollem Spiel über die Anteilnahme an solchen Interaktionen.

Internalisierte Normen der Klienten, aber auch psychisch-physische Kraftlosigkeit in einzelnen Momenten im fortschreitenden Demenzprozess verhindern Beziehung in Modus 5.

7.1.7 Modus 6: Begegnung – Interaffektivität

Die Beziehung ist sicher etabliert. Der Therapeut fühlt sich als freudiger, engagierter und humorvoller Partner. Beziehung in diesem Modus bedeutet, den Spielraum lustvoll gemeinsam zu gestalten. Das Erlebnis geteilter Freude ist Motor für Entwicklung. Auch im Rahmen von Erkrankungen wie Demenz können freudvolle Erfahrungen psychophysiologische Veränderungen anstoßen, die das Befinden verbessern. Gekoppelt an die freudige Affektlage stabilisiert sich die Beziehung längerfristig.

Um Beziehung in diesem Modus zu gestalten, ist ein großes Maß an Orientierung und Sicherheit Voraussetzung. Vornehmlich im 1:1-Kontakt in der Einzeltherapie wird durch die exklusive Zuwendung des Therapeuten zum Patienten Beziehung in diesem Modus möglich. Unter dem Nachahmungsaspekt und dem Bedürfnis nach Kontakt, in welchem sich emotionale Erfahrungen teilen lassen, kann dieser Direktkontakt in einer Gruppe ansteckend wirken und die Gestaltung erweiterter Spielformen innerhalb einer Gruppe initiieren. Dies erfordert eine Orientierung auf ein für alle bedeutsames Thema. Die Be-

---

15 Mit Nonsensversen und -silben wird hier verstanden, Worte ohne Bedeutung als Klang zu verwenden, wie z. B. „Pilapu" o. ä.

ziehungsgestaltung in diesem Modus ist an Vertrautheit gebunden, die in jeder Therapiestunde neu erarbeitet werden muss.

7.2 Besonderheiten der Arbeit mit den EBQ-Modi in der Musiktherapie bei Demenz und die Entwicklung von Beziehungsfähigkeit und Affektregulation in den drei Demenz-Phasen

Rein numerisch betrachtet und als Entwicklungsmodell für Beziehungsfähigkeit, müssen wir in der Musiktherapie mit Menschen mit Demenz den Aufbau der Modi in entgegen gesetzter Richtung denken. Menschen mit Demenz verfügen in der Regel über alle Beziehungsqualitäten. Sie wurden im Lebenslauf erworben und sind die Ressource für Beziehungsgestaltung. Mit Stern (2007) gedacht, stehen alle Beziehungsqualitäten zur Verfügung, werden aber nach Tagesbefindlichkeit und vitalen Bedürfnissen schwanken. Rückzugsphasen und Pausen gehören, wie bereits erläutert, zur Affekt- und Beziehungsregulation dazu. Fehlende Pausen führen zu Überstimulation, da das Erlebte nicht verarbeitet werden kann. Im Idealfall gelingt es, mit Hilfe ausgewogener Stimulation, im Sinne des Findens des erfolgreichen Maßes an Kontakt, die Beziehung so zu gestalten, dass sich die Betroffenen auf ihrer Ebene verstanden, begleitet, unterstützt und – sofern möglich – gefördert fühlen. Hier sei noch einmal explizit auf die Sonderstellung des Modus 2 mit seiner Affektdominanz verwiesen, auch als Überleitung zu den Veränderungen der Beziehungsfähigkeit bei fortschreitender Demenz.

„In musiktherapeutischen Zusammenhängen sind Affekte, bzw. Emotionalität von besonderer Bedeutung – erstens, weil sie in der Regel bei therapeutischen Begegnungen im Zentrum stehen und zweitens, weil das therapeutische Medium, die Musik, wesentlich auf Affekte ausgerichtet ist" (Muthesius, Sonntag, Warme & Falk, 2010, S. 115).

Die *beginnende Demenz,* in der Vergessen und Versagen noch reflektiert werden, birgt oft eine Rückzugstendenz aus Beziehungen in sich, um Versagenserleben zu minimieren, die Kontrolle zu behalten über aufkommende Affekte und Emotionen der Wut, Trauer und Enge. Musikalische Ressourcen können dem entgegen als verbliebene Fähigkeiten selbstwertstärkend erlebt werden. Der Therapeut muss hier aufmerksam die Bedürfnisse der Betroffenen wahrnehmen und ressourcenorientiert handeln, indem er sich z. B. auf gut vertraute Lieblingslieder bezieht. Das Erleben von *Selbstwirksamkeit* kompensiert dabei Minderwertigkeitsgefühle. Dies geschieht zum einen durch die Auswahl von erinnerten Liedern, welche der Betroffene kann. Zum anderen resultiert diese Selbstwirksamkeit aus den beim Betroffenen vorhandenen interaktiven Kompetenzen beim gemeinsamen Singen dieser Lieder. Der kognitiv hoch gestörte Mensch *kann* etwas. Die Beziehungsgestaltung wird in allen Modi möglich.

In der zweiten Phase, der *mittelgradigen Demenz*, tauchen Affekte unmittelbar auf. Innerseelische Prozesse und äußere Gegebenheiten lösen zunehmend Affekte aus. Musiktherapeutisches Handeln kann Affekte teilen, regulieren und verarbeiten helfen. Es wird geradezu der lebendige *Affektaustausch* in der Beziehung gesucht, denn Beziehungsqualitäten der Modi 3–6 treten im Alltag immer mehr in den Hintergrund, zunehmender Rückzug aus Beziehungen und *Aphasien* erschweren die Kontaktmöglichkeiten.

Die bedrohliche Seite der Affekte, Ohnmacht gegenüber übermächtigen Gefühlen, kann durch aktives Handeln und *Hilfs-Ich-Funktion* des Therapeuten entscheidend die Lebensqualität verbessern.

In der dritten Phase, der *schweren Demenz*, nimmt die Vitalität der Betroffenen ab. Die Patienten ziehen sich zurück, suchen von sich aus immer seltener offensichtlichen Kontakt. Für den Musiktherapeuten bedeutet dies, Beziehung im Modus 0 anzubieten, einzuhüllen und eine stimmige Atmosphäre zu schaffen. Orientierung bieten dabei die Atmung, der Blickkontakt oder die Mimik und Gestik, zum Beispiel mit einem angespannten oder entspannten Gesichtsausdruck, mit dem sie sich zu- oder abwenden.

7.3 Ergebnisse der Anwendung des EBQ-Instrumentes in der musiktherapeutischen Arbeit mit Menschen mit Demenz

Menschen mit Demenz können durch musiktherapeutische Interventionen *Beziehungsressourcen* aktivieren und nutzen. Musik schafft die Möglichkeit

- in Schwingung zu geraten (Modus 0),
- Sinneswahrnehmungen zu koordinieren und Kontakt kurzfristig erleben zu können (Modus 1),
- eine Regulation und Integration der Affekte zu erleben (Modus 2),
- sich selbst bewusst zu werden (Modus 3),
- den Anderen zuerst in Gemeinschaft und als Gegenüber zu erleben (Modus 4),
- mit dem Anderen in Beziehung zu treten (Modus 5),
- dem Anderen spielerisch zu begegnen (Modus 6).

Das Evaluierungsinstrument zur Einschätzung der Beziehungsfähigkeit sollte nicht dazu verführen, eine Linearität, auch noch in nur einer Richtung anzunehmen. Wenn wir den Fortschritt der Demenzerkrankung als Verlust, also defizitorientiert betrachten, versagen wir uns Überraschungen und „Kontaktwunder" (Peaks), die sich in der Musiktherapie ergeben können. Sollen Kontakt- und Beziehungswünsche wahrgenommen werden, bedeutet das für den Therapeuten, dem Patienten dort zu begegnen, wo er begegnungsbereit ist.

Über- und Unterforderungen gefährden die Beziehung. Mit einem Patienten dialogisieren zu wollen (Modus 5), der nur zufällig eine Schelle berührt (Modus 1), wird nicht gelingen und den Therapeuten vermutlich noch mehr frustrieren als den Patienten selbst. In dieser Hinsicht können die sieben Modi sehr gute Orientierungshilfen zur Diagnose von Beziehungsressourcen bei Menschen mit Demenz geben mit entsprechenden Konsequenzen für die konkreten musiktherapeutischen Interventionen.

Das EBQ-Instrument wurde im einzeltherapeutischen Setting entwickelt. Die musiktherapeutische Arbeit mit Menschen mit Demenz erfolgt oftmals in Gruppensituationen. Warme untersuchte 2005 die Anwendung des EBQ-Instrumentes in der Gruppensituation mit den folgenden Ergebnissen. Durch die Anwendung des EBQ-Instruments in der *Gruppenmusiktherapie* mit Menschen mit Demenz wurden alle Beziehungsqualitäten nachgewiesen. Als wesentliches Ergebnis zählt der Nachweis der schnellen Wechsel der Modi, was bedeutet, dass alle Beziehungsqualitäten als Ressource bis in die zweite Phase der Demenzentwicklung vorhanden sind und damit diagnostisch auf Verlaufsstadien der Demenzerkrankung verweisen, wenn die Demenzentwicklung über die zweite Phase hinausgeht. Aus allen Modi heraus fand der Übergang in den Sprachraum statt, d. h. es wurden von den Betroffenen sinnvolle Wortäußerungen gegeben, der als Ressource gern und nach Möglichkeit oft von den Betroffenen genutzt wird. Dialogische Kompetenzen in den Modi 5 und 6 längerfristig auszuleben, gelingt im fortschreitenden Krankheitsprozess immer weniger (Warme, 2005, S. 77; Warme, 2007, S. 331).

7.4 Die Bedeutung der Affekte für die Beziehungsgestaltung

Affekte als Ausdrucksphänomene des Seelischen bestimmen menschliches Sein und Miteinander. Ihr Kennzeichen ist das plötzliche Auftreten, unvermittelt und überraschend. Sie sind Ausdruck intrapsychischer und interpersoneller Spannungen und scheinen primärprozesshaft gesteuert. Wenn im Verlauf der Demenzentwicklung höhere Ich-Funktionen verloren gehen, die Affekte regulieren, treten uns Affekte oft isoliert entgegen, die dann unser Handeln als Betreuende und Therapeuten herausfordern. Solche Situationen haben eine hohe Dynamik. Diese Dynamik wirkt in der Beziehung. Wird der Affekt reglementiert, wird er verstärkt und nimmt an Bedrohung zu. Wenn der Affekt ignoriert wird, wird Beziehung verweigert und das Erleben von Ohnmacht mit folgendem Rückzug und Kontaktabbruch sind die Folge. Wird der Affekt jedoch wahrgenommen und geteilt, so kann er reguliert und integriert werden (siehe dazu auch Fallbeispiel Ridder im vorliegenden Buch). Für Letzteres haben wir Musiktherapeuten ein gutes Handwerkszeug. Dynamik ist ein musikalisches Gestaltungselement, welches in der Therapie einen hohen Stellenwert hat. Dies trifft auch für die Musiktherapie mit Menschen mit Demenz zu.

7.5 Ausblick

Die Anwendung des EBQ-Instruments muss gründlich studiert und zunächst unter Supervision geübt werden.[16] Ziel ist, dass es unmittelbar in jeder musiktherapeutischen Sitzung eingesetzt werden kann, um Klarheit sowohl über die vorhandene Beziehungsqualität als auch über die daraus folgenden therapeutischen Interventionen zu schaffen. Das Erlernen der Anwendung des Instrumentes und seiner theoretischen Grundlagen ist mit einer zeitaufwändigen *Videoanalyse* ausgewählter Sequenzen verbunden. Die technische Voraussetzung für diese Videoanalyse ist eine Kamera. Besonders gut auswertbare Aufnahmen werden von einer vertrauten Kameraperson erzeugt. Das Einholen von Einverständniserklärungen zum Videographieren bei Angehörigen bzw. Betreuern ist eine Voraussetzung. Mit den ethischen Aspekten der Videographie bei Menschen mit Demenz haben sich Muthesius et al. (2010) auseinandergesetzt. Durch die visuelle Analyse des Materials sieht man sich einer bedeutend höheren Informationsmenge gegenüber, als es bei ausschließlich auditivem Material der Fall ist. Bezogen auf die höheren Informationsmengen liegen aber auch die Stärken des EBQ-Instrumentes. Überall dort, wo Patienten in der Musiktherapie ein kontinuierliches Spiel nicht möglich ist, wie es z. B. auch bei Menschen mit Demenz der Fall sein kann, sind Audioaufnahmen als zugrundeliegendes Material für musiktherapeutische Analysen weniger geeignet, da zur Bestimmung der Qualität der Beziehung zwingend weitere Parameter wie Motorik, Mimik und Gestik hinzuzuziehen sind. Es ist zu ergänzen, dass die Videoaufnahme nicht alle Eindrücke, wie z. B. emotional Atmosphärisches, wiedergibt. Damit bedarf es ergänzender Kommentare der Beteiligten.

Für die Anwendung des EBQ-Instrumentes im Demenzbereich ist es nötig, die theoretischen Grundlagen des Instrumentes mit dem Krankheitsbild Demenz in Übereinstimmung zu bringen, wie es im vorliegenden Artikel angepasst wurde. Dies bedeutet auch, dass die Merkmallisten, die zu jedem Modus ausformuliert werden (Schumacher, Calvet, Reimer, i. V.) nach den oben beschriebenen Anwendungen in der Musiktherapie bei Demenz noch detailliert zu überarbeiten und durch geschulte Rater die Reliabilität nachzuweisen ist.

Das Wissen um die unterschiedlichen Beziehungsqualitäten ermöglicht die Beziehungsgestaltung und hilft, über- und unterfordernde Interventionen zu erkennen. Damit profitieren gleichermaßen die Betroffenen mit einer deutlichen Entfaltung ihrer Beziehungsressourcen. Zugleich zeigt sich auch die Wirksamkeit unserer systematischen und zielgenauen musiktherapeutischen Interventionen. In der Supervision können Therapiesequenzen, die dadurch charakterisiert sind, dass Klienten- und Therapeutenmodus nicht übereinstimmen, Aufschluss geben über interventionstechnische Fehler als auch Bestätigungen für gelungene Modi-Abstimmungen. Auch im Sinne einer fachlichen Weiterbildung und als inneres *Arbeitsmodell* für Musiktherapeuten ist das EBQ-Instrumentes sehr gut geeignet. Das Wissen um die verschiedenen Modi als Aus-

---

16 Kurse dazu werden z. B. an der Universität der Künste Berlin angeboten.

druck entwicklungspsychologisch relevanter Stufen ermöglicht bereits während des Therapieablaufs einen Abgleich mit dem eigenen Handeln (auf der Therapeutenskala TBQ des EBQ) und die Einschätzung des Patientenverhaltens auf instrumentaler, körperlich-emotionaler und vokaler Ebene (auf den Skalen Instrumentaler Ausdruck IBQ, Vokaler Ausdruck VBQ und Körperlich-emotionaler Ausdruck KEBQ des EBQ).

Im musiktherapeutischen Setting findet das EBQ-Instrument durch uns und weitere EBQ-geschulte Musiktherapeuten bereits Anwendung bei verschiedenen musiktherapeutischen Indikationen. In der gerontopsychiatrischen Weiterbildung von Pflegefachkräften wird deren Interesse, Beziehungsstrukturen zu analysieren und adäquates Handeln abzuleiten, immer mehr zum Thema. Nach dem Nachweis der Reliabilität des Instruments ist hier eine Anwendung des EBQ-Instruments ebenfalls zu erwarten. Auch in der Kunsttherapie mit Menschen mit Demenz wird die Anwendung des EBQ-Instruments bereits diskutiert.[17] Somit kann das EBQ-Instrument in der Arbeit mit Menschen mit Demenz sowohl sehr vorteilhaft für die Betroffenen im Bereich musiktherapeutischer Interventionen eingesetzt werden, wie hier beschrieben, aber zukünftig auch deutlich darüber hinaus im Pflegealltag und bei kunsttherapeutischen Interventionen.

Literatur

Erikson, E.H. (1988, orig. 1982). *Der vollständige Lebenszyklus*. Frankfurt a. M.: Suhrkamp.

Kitwood, T. (2004). *Demenz. Der person-zentrierte Ansatz im Umgang mit verwirrten Menschen*. Bern: Hans Huber.

Körber, A. (2007). *Die Anwendung des EBQ-Instruments zur Einschätzung der Beziehungsqualität in der Einzelmusiktherapie im Bereich Psychosomatik und Psychotherapie anhand von Spielszenen. Vergleichende Untersuchung interpersonalen Verhaltens in Fremd- und Selbsteinschätzung (EBQ, OPD-2,IIP)*. Diplomarbeit am ZIW-Musiktherapiezentrum der Universität der Künste. Berlin.

Muthesius, D., Sonntag, J., Warme, B. & Falk, M. (2010). *Musik – Demenz – Begegnung*. Stuttgart: Mabuse Verlag.

Schumacher, K. (1999). *Musiktherapie und Säuglingsforschung. Zusammenspiel. Einschätzung der Beziehungsqualität am Beispiel des instrumentalen Ausdrucks eines autistischen Kindes*. Frankfurt a. M.: Peter Lang.

Schumacher, K. & Calvet, C. (2007). The AQR-Instrument (Assessment of the Quality of Relationship) – An Observation Instrument to Assess the Quality of a Relationship. In T. Wosch & T. Wigram (Hrsg.), *Microanalysis in Music Therapy – Methods, Techniques and Applications for Clinicians, Researchers, Educators and Students* (S. 79–91). London: Jessica Kingsley Publishers.

---

17 Mdl. Mitteilung: Warme, Britta: 5. Symposium Kunsttherapie in der Altenarbeit, 2008, Stuttgart

Schumacher, K., Calvet, C. & Reimer, S. (2011). *Das EBQ-Instrument und seine entwicklungspsychologischen Grundlagen.* Göttingen: Vandenhoeck und Ruprecht.

Schumacher, K., Calvet, C. & Stallmann, M. (2006). Zwischenmenschliche Beziehungsqualität. Ergebnisse der Reliabilitätsprüfung eines neu entwickelten Instruments zum Wirkungsnachweis der Musiktherapie. In B. Müller-Oursin (Hrsg.), *Ich wachse, wenn ich Musik mache. Musiktherapie mit chronisch kranken und von Behinderung bedrohten Kindern* (S. 75–104). Wiesbaden: Reichert Verlag.

Steinert, C. & Muthesius, D. (2004). Am Ende des Lebens von Anni Reiber. Protokoll einer musiktherapeutischen Sterbebegleitung In Deutsche Gesellschaft für Musiktherapie (Hrsg.), Serie: *Beiträge zur Musiktherapie,* Nr. 454, Berlin.

Stern, D. (2007, orig. 1985). *Die Lebenserfahrung des Säuglings.* Stuttgart: Klett-Cotta.

Warme, B. (2005). *Musiktherapie als Gruppenpsychotherapie mit an Demenz erkrankten Menschen – Darstellung relevanter Interventionstechniken.* Diplomarbeit Universität der Künste. Berlin.

Warme, B. (2007). Musiktherapie als Gruppenpsychotherapie mit an Demenz erkrankten Menschen – Darstellung relevanter Interventionstechniken. *Musiktherapeutische Umschau, 28(4),* 329–339.

II Institutionen

8 Musik auf Rädern – Ambulante Musiktherapie

Barbara Keller, Cornelia Klären

8.1 Musik auf Rädern – Gründung eines Dienstleistungsunternehmens

Wenige Monate nach Abgabe der Diplomarbeit mit dem Titel „Musik auf Rädern. Ambulante Musiktherapie in der Alten- und Krankenpflege" (Keller, 2003) an der Universität in Münster wurde das gleichnamige Dienstleistungsunternehmen vier junger Diplom-Musiktherapeutinnen beim Finanzamt Münster angemeldet. Ein Jahr später stand bereits fest, dass das Unternehmen sich in der Münsteraner Pflegelandschaft etabliert hat. Sechs weitere Jahre später ist daraus ein bundesweit agierendes Franchise-Unternehmen geworden, innerhalb dessen 20 Musiktherapeutinnen und Musiktherapeuten in vierzehn Städten Deutschlands musiktherapeutisch arbeiten. Diese Tendenz ist weiterhin steigend.

Die ursprüngliche Idee der Diplomarbeit, die Pflege derjenigen Menschen, die zu Hause leben und versorgt werden, durch eine musiktherapeutische „Seelenpflege" zu ergänzen, erschien den vier Gründerinnen als so vielversprechend, dass sie das Wagnis der Selbstständigkeit unmittelbar nach dem Einstieg in das Berufsleben als Team eingehen wollten. Zunächst brachte ein Runder Tisch, initiiert und unterstützt vom Studiengang Musiktherapie der Westfälischen Wilhelms-Universität Münster, mögliche regionale Auftraggeber und Multiplikatoren zusammen. Das Echo war ein sehr positives und unterstützendes, das Mut machte, mit Tatkraft die Akquise unmittelbar nach dem Abschluss der letzten Prüfungen zu beginnen. Gleichzeitig wurden in der folgenden Zeit offene Fragen zu Themen rund um die Selbstständigkeit und die Existenzgründung bearbeitet. Außerdem musste sich auch das Team als solches in einem ersten Prozess finden.

Viele Aufgaben wurden im „learning by doing" gemeistert. Für manche Fragestellungen wurde professionelle Beratung in Anspruch genommen. Zahlreiche Gespräche mit Vertretern der Pflegelandschaft hatten zur Folge, dass das ursprüngliche Angebot der ambulanten häuslichen Musiktherapie ergänzt wurde durch eine breite Angebotspalette aus Bausteinen und Paketen für stationäre Einrichtungen. Neben den klassischen musiktherapeutischen Angeboten der Einzel- und Gruppenmusiktherapie wurden weitere Dienstleistungsangebote entwickelt. Diese sind:

- Offenes Singen
- Abendsingen

- Seniorenchor
- Tanztee
- Wunschkonzert
- „konzert kreativ" (Konzert zum Mitmachen, Zuhören und Genießen)
- Gestaltung von Jahreszeitenfesten und Gottesdiensten
- Beratung und Begleitung von Personal und Angehörigen

In der Rückschau war die Zeit von der Gründung bis zur Etablierung des Unternehmens auch geprägt von vielen kleinen Rückschlägen, von Gesprächen, in denen man auf Unverständnis und Desinteresse stieß und in Erklärungsnot bezüglich der (ambulanten) Musiktherapie geriet. Mit den ersten Erfolgen und Aufträgen jedoch wuchsen Hoffnung und Zuversicht, den selbst geschaffenen Arbeitsplatz auch als solchen betrachten zu können. Nicht zuletzt die Freude an der praktischen Arbeit, die guten Erfahrungen im beruflichen Alltag und der große Zuspruch aus Freundeskreisen und Familien brachten die Räder ins Rollen (vgl. Keller, Klären & Pfefferle, 2005).

8.2 Musik auf Rädern – ein Franchise-Unternehmen

Seit 2005 entstehen in Münster und anderen Städten weitere Teams, die als Franchise-Nehmer unter dem Namen „Musik auf Rädern" musiktherapeutisch ambulant und stationär arbeiten. Der Anstoß zu dieser Weiterentwicklung des Unternehmens kam von außen. Als die Nachfrage in Münster wuchs und das Team die Aufträge nicht mehr alleine bewältigen konnte, stellte es Kolleginnen und Kollegen – meist ehemalige Praktikanten – auf Honorarbasis ein. Für einen dieser Kollegen stellte das Modell der freiberuflichen musiktherapeutischen Tätigkeit unter gleichem Namen in einer anderen Stadt eine realistische berufliche Perspektive dar. Für die Kooperation wurde nach eingehender Rechtsberatung das System des Franchisings als geeignete Vertragsform gefunden. Nach und nach wurden dann weitere Musiktherapeuten unter dem bereits bekannter gewordenen Namen „Musik auf Rädern" tätig. Dies geschah in Münster oder in anderen Städten und war schließlich immer mit einem stetig wachsenden Netzwerk verbunden.

8.3 Aufbau der Institution

Das Dach der Institution bildet die Musik auf Rädern GbR mit Sitz in Münster. Sie ist Franchise-Geberin für die bundesweit tätigen Franchise-Nehmer und stellt diesen das unternehmerische Gesamtkonzept zur Verfügung. Die Franchise-Nehmer setzen das Konzept selbständig an ihrem Standort um. Sie zahlen Gebühren für den einheitlichen Namen, für die Nutzung der Marke, für ein einheitliches Auftreten nach außen ebenso wie für Fort- und Weiterbildungen im Bereich der Unternehmensführung und für den unternehmerischen und fachlichen Austausch innerhalb des Netzwerks.

Die Vorteile des Franchisings bestehen in erster Linie darin, dass der Eintritt in den Markt beschleunigt wird, weil das System und die Marke bereits im Markt eingeführt sind.

Die Franchise-Geberin stellt den Franchise-Nehmern ein Leistungspaket zur Verfügung, das neben der Nutzung des Namens und des Logos umfangreiches Werbematerial beinhaltet. Dazu gehören:

- Flyer
- Konzepte
- Visitenkarten
- Briefbögen
- Autobeklebung
- Webseitenpräsenz
- Roll-Ups für Messen und Präsentationen
- Streuartikel

Gerade im Bereich der ambulanten musiktherapeutischen Arbeit in Institutionen kann ein gutes und erprobtes Marketing zu mehr Aufmerksamkeit und Akzeptanz von Seiten der potentiellen Kunden beitragen.

Den Franchise-Nehmern werden darüber hinaus eine Beratung und Unterstützung bei den ersten Schritten in die Selbstständigkeit, die Nutzung einer Datenbank für Informationsaustausch und die Teilnahme an weiterbildenden Seminarwochenenden angeboten. Je mehr Franchisenehmer unter dem gleichen Dach qualitativ gute Arbeit verrichten, desto mehr kann sich das Konzept etablieren, desto einfacher wird die Akquise und desto leichter wird nicht zuletzt der Einstieg in die Selbstständigkeit unter dem bewährten Namen.

Alle Musiktherapeutinnen und Musiktherapeuten der Musik auf Rädern GmbH sind freiberuflich tätig. Die Angebote variieren je nach Vorlieben und Standort. Neben den klassischen musiktherapeutischen Angeboten gehören auch musikpädagogische Angebote und Lehrtätigkeiten an Weiterbildungseinrichtungen zu den selbstgewählten Aufgaben. Viele Franchise-Nehmer beschäftigen Honorarkräfte und bieten Praktikumsplätze an.

Die Voraussetzungen, um einen neuen Standort zu eröffnen, sind neben einem abgeschlossenen Musiktherapiestudium vor allem der Mut, den Schritt in die Selbstständigkeit zu wagen und der Wille, den Lebensunterhalt damit bestreiten zu können. Nur damit ist der Berg der Existenzgründung in diesem berufspolitisch kritischen Feld zu erklimmen. Für die Arbeit in den Institutionen wird zunächst wenig Startkapital benötigt. Erforderlich sind eine Grundausstattung an portablen Instrumenten und ein geeignetes Transportfahrzeug. Der Unterhalt für eine Praxis und die Kosten für deren Ausstattung entfallen beim Konzept des Auf-Rädern-Seins gänzlich.

Die Angebotspreise werden individuell von jedem Franchise-Nehmer selbst festgelegt. Wichtig ist es, schon beim Einstieg in den Markt auf angemessene Preise zu achten. Als Richtwert wird hierzu im Jahr 2010 die Empfehlung des (ehemaligen) Berufsverbandes BVM mit 55,- Euro für eine 45-minütige musiktherapeutische Einheit genommen. Bei der Kalkulation sind dabei die Kosten für Anfahrt, Versicherungen, Steuern, Buchhaltung, Gespräche mit Angehörigen und Pflegenden, Koordination, Dokumentation, Supervision sowie mögliche weitere Kosten zu berücksichtigen. Zu beachten ist auch das in der vorhandenen Zeit mögliche oder nicht mögliche Auftragsvolumen: In den Institutionen gibt es in der Regel feste und nicht allzu große Zeitfenster, innerhalb derer die musiktherapeutischen Einheiten nur durchführbar sind.

Eine äußerst wichtige Erkenntnis über die Jahre ist außerdem, dass derjenige, der seine Leistung unter Wert verkauft, damit auch den Wert und die Qualität der Musiktherapie als Therapiemethode erheblich mindert.

Die Arbeitsschwerpunkte der Franchise-Nehmer sind innerhalb der Musik auf Rädern GmbH unterschiedlich geortet und frei variierbar. Jeder neue Franchise-Nehmer bringt ein neues musiktherapeutisches Konzept mit in das Unternehmen. Das Konzept beschreibt die Musiktherapie in einem bestimmten Arbeitsbereich oder bei einem bestimmten Krankheitsbild (vgl. www.musikauf raedern.de/angebote). Das Konzept geht in Druck und wird an alle übrigen Franchise-Nehmer und gleichzeitig auch an bundesweit tätige Gesellschaften, Vereine und Selbsthilfegruppen des jeweiligen Krankheitsbildes geschickt. So wird eine möglichst große Öffentlichkeit erreicht und ein Interesse für das Berufsbild geweckt oder verstärkt. Wir erfahren hier eine durchweg positive Resonanz.

Innerhalb der praktischen Arbeit in den Institutionen bildet sich als ein wichtiges Kennzeichen heraus, als Musiktherapeut den Status des Gastes inne zu haben. Dieser birgt gleichermaßen Chancen und Konflikte in sich (vgl. Muthesius, 2007). Die Tatsache, dass wir immer nur einen kleinen Ausschnitt der alltäglichen Wirklichkeit mitbekommen, zum Teil als Fremde betrachtet werden und nur ein begrenztes Maß an Kontinuität bieten können, beinhaltet auch die Chance, einen immer neuen Blick auf die Begegnungen werfen zu können sowie auch ein „Highlight" oder eine Besonderheit mitzubringen. Eine Akzeptanz und Wertschätzung von Seiten anderer Berufsgruppen muss in der Regel erst erarbeitet werden. Nicht selten werden wir ob der „guten" Bezahlung und der oberflächlich betrachtet „harmlosen" und dankbaren Arbeit, z. B. in dem Sinne, „ein bisschen mit den Dementen zu singen", beneidet. Es gilt hier, eine gesunde Einstellung zur eigenen Arbeit zu entwickeln und die möglicherweise entgegengebrachte Ablehnung stetig zu reflektieren, um die Diskrepanz zwischen dem vorherrschenden Bild der „Musikantin" in der Wahrnehmung anderer Berufsgruppen und dem eigentlichen Berufsbild der psychotherapeutisch arbeitenden Musiktherapeutin in der Wahrnehmung der eigenen Berufsgruppe im Seniorenheim auszuhalten, aber auch stetig durch Information und Austausch mit anderen Berufsgruppen zu bearbeiten.

Diese „Satellitenstellung" macht es im positiven Sinne auch möglich, musiktherapeutische Nischen aufzuspüren, zu entwickeln und wachsen zu lassen. Hier ergibt es sich bisweilen, dass die Arbeit keine „rein" musiktherapeutische Arbeit ist, womit das gerade benannte Bild des „Musikanten" nach außen möglicherweise bestätigt wird. Allerdings könnten wir auch diese Arbeit nicht ohne unsere musiktherapeutische Ausbildung in dieser Form des zielgerichteten Vorgehens zum Umsetzen ganz spezieller psychosozialer Zielstellungen leisten.

Von solch einer Nische, die sich zu einem erfolgreichen Projekt entwickelt hat, erzählt das folgende Beispiel aus der Praxis einer generationenübergreifenden Gruppe im Seniorenheim.

8.4 Musik auf Rädern im Einsatz (Barbara Keller)

Willi, ein alter Mann mit freundlichen Augen und tiefen Falten im Gesicht, ist der Opa beim Spiel „Schornsteinfeger ging spazier'n". Leni, vier Jahre, steht vor ihm, ich knie mit dem Akkordeon daneben und begleite Leni: „Opa, darf ich mit ihm gehen?" Willis Antwort müsste spielregelgerecht lauten: „Nein, mein Kind, das darfst du nicht", woraufhin Leni verbotenerweise zum Tor hinaus laufen müsste. Aber Willi sagt liebevoll: „Ja, natürlich."

Dies ist eine kleine Szene aus der generationenübergreifenden Musikgruppe, die im Folgenden vorgestellt wird. Kinder und alte Menschen kommen hier regelmäßig für eine Stunde zusammen, erzählen, spielen, tanzen und singen miteinander, lernen sich kennen, treten in Kontakt und teilen miteinander Zeit. Sie beschenken sich und lassen sich beschenken. Dies tun sie mit Freude und ganz bewusst.

Einmal in der Woche besuchen die Kinder aus der benachbarten Kindertagesstätte eine Gruppe mit demenzkranken Bewohnern des Seniorenheims. Eine Erzieherin begleitet die acht Jungen und Mädchen. Wir sehen sie durch die große Scheibe über den Hof auf uns zu laufen. Frau Hänsch (Name geändert) ruft: „Die Kinderkes kommen! Nee, wat süüß, da kommen se!", winkt sie und freut sich sichtlich. Frau Hänsch und sieben weitere Bewohnerinnen und Bewohner sitzen bereits im Kreis zusammen, eine Mitarbeiterin des Sozialen Dienstes begleitet die Gruppe. Wir achten bei der Sitzordnung auf die „Westfälische Reihe", bei der zwei verschiedene Interessengruppen, welche in diesem Fall die beiden Altersgruppen Alt und Jung sind, abwechselnd nebeneinander sitzen.

Die Stunde beginnt mit der Begrüßungsrunde. Paul, fünf Jahre alt, begleitet mich, die Musiktherapeutin, heute. Ich knie mit der Gitarre vor den einzelnen Teilnehmern; Paul steht neben mir und reicht ihnen die Hand. Wir beide singen: „Hallo, Anneliese, wir freu'n uns, dass du da bist!"

Dies ist ein gewachsenes Ritual, das trotz des großen Zeitumfangs, den es in Anspruch nimmt, von allen gerne gemocht wird. Bei der Wiederholung singen wir lauter, schneller und trommeln auf die Stuhllehnen. Für die Anrede der Bewohnerinnen und Bewohner benutzen wir deren Vornamen, was in der Gruppenzusammensetzung mit den Kindern immer akzeptiert und oft sogar gewünscht wird. Der Kontakt ist direkter und leichter. Man ist sich näher. Anna, Paul und Katharina gibt es in beiden Generationen, was ebenfalls verbindet.

In jeder Stunde bringen die Kindergartenkinder etwas mit. Es sind Lieder oder Spiele, die die Kinder im Vorhinein mit der Erzieherin überlegt oder eingeübt haben. Meist sind diese Lieder jahreszeitlich verankert und zum Teil den Bewohnerinnen und Bewohnern nicht bekannt. Diese Lieder laden dann aber zum Zuschauen und Mitmachen ein. Nach dem „Mitbringsel" der Kinder, das immer mit Applaus bedacht wird, spielen, tanzen und singen wir Lieder, die beiden Generationen vertraut sind und die Berührungen sowie Kontakt herstellen. Oft entstehen ungewöhnliche, verrückte und lustige Situationen. Ein beliebtes Kreisspiel ist beispielsweise das Lied „Taler, Taler, du musst wandern". Wenn Frau Hausmann mit dem Taler umherwandert, müssen alle genau aufpassen, wo er landet, denn am Ende streckt sie uns die Hände entgegen, strahlt uns an und sagt: „Ich weiß nicht, wo er ist!" – und sie weiß es wirklich nicht.

Sehr oft liegt in den Begegnungen zwischen den Generationen viel Sensibilität. Die Kinder nehmen die demenzkranken Menschen in ihrem Anderssein an, erkennen schnell die offensichtlichen Einschränkungen und übernehmen wie selbstverständlich kleine Hilfsdienste. Im Verlauf der Zeit entwickeln sich für die Gestaltung der Stunde viele Rituale und Lieblingsspiele, die von beiden Gruppen immer wieder eingefordert werden. Jede Einheit schließt mit einem Abschiedslied, das am Ende ein großes und lautes Finale enthält.

Im Zentrum der Stunde liegt der Kontakt und die Grundlage des Kontakts ist die Musik. Die Regie und die wichtigsten Impulsgebungen liegen in der Gruppe. Meine Aufgabe als Musiktherapeutin ist es, den Raum für das Individuelle der Gruppe herzustellen und über die Musik und über die Gespräche eine Atmosphäre zu schaffen, die verbindet und innerhalb derer tiefer liegende kommunikative Prozesse initiiert werden. Durch das vorhandene Spiele-Repertoire gelingt dies oft leicht. Die Musik baut Brücken zwischen Vergangenheit und Gegenwart und schafft einfache Wege im direkten Kontakt. Die Kinder kommen sehr gern. Sie haben hier ein Forum, in dem ihnen Aufmerksamkeit geschenkt wird. Gleichzeitig erfahren sie den Genuss, anderen Menschen etwas zu geben, z. B. Freude zu schenken. Die Bewohnerinnen und Bewohner erleben eine Öffnung ihres Lebensraums, sie werden bewegt und kommen in Bewegung. Gefühle und Erinnerungen werden wach und reaktiviert. Es gibt viele Gemeinsamkeiten zwischen den Gruppenteilnehmern, die entdeckt werden können und die im Laufe der Zeit mit den Beziehungen wachsen (vgl. Deutsche Gesellschaft für Musiktherapie, 2006).

Wir sind dankbar, Angebote wie dieses auch als „Gäste von außen" durchführen zu können. Auch hier erleben wir eine Etablierung der Musiktherapie als immer gängiger werdende Therapieform in ebenfalls immer vielfältiger werdenden Erscheinungsformen und Angeboten. Das Konzept, Dienstleister im sozialen Bereich zu sein, geht auf. Dies meint, dass Dienste für die Betroffenen entsprechend ihren Bedürfnissen und Notwendigkeiten geleistet, angepasst, variiert und auch völlig neu geschaffen werden. Viele Einrichtungen sind dankbar für das externe Angebot der Musiktherapie und nutzen es darüber hinaus auch als Werbung, als Aushängeschild und z. T. als Alleinstellungsmerkmal, um im Wettbewerb zu bestehen.

8 Musik auf Rädern – Ambulante Musiktherapie

Abb. 3: Standorte von Musik auf Rädern (www.musikaufraedern.de)

Was als theoretisches Konstrukt mit einer Diplomarbeit begann, ist Praxis geworden und ein guter und abwechslungsreicher Arbeitsplatz für viele junge und engagierte Musiktherapeutinnen und Musiktherapeuten einer neuen Generation. Gleichzeitig wurden neue und sehr unterschiedlich geartete Stellen geschaffen. In 95 % der Einrichtungen, in denen „Musik auf Rädern" derzeit tätig ist, gab es vorher keine musiktherapeutischen Angebote. Damit ist der Anwendungsbereich von Musiktherapie mit „Musik auf Rädern" bereits jetzt enorm erweitert worden. Die speziellen Rahmenbedingungen von „Musik auf Rädern" ermöglichen es, trotz eines vielfach beschriebenen Rückgangs sozialer und gesundheitlicher Leistungen in Deutschland ein permanentes Wachstum des Einsatzes hochqualifizierter musiktherapeutischer Dienstleistungen zu verzeichnen sowie die Qualitätssicherung für Betroffene und Professionelle sehr angemessen zu realisieren.

8.5 Link- und Kontaktseite

Auf der Homepage www.musikaufraedern.de sind unter dem Navigationspunkt *„Teams"* die Standorte der verschiedenen Städten zu sehen und einzeln anzuklicken (siehe **Abb. 3**).

Auf diesen Webseiten stellen sich die an den Standorten tätigen Musiktherapeuten mit ihren Leistungen und Arbeitsschwerpunkten vor. Unter dem Punkt *„Angebote"* finden sich die einzelnen Konzepte der musiktherapeutischen Arbeitsfelder. Im Intranet gibt es eine Sammlung unternehmerischer, therapeutischer und musikalischer Daten und Fakten, die intern zugänglich ist. Über das Kontaktformular ist es möglich, Anfragen zu verschicken.

Literatur

Keller, B. (2003). *Musik auf Rädern – Ambulante Musiktherapie in der häuslichen Alten- und Krankenpflege*. Diplomarbeit WWU Münster.
Keller, B., Klären, C. & Pfefferle, U. (2006). Musik auf Rädern GbR – Gründung und Etablierung eines Dienstleistungsunternehmens und Erfahrungen aus der musiktherapeutischen Arbeit mit alten Menschen. In bvm (Hrsg.), *Jahrbuch Musiktherapie*. Band 2. Wiesbaden: Reichert Verlag.
Muthesius, D. (2007). Betreuung mit Musik – Freiberufler als Anbieter niedrigschwelliger Leistungen. In: P. Sauer & P. Wissmann (Hrsg.), *Niedrigschwellige Hilfen für Familien mit Demenz* (S. 95–110). Frankfurt: Mabuse Verlag.
Wilke, M., Brandt, S. & Muthesius, D.; Deutsche Gesellschaft für Musiktherapie (2006). *Musik verbindet Generationen*. Berlin.
www.musikaufraedern.de
www.almuth.net

9 Musiktherapie in der Besonderen Stationären Dementenbetreuung – Das Hamburger Modell

Jan Sonntag

9.1 Einleitung

Musiktherapie für Menschen mit Demenz hat sich seit den 1990er Jahren von einer Randerscheinung zu einer regelrechten Wachstumsbranche entwickelt. Aus der noch von Muthesius (1997) beschriebenen geringen Beachtung des Themas in Ausbildung, Forschung und Praxis reift nach und nach ein gut fundiertes und anerkanntes Arbeitsfeld. Zunehmend profitieren heute Menschen mit Demenz von musiktherapeutischer Begleitung. Viele Musiktherapeuten haben zu dieser Entwicklung beigetragen und tun es weiterhin. Einige von ihnen sind in diesem Sammelband vertreten.

Wegbereiter für diese Entwicklung gab es indes nicht nur innerdisziplinär. Auch auf Seiten der Konzeption und Organisation institutioneller Altenpflege öffneten sich Räume für die Integration von Musiktherapie in Lebensumfelder von Menschen mit Demenz. Mit der Entstehung und Institutionalisierung spezialisierter *Betreuungskonzepte* wurden in der stationären Altenhilfe Rahmenbedingungen geschaffen, die den Einsatz nichtärztlicher Therapien über vereinzelte, punktuelle Angebote hinaus ermöglichten. Wichtige Entwicklungsimpulse gingen dabei von der sog. *Besonderen Stationären Dementenbetreuung* in Hamburg aus, die als Vorreiter demenzgerechter Betreuungskonzepte in Deutschland gilt. Erstmalig wurden hier Sonderpflegesätze vereinbart, welche die Finanzierung psychosozialer Angebote erlaubten. Ebenfalls erstmalig verlangten hier Richtlinien die Einbindung therapeutischen Personals in die interdisziplinäre Betreuungsarbeit. Allein die Tatsache, dass seit Inkrafttreten der Hamburger Vereinbarung zur Besonderen Stationären Dementenbetreuung im Jahre 1999 bundesweit mindestens 20 musiktherapeutische Voll- und Teilzeitanstellungen und ebenso viele freiberufliche Beschäftigungsverhältnisse unmittelbar auf die Auswirkungen dieses Modells zurückzuführen sind, verdeutlicht seinen Einfluss.

Die folgenden Seiten bieten zunächst einen Rückblick auf die Entstehung und Entwicklung der Besonderen Stationären Dementenbetreuung in Hamburg, und zeigen, in welchem Klima und unter welchen institutionellen Rahmenbedingungen die Musiktherapie hier Fuß fassen konnte. Anschließend wird der Entwicklungsweg der Musiktherapie in dieser Betreuungsform nachskizziert, und Merkmale ihrer Konzeption werden erläutert. Ein kritischer Blick auf aktuellere Entwicklungen kommunaler Versorgungsstrukturen sowie ein Ausblick für die musiktherapeutische Praxis und Konzeption in der Dementenbetreuung und angrenzenden Gebieten werden diesen Beitrag beschließen.

9.2 Der Weg zum Hamburger Modell

In den vergangenen zwanzig Jahren hat sich die stationäre Altenhilfe stark verändert. Wo vormals Altenheime einer verhältnismäßig kleinen Gruppe von Senioren ein letztes Zuhause boten, müssen heute überwiegend Pflegeheime die Versorgung einer wachsenden Zahl pflegebedürftiger Menschen im höheren Lebensalter gewährleisten. Aufgrund verbesserter ambulanter Versorgung steigt sowohl das Durchschnittsalter bei Einzug ins Pflegeheim als auch die Pflegebedürftigkeit der Heimbewohner an. Der häufigste Grund zur Heimübersiedelung ist Demenz (BMFSFJ, 2002). Im Mittel zeigen 60 % aller Pflegeheimbewohner dementielle Symptome und sind aufgrund starker Desorientierung sowie erheblicher Einschränkungen in ihren Alltagskompetenzen rund um die Uhr auf Hilfe angewiesen (ebd.).

Trotz steigenden Bewusstseins für die Demenzproblematik in der medizinischen Forschung gab es noch vor zwanzig Jahren in deutschen Pflegeheimen kaum nennenswerte Ansätze angemessener Pflege und Betreuung Betroffener. Als jedoch zunehmend deutlich wurde, dass eine bestimmte Gruppe dementer Heimbewohner in herkömmlicher Versorgung keine adäquaten Lebensbedingungen fand, setzte ein Umdenken ein. Durch stark herausfordernde Verhaltensweisen und gesteigerte Mobilität stellten diese Bewohner eine erhebliche Belastung für die Mitbewohner und das Personal dar. Nächtliches Wandern durch alle Zimmer, anhaltendes Schreien, Essen ungenießbarer Substanzen oder Schmieren mit Kot endeten nicht selten in ethisch, rechtlich und sozial nicht mehr vertretbaren Konfliktsituationen. Freiheitsentziehende Maßnahmen wie Fixierung mit Bauchgurten oder medikamentöse Sedierung gehörten zur Tagesordnung.

Als Ende der 1980er Jahre die Stadt Hamburg entschied, ein Modellprogramm zur Verbesserung der stationären Pflege ins Leben zu rufen, beschritt sie Neuland. Aus anderen europäischen Ländern waren zwar bereits Konzepte bekannt, die Menschen mit Demenz in Pflegeheimen bessere Lebensqualität ermöglichten. Hinsichtlich der Entwicklung in Deutschland jedoch konnte Hamburg nicht auf Vorläufer zurückgreifen oder sich an bereits bewährten Konzepten orientieren. Umgekehrt schien es die Überschaubarkeit des Stadtstaates Hamburg zu ermöglichen, neue Wege zu gehen und selbst eine Vorreiterrolle zu spielen (vgl. Jantzen, 2004, S. 5).

An dem durch Mittel der Stadt finanzierten und von 1991 bis 1994 durchgeführten Modellprogramm beteiligten sich 17 Einrichtungen mit etwa 250 Plätzen. Unter der Leitung einer Lenkungsgruppe wurden modellhaft demenzspezifische Raum- und Milieustrukturen sowie besondere Pflege- und Betreuungsstrategien geschaffen und wissenschaftlich evaluiert (Damkowski, Seidelmann & Voß, 1994; Bruder, 2001).

In geringem Umfang arbeiteten bereits Musiktherapeuten im Modellprogramm mit und mehrfach wird in der Evaluation die positive Wirkung von Musik erwähnt. Dabei werden auch Charakteristika demenzorientierter Musikangebote genannt, welche später die Konzeption der Musiktherapie maßgeblich mitgeprägt haben. „Wichtig ist, dass die Musik *beiläufig* und *unauf-*

dringlich eingebracht wird; die Kranken behalten ein feines Gespür für die Normalität und Ungezwungenheit, mit der solche Maßnahmen erfolgen" (Bruder a.a.O., S. 26, Herv. durch den Autor).

Nach erfolgreich abgeschlossener Modellphase drängten die Pflegeheimträger auf eine Fortführung der *Finanzierung*, mussten sich jedoch zunächst mit Übergangsregelungen zufriedengeben. Erst als deutlich wurde, dass das 1996 in Kraft getretene *Pflegeversicherungsgesetz* den Bedarf an besonderer Betreuung der betreffenden Klientel nicht abzudecken vermochte, wurden die Verhandlungen wieder intensiviert. Schließlich ratifizierten Kranken- und Pflegekassen, die Behörde für Arbeit, Gesundheit und Soziales und die Heimträger einen Rahmenvertrag, der die Situation dementer Heimbewohner dauerhaft verbessern sollte. Die Gemeinsame Vereinbarung zur Besonderen Stationären Dementenbetreuung in Hamburg trat 1999 in Kraft und hat trotz mehrfacher Revisionen bis zum heutigen Tage Bestand (BSGFV, 2009a). Basierend auf den Erkenntnissen des Modellprogramms schrieb diese Vereinbarung die daraus hervorgegangenen Empfehlungen als Standard fest. Ziel der so begründeten Besonderen Stationären Dementenbetreuung in Hamburg ist „eine der Erkrankung angemessene Betreuung und Pflege, die den Stress für die Bewohner und damit ggf. Verhaltensauffälligkeiten und Psychopharmakabedarf minimiert und die Belastungen der Mitbewohner und Pflegekräfte reduziert, so dass die Lebensqualität in der Einrichtung verbessert wird" (ebd., S. 11).

9.3 Klientel und Finanzierung

Bei der Besonderen Stationären Dementenbetreuung handelt es sich um ein Angebot für Menschen mit Demenz, die über längere Zeit ausgeprägt herausfordernde Verhaltensweisen wie Agitiertheit, Aggressivität oder Störungen des Schlaf-Wach-Rhythmus zeigen und dabei mobil sind. Schätzungen zufolge gehören in Hamburg 10–20 % aller dementen Pflegeheimbewohner zu dieser Gruppe (Weyerer et al., 2004, S. 9). Das führte nicht zuletzt aus Gründen der Kostenkalkulation zunächst zu einer Begrenzung des Programms auf 750 Plätze.

In der Rahmenvereinbarung sind *Zugangsvoraussetzungen* festgelegt, die erfüllt sein müssen, um in das Programm aufgenommen zu werden. Bei vorliegender ärztlicher Diagnose einer dementiellen Erkrankung muss die Einschränkung der Denkfähigkeit bereits weit fortgeschritten sein, so dass im Mini-Mental-State-Test (Folstein, Folstein & McHugh, 1975) maximal 18 Punkte erreicht werden, was einer mittelschweren Demenz entspricht. Das herausfordernde Verhalten muss ein bestimmtes Ausmaß erreicht haben, welches mit dem modifizierten Cohen-Mansfield-Agitation-Inventory (nach Cohen-Mansfield, 1996) eingeschätzt wird. Zudem muss die Demenz in der Regel zu einer erhöhten Pflegebedürftigkeit von Stufe II bis III geführt haben. Schließlich muss die Person in der Lage sein, an Gruppenangeboten und Gemeinschaftsleben teilzunehmen, darf also nicht über längere Phasen bettlägerig sein.

Durch die erhöhten Personalkosten und die verhältnismäßig aufwendig gestalteten Räumlichkeiten fallen in der Besonderen Stationären Dementenbetreuung Mehrkosten von monatlich bis zu 500 Euro pro Bewohner an. Diese Mehrkosten gleichen sich vermutlich gesamtwirtschaftlich durch kostenmindernde Faktoren wie der Abnahme von Stürzen oder einem geringere Medikamentenverbrauch aus. Da die Pflegekassen jedoch lediglich die Pauschalen für die Pflegestufen tragen, müssen die Bewohner den möglichen Eigenanteil selbst leisten. Die Restkosten werden durch die Sozialhilfe übernommen.

9.4 Personalausstattung

Die in der Rahmenvereinbarung festgeschriebenen Richtlinien verlangen für Einrichtungen der Besonderen Stationären Dementenbetreuung eine angemessene Ausstattung mit geeignetem Personal. Dazu gelten folgende Regelungen und Mindeststandards:

- Ein gemessen an herkömmlicher Pflege erhöhter *Personalschlüssel* soll eine anwesende Pflege- oder Betreuungskraft für acht Bewohner garantieren.
- Zwei Drittel der Mitarbeiter müssen einen qualifizierten Abschluss nachweisen können (die sog. *2/3-Fachkraftquote*).
- Die Mitarbeit in der Besonderen Stationären Dementenbetreuung muss *freiwillig* sein.
- Neue Teammitglieder müssen eine besondere *Schulung* im Umgang mit dementen Menschen bekommen.
- Eine erhöhte *Fortbildungsverpflichtung* soll die fachliche Qualität sichern helfen.
- Die Steuerung der Pflegeprozesse, die Anleitung und Qualitätsüberwachung muss durch eine *gerontopsychiatrische Pflegfachkraft* erfolgen.
- Die Teams müssen sich aus *Fachkräften* mehrerer Professionen zusammensetzen, um flexibel und angemessen auf die unterschiedlichen Bedürfnisse der Bewohner eingehen zu können.
- Unter den empfohlenen Berufsgruppen für die Zusammensetzung der *interdisziplinären Betreuungsteams* findet sich neben anderen pädagogischen und therapeutischen Berufen auch die Musiktherapie.

Die Autoren einer als Positionspapier erschienenen Zusammenfassung von Forschungsergebnissen und praktischen Erfahrungen aus der Besonderen Stationären Dementenbetreuung resümieren hinsichtlich des Einsatzes *nichtärztlicher Therapien*: „Besonders bedeutsam für die förderliche Begleitung von Menschen mit Demenz erweisen sich Musik- und Ergotherapie. ... Musik- und Ergotherapeuten sind Teil des interdisziplinären Teams. Eine erfolgreiche Zusammenarbeit der verschiedenen Berufsgruppen ist eine Qualitätsvoraussetzung in der besonderen Dementenbetreuung" (Eisenberg, Hamborg, Kellerhoff & Wojnar, 2005, S. 2).

9.5 Inhaltliche Konzepte

Die in der Rahmenvereinbarung geforderte interdisziplinäre Kooperation und die Festlegung der 2/3-Fachkraftquote schaffte die formale Voraussetzung für die Integration von Musiktherapie in die Besondere Stationäre Dementenbetreuung. Inhaltlich wurde die musiktherapeutische Arbeit vor allem durch neue *Betreuungskonzepte* geprägt. Sie sollten den Bewohnern möglichst normale und stressfreie *Lebensbedingungen* schaffen und rückten seelisch-emotionale Aspekte in den Mittelpunkt. Bruder (2001) spricht von einem „Betreuungsklima, in dem aufmerksamer, phantasievoller und geduldiger, freier und unängstlicher, zugewandter und weniger schnell erschöpfbar und schließlich auch selbstbewusster und wärmer mit den betroffenen Kranken umgegangen wird" (ebd., S. 18). Inwieweit dieses Fazit Wunsch oder Wirklichkeit beschrieb, differierte von Zeit zu Zeit und von Einrichtung zu Einrichtung, da die Umsetzung der Betreuungskonzepte nicht immer gleich gut gelang.

9.5.1 Das Domus-Prinzip

Anfangs arbeiteten gut 60 % der Einrichtungen im Hamburger Dementenprogramm nach dem Domus-Prinzip, während die übrigen sich für eine integrative Versorgung entschieden hatten. Mit dem Domus-Prinzip ist eine Form segregativer „Rund-um-die-Uhr"-Betreuung gemeint, die im Gegensatz zur integrativen Betreuung von Menschen mit und ohne Demenz auf eine Homogenisierung der Bewohnergruppe abzielt (BSGFV, 2009a, S. 21), also ausschließlich für Menschen mit Demenz geschaffen wird. Da sich Musiktherapie überwiegend in dieser segregativen Betreuung etablieren konnte, werden sich die folgenden Ausführungen auf diese Betreuungsform beziehen.

Um die Nachteile institutionell organisierter Lebensumwelten zu minimieren, ist das Domus-Prinzip auf eine größtmögliche Normalität im Zusammenleben ausgerichtet. Angestrebt wird so wenig wie möglich, aber so viel wie nötig Unterstützung in einer möglichst stressfreien, den individuellen Bedürfnissen der Bewohner angepassten Umgebung. In einer wohnlichen Atmosphäre verbringen die Bewohner und das Personal den Tag miteinander; alle Räume dürfen betreten, alle Schränke geöffnet werden wie in der eigenen häuslichen Umgebung. In individuell strukturierten Tagesabläufen (z. B. Schlaf-, Wachzeiten) sollen die psychischen Belange, solange pflegerisch vertretbar, Vorrang vor körperlichen Gesichtspunkten haben. Beispielsweise gibt es keine standardisierten Schlaf- und Wachzeiten und therapeutische Aktivitäten sollen nicht aufgezwungen wirken.

9.5.2 Milieutherapie

Bei nachlassender Fähigkeit, sich seiner Umgebung anzupassen oder sie aktiv mitzugestalten, sind Menschen mit Demenz zunehmend auf eine von helfenden Personen geschaffene Lebensumwelt angewiesen. „Nur in einem geeigneten Milieu, das dauernd den Fähigkeiten und Defiziten der Kranken angepasst wird, wird ihnen das Leben in ihrer Welt ohne Zwang zur Anpassung ermöglicht" (Eisenberg, Hamborg, Kellerhoff & Wojnar, 2005, S. 2). Milieutherapeutische Konzepte, die auf die Gestaltung des Lebensraums in Langzeitpflegeeinrichtungen eingehen, wurden für den Bereich Demenz maßgeblich von Wojnar (z. B. 2001) im Hamburger Dementenprogramm entwickelt. Unter *Milieutherapie* versteht er „ein therapeutisches Handeln zur Anpassung der materiellen und sozialen Umwelt an die krankheitsbedingten Veränderungen der Wahrnehmung, des Empfindens, des Erlebens und der Kompetenzen (der Verluste und der Reserven) der Demenzkranken" (Wojnar, 2001, S. 155).

Aus den milieutherapeutischen Erfahrungen aus der Besonderen Stationären Dementenbetreuung erwuchsen die heute in vielen Einrichtungen geltenden Auffassungen von demenzgerechter *Umgebungsgestaltung*, die z. B. auf Lichtverhältnisse, Raumaufteilung oder farbliche Gestaltung der Räume eingeht. Es entstehen somit regelrecht demenzeigene „Lebenswelten", die meist zur Verbesserung des Wohlbefindens und der Lebenszufriedenheit beitragen. Wie im Folgenden dargestellt wird, bieten diese Lebenswelten nicht nur Menschen mit Demenz ein angemessenes Milieu, sondern ermöglichen auch die Entstehung einer *demenzgerechten Konzeption* von Musiktherapie.

9.6 Musiktherapie in der Besonderen Stationären Dementenbetreuung

Da die Umsetzung der Rahmenrichtlinien im Detail den anbietenden Trägern überlassen war, entwickelte sich die Zusammensetzung der Betreuungsteams uneinheitlich. Bei kleineren kirchlichen und privaten Trägern wurde qualifizierte Musiktherapie häufig im Rahmen von Honorartätigkeit eingeführt. In größerem Umfang konnte sich die Therapieform beim ehemals kommunalen Träger „pflegen & wohnen" etablieren. Das Unternehmen hielt über lange Zeit annähernd 500 Plätze im Dementenprogramm in bis zu zwölf über das gesamte Stadtgebiet verteilten Einrichtungen. Die fachliche Entwicklung der Musiktherapie vollzog sich hier in besonderem Ausmaß und soll im Folgenden exemplarisch dargestellt werden.

Ausgehend von den positiven Erfahrungen aus der Modellphase gelang es nicht zuletzt dank des Einflusses der unternehmenseigenen Ärzte, die ein feines Gespür für die seelisch-emotionalen Belange der Bewohner hatten, innerhalb weniger Jahre nach Inkrafttreten der Rahmenvereinbarung bei pflegen & wohnen,

- jede Wohneinheit für Menschen mit Demenz bei pflegen &wohnen mit Musiktherapie auszustatten,
- zwischen 15 und 40 Wochenstunden Musiktherapie pro Wohneinheit vorzuhalten,
- ausschließlich Musiktherapeuten mit staatlich anerkanntem Diplom oder vergleichbarem *Abschluss* zu beschäftigen,
- alle *Beschäftigungsverhältnisse* in Festanstellungen zu überführen,
- eine einheitliche *Eingruppierung* zu erwirken (nach damaligem Bundesangestelltentarif Gehaltsgruppe IVb)[18].

Musiktherapie wurde zu einem festen Bestandteil der interdisziplinären Betreuungsarbeit und galt neben der Ergotherapie als wichtigste nichtärztliche Therapieform (siehe Personalausstattung). Einrichtungsübergreifend schlossen sich die Therapeuten zur sogenannten Fachgruppe Musiktherapie zusammen, einem damals 10 Mitglieder zählenden musiktherapeutischen Team. Als Delegierter der Fachgruppe vertrat der Autor dieses Beitrags die Musiktherapie in einrichtungsübergreifenden Leitungskonferenzen. Hier wurden die Erfahrungen der unterschiedlichen Betreuungsteams diskutiert und die inhaltliche Ausrichtung sowie der Personalbedarf eingeschätzt.

Die innerdisziplinäre Entwicklung in der Fachgruppe Musiktherapie war von einem hohen Grad an einrichtungsübergreifendem Austausch geprägt, da die Musiktherapeuten in den einzelnen Einrichtungen überwiegend ohne fachliche Kollegen arbeiteten. Den Mangel an fachlichen Orientierungsmöglichkeiten glich das Team zunächst durch monatlich stattfindende Konferenzen und später zusätzlich durch die Einrichtung von *Gruppensupervision* aus. Inhalte des kollegialen Austausches waren:

- kollegiale Beratung
- gegenseitige Hospitation
- Methodenentwicklung
- Begleitung von Praktikanten
- Einarbeitung neuer Kollegen
- Konzeptentwicklung
- Vorbereitung von Publikationen und Vorträgen

Belebt und bereichert wurde die inhaltliche Entwicklung der Musiktherapie unter anderem dadurch, dass die Fachgruppe sich aus Musiktherapeuten unterschiedlicher *Ausbildungsstätten* zusammensetzte. Phasenweise waren gleichzeitig Studienabsolventen der Städte Heidelberg, Wien, Hamburg, Nimwegen, London, Berlin, Magdeburg und Münster vertreten. Interessanterweise gelangte die Fachgruppe bezüglich der musiktherapie-praktischen Vorgehensweisen zu der Auffassung, dass diese überwiegend durch die Heimbewohner und die institutionellen Rahmenbedingungen geprägt waren. Die schulenspezifische

---

18 Diese Eingruppierung entsprach seinerzeit den Empfehlungen des Bundesarbeitsgerichtes und ist somit absolut angemessen.

II Institutionen

Herkunft der Therapeuten schien diesbezüglich zweitrangig zu sein (Sonntag & Schwarz, 2003).

Im Jahr 2002 legte die Fachgruppe Musiktherapie der damaligen Geschäftsführung ein musiktherapeutisches Konzept vor, das sich an schulenübergreifende Thesen zur Musiktherapie anlehnte (Kasseler Konferenz, 1998). In dem Konzept wurden die bis dahin erarbeiteten inhaltlichen und formalen Standards fixiert, um einheitliche Arbeitsbedingungen für Musiktherapie im Unternehmen zu sichern. Nachdem es von Qualitätsbeauftragten des Unternehmens geprüft worden war, fand das Konzept die Zustimmung der Geschäftsführung und sollte künftig bindend für die Ausstattung der Musiktherapiestellen sein. Dieses Konzept, präsentiert von Sonntag (2004), markierte vermutlich den Höhepunkt der musiktherapeutischen Entwicklung in der Besonderen Stationären Dementenbetreuung.

9.6.1 Konzeptionelle Merkmale

Bei pflegen & wohnen und ausgehend von den dort systematisch gesammelten und reflektierten Erfahrungen, bekam die Musiktherapie in der Besonderen Stationären Dementenbetreuung eine spezifische Ausrichtung, die sich in Teilen von herkömmlichen Therapieauffassungen unterscheidet.

In einem nach Domus-Prinzipien und milieutherapeutischen Gesichtspunkten gestalteten Betreuungsumfeld soll Musiktherapie dazu beitragen, Menschen mit Demenz im Zusammenspiel mit anderen Berufs- und Personengruppen, eine Umgebung zu schaffen, in der sie sich wohlfühlen und trotz aller Einschränkungen möglichst normal leben können. Im Gegensatz zu punktuellen therapeutischen Angeboten in speziellen Settings bekommt sie dadurch ihren Sitz „mitten im Leben". Im bereits zitierten Positionspapier heißt es, Therapien „sollten in den Alltag ‚einfließen', d. h. zeitlich, räumlich und hinsichtlich der Bedürfnisse der Bewohner flexibel gestaltet werden. Sie sollten kontinuierlich erfolgen und durch die Pflegekräfte aufgegriffen und fortgeführt werden" (Eisenberg, Hamborg, Kellerhoff & Wojnar a.a.O., S. 2).

Ziel ist ein für die Bewohner erlebbares Betreuungskontinuum, das die durch parzellierte Spezialangebote und rigide abgegrenzte Zuständigkeitsbereichen häufig entstehenden Brüche und Lücken zu vermeiden sucht. Anders als in herkömmlichen Settings besteht die Herausforderung in diesem offenen Setting darin, den therapeutischen Spielraum atmosphärisch entstehen zu lassen und zwischen vielfältigen Impulsen, Interessen und Bedürfnissen zu vermitteln. So können beispielsweise in der Klangsphäre eines gemeinsam gesungenen Liedes sowohl unterschiedliche Gefühle erlebt und artikuliert werden, als auch Bedürfnisse nach Halt und Geborgenheit erfüllt werden.

Die Arbeit im offenen Setting geht mit hohen Anforderungen an die interdisziplinäre Kooperation einher. Dazu gehört vor allem ein gekonntes Zusammenspiel an den Schnittstellen, was gut abgestimmte, weich gestaltete, fließende Übergänge zwischen den unterschiedlichen sozialen Situationen (pflegerische, therapeutische etc.) erfordert. Untenstehendes Fallbeispiel thematisiert etwa den Übergang von einer Mahlzeit zu einer gruppenmusiktherapeutischen Situation. In Einrichtungen, deren Rahmenbedingungen nicht so weit entwickelt sind, dass das Betreuungsmilieu an sich bereits therapeutische Aspekte aufweist, entstehen häufig Konflikte zwischen den Berufsgruppen, die sich an der scheinbaren Unvereinbarkeit von somatischer Pflege und psychosozialer Begleitung entzünden. Faktoren, die das Gelingen einer ineinandergreifenden Form der Zusammenarbeit befördern, scheinen neben dem Entwicklungsstand demenzgerechter Betreuung auch eine gute Integration der Musiktherapie in die flexible Tagesstruktur, ein kooperatives Klima im Betreuungsteam sowie spezielle persönliche und fachliche Eignungen des Therapeuten zu sein.

9.7 Fallbeispiel

Im Folgenden wird eine musiktherapeutische Situation geschildert, die hinsichtlich ihrer Alltagsnähe und Einbindung in das Betreuungsmilieu typisch für den geschilderten Kontext ist. Wichtige Prinzipien wie Beiläufigkeit, Bedürfnisorientierung und Umfeldbezogenheit werden in dem Fallbeispiel ebenso deutlich wie die Notwendigkeit des Zusammenspiels zwischen den beteiligten Berufs- und Personengruppen.

9.7.1 Alltagssituation und interdisziplinäre Abstimmung

Im Tagesraum eines Wohnbereichs für Menschen mit Demenz wird das Mittagessen eingenommen. Pflegende sitzen mit Bewohnern gemeinsam an mehreren Tischen und assistieren ihnen beim Essen. Frau Petersen[19], eine hagere Bewohnerin mit schwerer Demenz, die sich nicht mehr sprachlich artikulieren kann, hat seit mehreren Tagen deutlich zu wenig Nahrung zu sich genommen. Auch jetzt sitzt sie in ängstlicher und aufgeregter Stimmung am Tisch und verweigert jeden Bissen. Ihre ursächlich bislang nicht erklärte Unruhe steigert sich so weit, dass sie schließlich aufsteht und unter anhaltendem Stöhnen hinaus auf den Wohnbereichsflur läuft. Dort begegne ich ihr, spreche sie an, aber sie weist mich schroff ab und setzt ihr leidvolles Laufen fort. Im Tagesraum lasse ich mir von einer Pflegerin den Hergang der Situation schildern und biete an, mich um Frau Petersen zu kümmern. Bevor ich sie wieder aufsuche, frage ich noch, welche der vorhandenen Speisen Frau Petersen normalerweise am liebsten mag, und nehme ein Schälchen Nachtisch mit auf den Weg.

---

19 Die Namen aller Klienten sind aus Datenschutzgründen geändert.

9.7.2 Krisenintervention

Wie erwartet, treffe ich Frau Petersen weiterhin ängstlich auf dem Flur an. Da sie mich abgewehrt hatte, als ich ihr zuvor entgegentrat, nähere ich mich ihr nun behutsam von der Seite und validiere ihre Gefühle, während ich meine Bewegungen ihrem Gangbild anpasse. Frau Petersen akzeptiert meine Begleitung und bestätigt meine Aussagen zu ihren Gefühlen, die ich zunehmend mit unseren Bewegungen synchronisiere. Schließlich binde ich in den Rhythmus von Schritten und verbalen Äußerung auch das Anreichen des Nachtischs mit dem Löffel ein. Während wir so gehen, lässt sie sich bereitwillig füttern und scheint die süße Speise sogar zu genießen. Als wir am Musikraum vorbeigehen, trete ich kurz ein und hänge mir eine Gitarre um. Dann setzen wir unseren Weg fort.

9.7.3 Bildung des musiktherapeutischen Settings

Im Tagesraum haben die übrigen Anwesenden inzwischen ihre Mahlzeit beendet. In einer Atmosphäre des Übergangs informiere ich hier die Pflegerin über Frau Petersens Befinden. Frau Petersen geleite ich auf ihren Stammplatz am Fenster, von wo aus sie den gesamten Raum einsehen kann. Dann helfe ich beim Geschirrabräumen und sorge dabei für ruhige und durch Kommunikation vermittelte Abläufe.

Allmählich legt sich die im Anschluss an das Mittagessen aufgetretene Geschäftigkeit, und eine Pflegerin schiebt den Essenswagen aus dem Raum. Einige Bewohner ziehen sich mit pflegerischer Unterstützung zur Mittagsruhe in ihre Zimmer zurück. Ich mache mir ein Bild von der Situation, nehme die Sitzanordnung der Bewohner wahr und spüre mich in die Atmosphäre ein. Mit ruhigen Bewegungen, begleitet von vielen Kontaktgesten, bringe ich die Anwesenden untereinander, mit mir und mit ihrer räumlichen Umgebung in Verbindung. Einer Bewohnerin helfe ich in eine bequemere Sitzposition, eine andere weise ich auf die versuchte Kontaktaufnahme ihrer Tischnachbarin hin. Essensreste werden entfernt, eine Gardine gerichtet und auf den Tischen stehende Blumen gepflegt. Gleichzeitig gilt mein besonderes Augenmerk weiterhin Frau Petersen, die zwar deutlich ruhiger, aber immer noch in leicht erregbarem Zustand ist. Indem ich sie erneut freundlich anspreche, setze ich mich neben sie und greife die Gitarre. Eine Weile spiele ich sanfte und fließende Akkordbrechungen, die sich allmählich zur Begleitung eines ihrer Lieblingslieder formen. Sobald sie die Liedstruktur erkennt, beginnt Frau Petersen textsicher zu singen. In ihrer kräftig geführten Stimme klingt noch immer ihr heftiger Affekt mit.

Eine andere Bewohnerin sitzt mit dem Rücken zu uns, zeigt aber durch rhythmisches Klopfen auf den Tisch, dass ihr die Musik gefällt. Meine Einladung, sich zu uns zu setzen, nimmt sie gern an. Ebenfalls von der Musik angelockt, nähern sich uns weitere Bewohner, und nach und nach bildet sich rund um den Tisch eine Gruppe von etwa sieben Personen. Die anfänglich labile

Stimmung, die sich bereits durch die Sorgfalt der milieubezogenen Interventionen deutlich stabilisiert hatte, weicht nun heiterer Geselligkeit. Die Gruppe erfährt in der Kreisform der organisch entstandenen Sitzanordnung sowie im gemeinsamen Gesang bekannter Lieder eine wohltuende Zentrierung.

9.7.4 Einzelbedürfnisse und atmosphärisch Ganzes

Nach dieser allmählichen, etwa eine halbe Stunde in Anspruch nehmenden Entwicklung eines sozialen und musikalischen Zentrums, ähnelt die Sitzanordnung im Raum einem Planeten, der von einigen Satelliten umgeben ist. In unterschiedlicher Entfernung zur Kerngruppe sitzen diejenigen Bewohner, die aus unterschiedlichen Gründen Randpositionen bevorzugen. Ihren Bedürfnissen entsprechend in der Peripherie verbleibend, sind sie doch in den Klangraum der musiktherapeutischen Situation einbezogen.

Die akustische Ausstrahlung der Gruppe, die nun in ein Wechselspiel von Gesang und Gespräch übergegangen ist, führt dazu, dass die Tochter einer bettlägerigen Bewohnerin interessiert in den Raum schaut. Mit ihr erörtere ich kurz die Idee, ihre Mutter im Bett in den Tagesraum zu schieben, damit auch sie am Geschehen teilhaben kann. Wir beschließen dies für den nächsten Tag, und ich lade die Angehörige ein, noch ein Weilchen in der Gruppe zu bleiben. Sie nimmt dankend an und setzt sich Frau Petersen zur Seite, die sich mittlerweile sicher und wohl zu fühlen scheint. Ich stelle eine Schale Kekse auf den Tisch und signalisiere der Angehörigen, ihr gelegentlich davon anzubieten. Dann wende ich mich wieder der Gruppe zu, und die Dinge nehmen weiter ihren Lauf.

9.8 Aktuellere Entwicklungen und Ausblicke

Nachdem sich das Hamburger Dementenprogramm einige Jahre in der Praxis bewährt hatte, wurde es 2002 durch das Zentralinstitut für seelische Gesundheit in einer groß angelegten Studie evaluiert (Weyerer et al., 2004). Die Studie beinhaltete Längsschnitt- und Querschnittuntersuchungen und verglich die Besondere Stationäre Dementenbetreuung mit herkömmlich arbeitenden Pflegeeinrichtungen. Die Studie bestätigte den Nutzen des Hamburger Modells und zeigte, dass Bewohner von Einrichtungen der Besonderen Stationären Dementenbetreuung im Vergleich zu Bewohnern der Vergleichseinrichtungen beispielsweise

- viel häufiger in Kompetenz fördernde Aktivitäten eingebunden sind,
- signifikant mehr positive Gefühle wie Freud und Interesse zeigen,
- weit seltener von freiheitseinschränkenden Maßnahmen betroffen sind.

Dank seiner guten fachlichen Reputation fand das Konzept der Besonderen Stationären Dementenbetreuung über Hamburgs Grenzen hinaus Verbreitung und diente anderen Bundesländern als Vorbild für demenzgerechte Betreuungsangebote.

Ausgelöst durch einen Senatsbeschluss zur Privatisierung von pflegen & wohnen kündigten sich im Jahr 2003 indes Veränderungen an, die sich mindernd auf die bereits erreichte Qualität auswirken sollten. Eine mehrere Jahre in Anspruch nehmende Suche nach einem neuen Eigentümer für den größten Anbieter im Dementenprogramm ging mit Entwicklungsstillstand und Planungsunsicherheiten in den betreffenden Einrichtungen einher. Innovative Weiterentwicklungen der Betreuungskonzepte wurden eingefroren, erfahrene Mitarbeiter wanderten ab oder wurden gekündigt und das freilassende, kooperative Klima wich einer misstrauischen Kontrollkultur. Als schließlich ein privater Träger pflegen & wohnen übernahm, hatten Jahre der Stagnation bereits einen deutlichen Qualitätsverfall in den Einrichtungen bewirkt.

Bevor es vollständig umgesetzt werden konnte, stand im Zuge der Privatisierung auch das noch junge Konzept der Musiktherapie wieder zur Disposition und konnte bis heute nicht effektiv in Kraft treten. Qualitätssichernde Instrumente wie die Gruppensupervision oder die Therapeutenkonferenzen wurden ausgesetzt und werden von den Mitgliedern der Fachgruppe seitdem auf privater Basis fortgeführt. Hinsichtlich seiner institutionellen Verankerung befindet sich die Musiktherapie in einem Schwebezustand und ringt fortwährend um eine angemessene Verortung im Unternehmen. In den Einrichtungen finden die Musiktherapeuten sehr unterschiedliche formale und atmosphärische Bedingungen vor, die das flexible und bedarfsorientierte Arbeiten im offenen Setting mitunter stark beeinträchtigen.

Immerhin: Die Musiktherapie hat den Trägerwechsel überdauert und ist quantitativ betrachtet sogar noch gewachsen. Aktuell zählt die Fachgruppe Musiktherapie 13 Mitglieder. Auch bei anderen Anbietern hat die Beteiligung von Musiktherapie zugenommen, so dass in den mittlerweile 36 Einrichtungen im Dementenprogramm heute rund 20 Musiktherapeuten in Anstellung oder auf Honorarbasis arbeiten. Zwar nicht formal organisiert, befindet ein Großteil von ihnen sich jedoch in regelmäßigem kollegialem Austausch und entwickelt die Arbeit beständig weiter.

Durch die nicht zuletzt auf innovative Impulse aus der Besonderen Stationären Dementenbetreuung zurückgehenden Weiterentwicklungen psychosozialer Aspekte in anderen Pflegebereichen erschließen sich seit einiger Zeit weitere Einsatzgebiete für die Musiktherapie in der Altenhilfe. Ansätze einer Ausweitung des musiktherapeutischen Wirkungsradius finden sich, seitdem Musiktherapeuten zunehmend auch in normalstationärer Pflege, in spezialisierter Pflege von Menschen im Wachkoma, sowie in sogenannten Pflegeoasen für weit fortgeschritten demente Menschen beschäftigt werden.

Durch die guten Rahmenbedingungen und die kreative Zusammenarbeit in den Anfangsjahren des Hamburger Dementenprogramms konnten musiktherapeutische Erfahrungen und Know-how entstehen, reflektiert und institutionell implementiert werden. Die daraus hervorgegangenen konzeptionellen Merkmale für die musiktherapeutische Begleitung mittel- bis hochgradig dementer Menschen setzten über Träger- und Stadtgrenzen hinaus Akzente. Einrichtungen, die sich hinsichtlich ihrer Demenzkonzepte am Hamburger Modell orientieren, übernehmen nicht selten auch die daraus entstandenen Empfehlungen für Musiktherapie.

Ergebnisse der intensiven musiktherapeutischen Entwicklungsarbeit im Hamburger Modell finden seit einigen Jahren auch Eingang in die Fachliteratur (z. B. Sonntag, 2005; Sonntag, Brixel & Trikojat-Klein, 2008; Muthesius, Sonntag, Warme & Falk, 2010) und werden in Vorträgen und Lehrveranstaltungen vermittelt. Derzeit wird die musiktherapeutische Konzeption der Besonderen Stationären Dementenbetreuung in einer qualitativen Studie eingehender wissenschaftlich untersucht und in diesem Zusammenhang der Begriff *Atmosphäre* für die Musiktherapie näher bestimmt. Mit einem Abschluss unserer Untersuchung ist Ende 2011 zu rechnen.

Literatur

Behörde für Soziales, Gesundheit, Familie und Verbraucherschutz Hamburg (2009a). *Vereinbarung über die besondere stationäre Dementenbetreuung in Hamburg.* Zugriff am 15.04.2010, von www.hamburg.de/contentblob/1587896/data/rv-dementenbetreuung.pdf

Behörde für Soziales, Gesundheit, Familie und Verbraucherschutz Hamburg (2009b). *Pflegeheime mit speziellen Plätzen für dementiell erkrankte Menschen mit herausfordernden Verhaltensweisen in Hamburg (Besondere stationäre Dementenbetreuung).* Zugriff am 23.04.2010, von www.hamburg.de/contentblob/128354/data/dementenbetreuung-einrichtungen.pdf

Bundesministerium für Familie, Senioren, Frauen und Jugend (2002). *Vierter Bericht zur Lage der älteren Generation.* Zugriff am 23.04.2010, von www.bmfsfj.de/RedaktionBMFSFJ/Broschuerenstelle/Pdf-Anlagen/PRM-21786-4.-Altenbericht-Teil-I, property=pdf,bereich=bmfsfj,sprache=de,rwb=true.pdf

Bruder, J. (2001). Grundlagen stationärer Dementenbetreuung. Das Hamburger Modellprogramm und seine Auswirkungen. In P. Dürrmann (Hrsg.), *Besondere stationäre Dementenbetreuung* (S. 16–32). Hannover: Vincentz.

Cohen-Mansfield, J. (1996). Behavioral and mood evaluations: Assessment of agitation. *International Psychogeriatrics, 8,* 233–245.

Damkowski, W., Seidelmann, A. & Voß, L. (1994). *Evaluation des Modellprogramms stationärer Dementenbetreuung in Hamburg.* Hamburg: Behördendrucksache.

Eisenberg, S., Hamborg, M., Kellerhoff, M. & Wojnar, J. (2005). *Positionspapier zur Besonderen Stationären Dementenbetreuung der Stadt Hamburg.* Zugriff am 20.04.2010, von www.hamburg.de/contentblob/128356/data/dementenbetreuung-positionspapier.pdf

Folstein, M.F., Folstein S.E. & McHugh, P.R. (1975). Mini-mental State: A practical method for grading the cognitive state of patients for the clinician. *Journal of Psychiatric Research, 12,* 189–198.

Jantzen, B. (2004). *Die Entstehung und Entwicklung der Besonderen Stationären Dementenbetreuung in Hamburg.* Zugriff am 20.04.2010, von www.uke.de/institute/medizin-soziologie/downloads/institut-medizin-soziologie/BestDem_Historie_050323.pdf

Kasseler Konferenz (1998). Thesen der Kasseler Konferenz. *Musiktherapeutische Umschau* 19, 232–235.
Muthesius, D. (1997). Musiktherapeutische Beiträge zu einem veränderten psychosozialen Versorgungsbedarf alter, erkrankter Menschen. *Musiktherapeutische Umschau, 18,* 79–93.
Muthesius, D., Sonntag, J., Warme, B. & Falk, M. (2010). *Musik – Demenz – Begegnung. Musiktherapie für Menschen mit Demenz.* Frankfurt: Mabuse.
Sonntag, J. (2004). Entwicklung und Konzeption der Musiktherapie bei pflegen & wohnen in Hamburg. In Universität von Luxemburg (Hrsg.), *CD-Rom zum 1. internationalen Symposium für Musik in der Kommunikation mit älteren Menschen 2003.* Universität von Luxemburg.
Sonntag, J. (2005). Akustische Lebensräume in Hörweite der Musiktherapie. Das Ambiente stationärer Betreuung von Menschen mit Demenz. *Musiktherapeutische Umschau, 26,* 263–274.
Sonntag, J., Brixel, M., Trikojat-Klein, S. (2008). Momente des Auftauchens. Musiktherapeutische Reflexionen zu Apathie bei Menschen mit Demenz. *Musiktherapeutische Umschau, 29,* 325–336.
Sonntag, J. & Schwarz, A. (2003). *Entwicklung der Musiktherapie in der stationären Betreuung von Menschen mit Demenz beim Hamburger Träger pflegen & wohnen.* (Vortrag). 1. Internationaler Kongress für Musik in Therapie. Medizin und Beratung. Hamburg.
Weyerer, S., Schäufele, M., Hendlmeier, I., Kofahl, C., Sattel, H., Janzen, J. & Schumacher, P. (2004). *Evaluation der Besonderen Stationären Dementenbetreuung in Hamburg.* Zugriff am 21.04.2010, von www.bmfsfj.de/RedaktionBMFSFJ/Abteilung3/ Pdf-Anlagen/besondere-station_C3_A4re-dementenbetreuung,property=pdf,bereich =,rwb=true.pdf
Wojnar, J. (2001). Die Versorgung von an Demenz erkrankten älteren Menschen (Vortrag). In Bundesministerium für Familie, Senioren, Frauen und Jugend (Hrsg.), *Demographischer Wandel und die Zukunft der Altenhilfestrukturen. Dokumentation der Fachtagung* (S. 152–164). Meckenheim: Druck-Center GmbH.

10 GRAMMOPHON – Mobile Musiktherapie e. V.

Franziska Adler, Sabrina Mewes, Dorothee Schaub, Maika Schroeder, Thomas Wosch

10.1 Geschichte des Vereins

Entstanden ist der Verein GRAMMOPHON – Mobile Musiktherapie e. V. aus dem Praxisprojekt „Musiktherapie in Geriatrie und Demenzwohngruppe" im Rahmen des Hauptstudiums der Studiengänge Diplom-Musiktherapie sowie Diplom-Heilpädagogik an der Hochschule Magdeburg-Stendal (FH) im Wintersemester 2001/2002 unter Leitung von Thomas Wosch. Nach einer vorausgehenden Konzeptions- und Planungsarbeit für die Durchführung musiktherapeutischer und heilpädagogischer Angebote, in der sich der konzeptionelle Schwerpunkt auf humanistische Grundlagen sowie die Grundgedanken der Community Music Therapy stützte, begann die konkrete praktische Umsetzung der Idee in einem Magdeburger Altenpflegeheim sowie im vollstationären und tagesklinischen Bereich der Geriatrie der Pfeifferschen Stiftungen Magdeburg. Die Studentinnen führten in Teams einmal wöchentlich ihr Angebot in den entsprechenden Einrichtungen durch, standen dabei ebenfalls wöchentlich unter Supervision und führten zum Abschluss eine Gesamtreflexion und Evaluation ihres Praxisprojektes durch (Wosch, Kühne, Petereit & Sattler, 2002). In dieser Zeit fand auch der zehnte Weltkongress für Musiktherapie im britischen Oxford im Juli 2002 statt, der einen ganz besonderen Impuls für eine professionell eigenständige Perspektive dieser Lehrprojekte geben sollte.

Dieser Kongress war sehr stark von intensiven Diskussionen, begeisterten Beiträge und vielen Präsentationen zur Community Music Therapy geprägt (Wosch, 2002; 2009). Eine Gruppe von Studierenden der Hochschule Magdeburg präsentierte sich ebenfalls zusammen mit Lehrenden. Unter die neuen musiktherapeutischen Paradigmen, Einsatzfelder und Normalisierungen im Rahmen von Community Music Therapy fiel in Oxford auch eine Präsentation zum britischen Projekt „MusicSpace", entstanden an der Universität Bristol zusammen mit Leslie Bunt (Wosch, 2002). Dieses Projekt wurde von drei selbstbewusst auftretenden Musiktherapeutinnen vorgestellt, die in einer ländlichen Gegend ein Musiktherapiebüro aufgebaut und für musiktherapeutische Angebote somit eine neue Institutionalisierung geschaffen hatten. Von ganz besonderem Interesse waren ihre Öffentlichkeitsarbeit und der optimale Nutzen ihrer Einnahmen. Zur Öffentlichkeitsarbeit gehörten enge Kontakte mit Musikern dieser Gegend. Zusammen mit ihnen gestalteten sie freie Konzerte oder Events, in denen zugleich über Musiktherapie und die Klienten mit ihren Störungsbildern informiert wurde. Damit wurde u. a. zu Integrationsprozessen beigetragen. Der optimale Nutzen der Einnahmen zeigte sich darin, dass davon

z. B. die von den Musiktherapeutinnen als notwendig angesehene Supervision, der Einkauf von Instrumenten und anderen notwendigen Anschaffungen sowie anteilig die Kosten für eine Arbeitskraft im administrativen Bereich bestritten wurden. Damit konnte auch die dazugehörige Werbung immer professioneller durchgeführt werden. Viele Vorteile erscheinen hier gegenüber manchen Nachteilen und besonderen Herausforderungen des vielfachen „Einzelkämpferschicksals" von Musiktherapeuten als Angestellte in Institutionen, welche oft sehr viel Aufklärungsarbeit zu ihren Interventionen und notwendigen Materialien bis hin zu speziellen Supervisionen und z. T. fehlender Identifikation als Gruppe einer Profession wahrnehmen (vgl. auch Wosch, 2006). Auch dafür ermöglichte jenes Büro von MusicSpace lohnenswerte Perspektiven. Selbst im finanziellen Sinne erschien dies als eine sehr zukunftsweisende Idee, da die Institutionen und Privatpersonen hier maßgeschneidert hohe Qualität erhalten für einen von ihnen selbst bestimmten und begrenzten Zeitraum. Zurück gekehrt von Oxford nach Magdeburg konnte Wosch mit dieser Idee weitere Studierende anstecken, welche eine große Eigendynamik mit Sogcharakter entwickelten.

Insbesondere waren dies zuerst Sabrina Mewes und später Maika Schroeder. Eine spezielle Struktur der Hochschule Magdeburg bildete zu jener Zeit gute Startbedingungen, womit die Idee noch im geschützten Rahmen der Hochschule zunächst wachsen und erste Gestalt annehmen konnte. Zum anderen spielten die kurzen Wege zwischen Hochschule und Sozialministerium Sachsen-Anhalts eine Schlüsselrolle in der Startfinanzierung. Die erste Besonderheit bestand in studiengangsübergreifenden Lehrveranstaltungen zwischen Musiktherapie und Heilpädagogik sowie einem möglichen Doppelabschluss in beiden Fächern. Dies trug dazu bei, dass mit der Heilpädagogik reine, obligatorische Administrationspraktika durchgeführt wurden, welche in der Musiktherapie nicht stattfinden konnten. In jenen Administrationspraktika (an der Hochschule jeweils über sechs Monate unter Anleitung von Wosch) konnte die Idee bzw. die Vision eines mobilen Angebots für dementiell betroffene Menschen mit musiktherapeutischem und heilpädagogischem Schwerpunkt langfristig vom Projektstatus zu regulären Arbeitsmöglichkeiten hin gestaltet, geprüft, ausgebaut und in die Tat umgesetzt werden. 2003 lag der Tätigkeitsschwerpunkt von Mewes darin, sämtliche Institutionen, Gesellschaften, Wohlfahrtsverbände und kommunale Entscheidungsträger für den Alten- und Demenzbereich Magdeburgs im Rahmen einer Bedarfsanalyse zu kontaktieren. Auf diese Weise ermittelte sie Zahlen, Interessenten und Zielgruppen für ein solches mobiles Angebot. 2005 recherchierte und fokussierte Schroeder auf dieser Grundlage vor allem die rechtliche Form des Angebots und dessen Startfinanzierung. Es wurden eine GmbH, eine GbR, die Einverleibung in Wohlfahrtsverbände und andere Formen darauf hin untersucht, ob sie für Magdeburg, für die Interessenten und Betroffenen, für die Hochschulabsolventen und für die Startfinanzierung infrage kommen. Währenddessen wurden weitere engagierte Mitstreiter mit musiktherapeutischer Profession und Interesse am Aufbau eigener Arbeitsplätze akquiriert. Gemeinsam wurde sich in z. T. wöchentlichen Treffen schließlich für die Gründung eines gemeinnützigen Vereins entschieden und dazu das Konzept sowie die Vereinssatzung konkret ausgearbeitet. In basisdemokratischen Abstimmungsprozessen, der notwendigen und realistischen Einschätzung, klein zu beginnen (zu diesem Zeitpunkt konzentrierte sich die Zielgruppe für das Angebot fast ausschließlich auf Menschen in höherem Lebensalter, insbesondere mit dementieller Erkrankung) und die Klientel betreffende Weiterentwicklungsmöglichkeiten im Auge behaltend, konnte die Gründung des Vereins GRAMMOPHON – Mobile Musiktherapie e.V. am 30. Juni 2005 schließlich erfolgreich umgesetzt werden. Damit wurde zum einen dieses Magdeburger Angebot nicht als Wirtschaftsunternehmen verstanden, was zu einer GmbH- oder ähnlichen Gründung geführt hätte, sondern zu einem mit allgemeinnützigen Aufgaben, welche auch ehrenamtliches Engagement implizieren und deren Zielrichtungen immer wieder auf Mitgliederversammlungen gemeinsam von allen Beteiligten abgestimmt werden. Das Angebot behielt als eigenständiger Verein zudem seine Selbständigkeit bei, indem es sich nicht großen Wohlfahrtsverbänden anschloss und in ihnen „nur" eine kleine Abteilung gebildet hätte. Zum dritten wurde als Verein die für Sachsen-Anhalt als beste Option herausgearbeitete Startfinanzierung über eine Förderung allgemeinnütziger Aufgaben ermöglicht. Auf diesem Weg erhielt GRAMMOPHON – Mobile Musiktherapie e. V. finanzielle Unterstützung von den Landesverbänden der Pflegekassen im Land Sachsen-Anhalt sowie der Sozialagentur Sachsen-Anhalt für den Auf- und Ausbau eines niedrigschwelligen Betreuungsangebotes gemäß §§ 45a–c SGB XI (Pflegeleistungsergänzungsgesetz) i. V. m. der Pflege-Betreuungs-Verordnung (PflBetrVO) des Landes Sachsen-Anhalt vom 13.03.2003. Dies geschah über eine gezielte Vermittlung durch das an GAMMOPHON – Mobile Musiktherapie e. V. sehr interessierte Sozialministerium Sachsen-Anhalts. Gerichtet war das Modellprojekt mit musikalischer und musiktherapeutischer Zielstellung an hilfsbedürftige Menschen, insbesondere mit Demenz in der nichtstationären Versorgung in und um Magdeburg sowie deren Angehörige. Ebenso stand die Schulung von Betreuungs- und Pflegepersonal im Vordergrund. Im Rahmen des Modellprojekts konnten zwei Teilzeit-Personalstellen sowie die Einrichtung eigener Räumlichkeiten des Vereins realisiert werden. Zusätzlich diente der Status der anerkannten niedrigschwelligen Betreuungsleistung bei den Pflegekassen einer (individuell abzuklärenden, budgetierten) möglichen Kostenübernahme des musikalischen und musiktherapeutischen Betreuungsangebots durch die Pflegekassen. Diese Form der Mitfinanzierung musiktherapeutischer Leistungen durch die Krankenkassen außerhalb des klinischen Spektrums bildet bisher für den Verein eine der aktuell begrenzten Möglichkeiten einer anteiligen Kostenübernahme. Auch nach Beendigung der Förderung in 2007 kann unter Abgabe eines Jahresberichtes über durchgeführte Angebote sowie zu den räumlichen und personellen Ausgangsbedingungen bei Erfüllung der Grundvoraussetzungen nach wie vor der Eintrag in den Katalog der Pflegekassen beibehalten sowie von den Inanspruchnehmenden eine Übernahme der Kosten erfragt werden. In der Zeit der Förderung konnte der Verein auch eine rasante Inklusion in das öffentliche Leben der Stadt Magdeburg erleben. Die größte Zeitung der Landeshauptstadt, die Magdeburger Volksstimme, lobt jedes Jahr die oder den „Magdeburger des

Jahres 2006" aus. Die ersten Zehn werden prämiert, in der Zeitung mit ihren Ideen und Anliegen groß porträtiert sowie in einer Zeremonie im Theater der Landeshauptstadt ausgezeichnet. Schroeder erhielt diese Ehrung als Geschäftsführerin von GRAMMOPHON – Mobile Musiktherapie e. V., stellvertretend für alle Mitarbeitenden, bereits im Jahr 2007.

Seit dem Ende der Förderung finanzieren sich die Angebote des Vereins zur musiktherapeutischen Versorgung allein durch die erzielten Einnahmen sowie Mitgliedsbeiträge und Spenden. Bereits in der Zeit davor wurde zur Qualitätssicherung ein ständiger Anteil von eingehenden Einnahmen für administrative Zwecke durch alle Beteiligten beschlossen. 2007 entschieden sich die Mitglieder des Vereins darüber hinaus neben der Durchführung von Weiterbildungs-/Vortragstätigkeiten zu einer Erweiterung des musiktherapeutischen Angebotsspektrums durch die Öffnung für musikpädagogisch orientiere Arbeit mit Kindern in Kindertagesstätten. Seit 2008 bieten Honorarkräfte des Vereins Angebote nach dem Musikgarten-Konzept an.

Dem Inhalt des Vereins entsprechend werden seine ambulanten Angebote nicht als musiktherapeutisch bezeichnet, sondern entsprechend des inhaltlich-konzeptionellen Grundgedankens des Vereins als „Begleitung und Förderung der Teilhabe durch Musik".

10.2 Aufbau, Struktur und Aufgabenverteilung von GRAMMOPHON – Mobile Musiktherapie e. V.

Hinter dem Namen GRAMMOPHON – Mobile Musiktherapie e. V. steht ein beim Amtsgericht Stendal offiziell eingetragener gemeinnütziger Verein, sodass seine Strukturen denen eines gewöhnlichen Vereins entsprechen und satzungsgemäß festgelegt sind.

10.2.1 Mitglieder

Es existieren drei Formen der Mitgliedschaft. Mit einem Berufsabschluss als Diplom-Musiktherapeut (bzw. gleichwertigem Abschluss) besteht die Möglichkeit einer stimmberechtigten Mitgliedschaft im Verein. Sie eröffnet der Person die Unterstützung des in Deutschland einmaligen Vereinsprojekts durch ihre aktive Mitgestaltung und Umsetzung der Zwecke, Ziele und Ideen. Bei Interesse und aktueller Nachfrage können sie darüber hinaus als Honorarkraft für Vertragspartner des Vereins tätig werden. Die aktiven Mitglieder gestalten den Werdegang des Vereins maßgeblich. Sie bringen sich beispielsweise ehrenamtlich in der Vor- und Nachbereitung von Vereinssitzungen, Aktualisierung des Ausleihsystems für Arbeitsmaterialien, Beratung (potentieller) Kunden, Ideensammlung/Projektplanung, Gestaltung der Entscheidungsfindungen, teilweise in der Praktikantenbetreuung sowie Öffentlichkeitsarbeit ein. Personen und Mitglieder, die sich in besonderer Weise um die Interessen des Vereins verdient gemacht haben, können als Ehrenmitglieder vorgeschlagen werden. Nicht stimmberechtigte Fördermitglieder (natürliche und juristische Personen des privaten oder öffentlichen Rechts) unterstützen durch regelmäßige finanzielle Spenden interessehalber die Ideen und Projekte des Vereins, vertreten die Satzungszwecke und haben das Recht, Vorschläge zu Aktivitäten des Vereins einzubringen und Informationen über dessen Tätigkeit zu erhalten.

Als problematisch stellt sich im Laufe des Bestehens des Vereins die satzungsbedingte Einschränkung auf Personen mit musiktherapeutischer Qualifikation als stimmberechtigte Mitglieder heraus. Einerseits hat sich gezeigt, dass diese Eingrenzung in einzelnen Fällen die Weiterentwicklung, Umsetzung von Visionen und die Führungsstärke behindern kann. Zum anderen ermöglicht diese Einschränkung eine deutliche Profilbildung und Abgrenzung zu anderen Organisationen sowie Berufsgruppen.

10.2.2 Vorstand

Momentan besteht der durch die Mitgliederversammlung gewählte Vorstand des Vereins aus einer Vorsitzenden sowie zwei stellvertretenden Vorsitzenden. Satzungsgemäß kann er durch max. drei Mitglieder erweitert werden. Die Amtsdauer umfasst zwei Jahre, bis eine Neu- bzw. Wiederwahl erfolgt. Die Aufgaben des Vorstands umfassen neben der berechtigten Vertretung des Vereins nach außen sowohl die Aufsicht über als auch die Besprechung und Abstimmung mit der Geschäftsführung, Öffentlichkeitsarbeit, Einblick und Durchblick bezüglich der Vereinsbelange und damit Verantwortung für den Verein, die Umsetzung formaler und rechtlicher Verbindlichkeiten, Führung sowie Motivation der stimmberechtigten Mitglieder, das Treffen von Entscheidungen, die Moderation von Sitzungen, die Berichterstattung zu Vereinsbelangen sowie die Einladung zu Mitgliederversammlungen.

10.2.3 Geschäftsführung

Zur Arbeitsentlastung des Vorstands kann dieser durch Zustimmung der Mitgliederversammlung zur Führung der laufenden Geschäfte eine Geschäftsführung als besondere Vertretung beauftragen. Derzeit ist bei GRAMMOPHON – Mobile Musiktherapie e. V. eine hauptamtliche Mitarbeiterin für die Geschäftsführung eingestellt. Satzungs- sowie durch den Vorstand weisungsgebunden, obliegen ihr insbesondere die Führung der laufenden Geschäfte, die Vertretung des Vereins, die Vorbereitung und Durchführung der Beschlüsse des Vorstands und der Mitgliederversammlung, Einstellungen und Entlassungen von Mitarbeitern im Einvernehmen mit dem Vorstand, Erarbeitung des Haushaltsplanentwurfs, interne sowie externe Netzwerkarbeit, Kommunikation, Kundenakquise, Verhandlungen, Verwaltung der Finanzen, Besprechungen mit dem Vorstand, Dokumentation, Öffentlichkeitsarbeit, Praktikantenbetreuung, Vorbereitung von Sitzungen, Umsetzung von Entscheidungen, Anlaufstelle für Belange der Vereinsmitglieder und Honorarkräfte sowie Vermittler ehrenamtlicher Tätigkeiten innerhalb des Vereins. Die Geschäftsführung vereinbart einen regelmäßigen, dem Bedarf entsprechenden Austausch mit Honorarkräften, Vorstand sowie Mitgliedern.

Je nach Höhe der Wochenstundenarbeitszeit wird aktuell entschieden, welche Tätigkeiten von der Geschäftsführung übernommen bzw. welche delegiert werden müssen.

10.2.4 Honorarkräfte

Der gemeinnützige Verein GRAMMOPHON – Mobile Musiktherapie e. V. organisiert seine Angebote durch diplomierte Fachkräfte mit den Professionen Musiktherapie und Heilpädagogik unter wissenschaftlicher Begleitung. Für die Durchführung seiner musiktherapeutischen Tätigkeiten arbeitet der Verein mit Honorarkräften zusammen, um flexibel auf Nachfragen reagieren zu können. Die Vergabe von Honorartätigkeiten ist nach einem festgelegten Verfahren geregelt. Für eine Verringerung der Konkurrenz untereinander und des Preisdrucks nach außen sowie für eine bessere allgemeine Kalkulation des Vereinsbudgets liegen die Honorare weitgehend bei einem gleichen Satz. In den Honorarverträgen des Vereins wird jedoch geregelt, dass die Honorarkräfte für entstehende Nebenkosten sowie Pflichtversicherungen (Berufshaftpflicht- und Unfallversicherung) selbst zuständig sind. Da im Schadensfall der Verein haftet, werden Honorarverträge ausschließlich nach Vorlage der entsprechenden Versicherungspolicen abgeschlossen.

Entsprechend der aktuellen Nachfrage bietet der Verein derzeit seine Leistungen mit Honorarkräften in Form von musiktherapeutischer Arbeit im Bereich der Altenhilfe sowie mit Schwerstkranken und Sterbenden, mit musikalischer Entwicklungsförderung und Früherziehung in Kindertagesstätten, mit „Musikgarten – gemeinsam Musizieren" (2008) sowie mit Lehrtätigkeiten bei (sozialen) Bildungsträgern an.

10.2.5 Qualitätssicherung

Für eine gezielte, vertiefte Beschäftigung mit vereinsinternen Themen findet mit allen stimmberechtigten Mitgliedern einmal jährlich ein ganztägiges Treffen in Form einer Zukunftswerkstatt (2007) bzw. Klausurtages (2008, 2009) statt. Diese Veranstaltungen werden durch Rücklagen des Vereins oder über eine Umlage der Kosten auf alle stimmberechtigten Vereinsmitglieder finanziert. Eine kollegiale Intervisionsgruppe trifft sich, sofern aktuelle Anliegen vorhanden sind, vier bis fünfmal im Jahr zu einem ganztägigen Erfahrungsaustausch. In Planung ist – unter Berücksichtigung der Präferenzen der Mitglieder – der Ausbau eines Weiterbildungsangebotes für die Musiktherapeuten des Vereins,

z. B. in Form von Vorstellungen verschiedener praktizierter musiktherapeutischer Methoden und Konzepte der Honorarkräfte als auch in Form von Wissens- und Kompetenzvermittlung durch externe Referenten.

10.2.6 Vereinstreffen

Nach Gründung des Vereins wurden die regelmäßigen Treffen auf einmal monatlich reduziert und zur Besprechung aktueller Anliegen genutzt (Anfragen Musiktherapie-Interessierter, Öffentlichkeitsarbeit, Praktikanten, Termine etc.). Im Jahr 2007 konzentrierten sich, u. a. angeregt durch Klausurtage und aktuelle Themen einzelner Mitglieder, die Teamsitzungen thematisch verstärkt auf inhaltliche Fragen des Vereins und bildeten den Ausgangspunkt für Satzungsänderungen im Jahr 2008 zur entsprechenden Anpassung an den Ist-Stand der Vereinsstruktur. Im Jahr 2009 erhielt die Teamsitzung einen wichtigen Stellenwert in der Klärung finanzieller Strukturen des Vereins und der damit verbundenen Zukunftsperspektiven. Die verstärkt in den Hintergrund rückende Diskussion inhaltlich-musiktherapeutischer Themen im Rahmen dieser Treffen ließen die Idee der Einrichtung eines Stammtisches aufkommen. Dieser wird seit 2010 öffentlich beworben und findet einmal monatlich in einem Café statt. Eingeladen sind Musiktherapeuten ebenso wie an Musiktherapie Interessierte.

Als höchstes Organ des Vereins erhält die Mitgliederversammlung (durchschnittlich zweimal im Jahr) eine besondere Funktion. Sie hat die Aufsicht über den Vorstand inne, entlastet und wählt Vorstandsmitglieder, stimmt über Satzungsänderungen ab und beschließt die Art der Verwendung der Rücklagen des Vereins. Hier werden Geschäftsberichte sowie Haushaltspläne, strukturelle und inhaltliche Veränderungen wie auch aktuelle Themen vorgestellt und diskutiert.

10.3 Zentrale Aufgaben von GRAMMOPHON – Mobile Musiktherapie e. V. und deren Umsetzungen

GRAMMOPHON – Mobile Musiktherapie e. V. unterstützt Menschen aller Altersgruppen, die körperlich, seelisch und sozial beeinträchtigt bzw. von Behinderung bedroht sind oder Interesse an musikalischer Förderung, Selbsterfahrung oder Weiterbildung haben. Weiterhin richtet er sich zusätzlich an die Angehörigen, Eltern oder Pflege- und Betreuungspersonal jener Betroffenen in häuslichen, ambulanten, teilstationären und stationären Versorgungsstrukturen. Zusätzlich gelten als Ziele des Vereins die externe sowie interne Vernetzung, der fachliche Austausch und die Weiterbildung zu musiktherapeutischen Themen.

Ein zentraler Punkt der Umsetzung dieser Aufgaben und Ziele liegt in der bedarfsgerechten und gemeindenahen Versorgung durch Musiktherapie und Musik. Der Bedarf wird durch GRAMMOPHON – Mobile Musiktherapie e. V. qualitativ abgesichert. Dies wird insbesondere durch das Honorarkräftemodell als auch den ehrenamtlichen Einsatz des Vereins realisiert. Mit den Honorarkräften wird den Privathaushalten und den Institutionen die Möglichkeit einer zeitlichen Begrenzung jederzeit offen gehalten. Außerdem können unter den Honorarkräften einzelne inhaltliche Profile gebildet werden, so dass z. B. einzelne Musiktherapeuten verstärkt im Demenzbereich, andere in der Behindertenarbeit tätig sind, wodurch dementsprechend optimale Ergebnisse erzielt werden können. Diese Verbindung von Qualität, Profilbildungen und Flexibilität ist ein besonderes Merkmal im Versuch einer optimalen Umsetzung der Vereinsziele. Ein wichtiges Nebenprodukt dieser Aufgabenumsetzung ist, dass aktuell damit auch in Magdeburg und Umgebung keinerlei Lohndumping für diesen Bereich der Versorgung zu verzeichnen ist, welcher zu starken Abstrichen in der notwendigen Qualität der Versorgung der Betroffenen führen würde und letztendlich zu hohen Folgekosten bei unzureichender Versorgung.

Im ehrenamtlichen Bereich wird z. B. durch Gespräche, Vorträge, Weiterbildungen, Bereitstellung von Praktikumsplätzen sowie die Präsentation auf öffentlichen Veranstaltungen Einblicke in die Inhalte und Ziele der Vereinsarbeit sowie zu musiktherapeutischen Themen gegeben. Damit wird zudem der Aufbau eines Netzwerks in der Betreuung der Klienten angestrebt. Ein gemeinsames Auftreten von Musiktherapeuten Magdeburgs und der Umgebung kann die Lobby für diese Berufsgruppe stärken und an einer angemessenen Preisgestaltung musiktherapeutischer Angebote in der Region mitwirken. Dies ist nicht im Sinne einer einseitigen Berufsgruppenförderung zu sehen, sondern dient im Endeffekt einer nachgewiesen optimalen Versorgung der o. g. Betroffenen. Zum ehrenamtlichen Bereich gehörte auch das anfangs beschriebene Unterstützungs- und Betreuungsangebot von Angehörigen von Demenzbetroffenen. Dieses war jedoch langfristig nur wenig nachgefragt und wurde deshalb eingestellt. Es ist eine große Herausforderung, in diesem Bereich die optimalen Angebote zu schaffen, um die Angehörigen von Demenzbetroffenen in ihrem Bedarf angemessen zu erreichen.

Im Sinne des im Abschnitt zur Geschichte genannten Potentials eines gemeinsamen Auftretens mit Musikern für eine wirkungsvolle Öffentlichkeitsarbeit, bietet GRAMMOPHON – Mobile Musiktherapie e. V. auch die Untermalung und Ausgestaltung festlicher Anlässe an, um einen unterhaltsamen Rahmen für Begegnung und Miteinander zu schaffen.

10.4 Finanzielle Grundlagen der Institution

Um die Vereinsgeschäfte aufrecht erhalten zu können, bedarf es finanzieller Unterstützung, die auf unterschiedlichen Wegen akquiriert wird. Zum einen leistet jedes stimmberechtigte Mitglied einen jährlichen Mitgliedsbeitrag i. H. v. 60,– Euro, Ermäßigt 30,– Euro. Zusätzlich behält der Verein einen bestimmten Prozentsatz der Einnahmen durch Honorarangebote für die Organisation dieser sowie die Unterhaltung seiner weiteren laufenden Kosten (Geschäftsführung, Dienste eines Steuerbüros für die Buchhaltung, Raummiete für Angebote etc.). Zur Finanzierung tragen ebenso Spenden aus Fördermitgliedschaften und aus den gerade genannten Benefizkonzerten, Patenschaften für Therapien sowie allgemeine nicht zweckgebundene Geldzuwendungen bei.

Nach der Entscheidung des Vereins, die eingangs beschriebenen Förderzuschüsse nicht weiter einzuwerben und sich komplett selbst zu finanzieren, wurden für die finanzielle Absicherung des Vereins der jährliche Haushaltsplan neu aufgearbeitet, damit neue Angebote beworben und gleichzeitig laufende Kosten (Mietkosten, Zahlungen im Krankheitsfall von Angestellten, anteilige Elternfinanzierungen von Angestellten, externe Dienstleistungen) abgedeckt wurden. Durch die Einrichtung eines Home-Office für die anfallenden Büroarbeiten sowie die sporadische Anmietung und Nutzung von Räumen für musiktherapeutische und musikalische Angebote, konnte eine klar kalkulierbare Kostenrechnung ermöglicht werden. Ebenso wurden die Angestelltenverhältnisse erneut geprüft und den jeweiligen Situationen angepasst. Zusätzlich besteht ein Kooperationsvertrag mit der Hochschule Magdeburg-Stendal (FH), durch den z. T. wissenschaftliche Begleitung und weitere Unterstützungen zum gegenseitigen Gewinn ermöglicht wurden.

Eine sowohl positive als auch für den Verein mit neuen Herausforderungen verbundene Errungenschaft war, dass eine große Institution, die die Dienste des Vereins über einige Jahre nutzte, in kleinen aber deutlichen Schritten diese Angebote ausbaute und stabilisierte, um schließlich selbst eine Musiktherapie-Stelle zu schaffen. Damit setzte der Verein höchst erfolgreich seine Satzungsziele um. Für die Institutionen wäre ohne GRAMMOPHON – Mobile Musiktherapie e. V. eine solche Entwicklung nicht geschehen. Die Herausforderung für den Verein bestand darin, auf diese neue, die Existenz des Vereins betreffende Situation flexibel zu reagieren.

Ebenso als nicht unwesentlich für die unmittelbare Zukunft des Vereins stellen sich weitere Veränderungen in äußeren Faktoren dar. Dazu zählt in erster Linie, dass an der Hochschule Magdeburg-Stendal (FH) der grundständige Studiengang Musiktherapie abgewickelt wurde und damit hoch motivierte, qualifizierte Fachkräfte vor Ort nicht mehr nachwuchsen, welche ganz wesentlich die erste Phase von GRAMMOPHON – Mobile Musiktherapie e. V. geprägt und ermöglicht hatten. Somit konnten sogar mehrfach kleinere Honorarkraftanfragen vom Verein nicht realisiert werden, da keine Kapazitäten in diesem Umfang zur Verfügung standen. All dies verlangt aktuell nach weiteren Neuorientierungen und kreativen Lösungen.

10.5 GRAMMOPHON – Mobile Musiktherapie e. V. in Aktion: Beispiel Seniorenhilfe GmbH Haldensleben

Als Beispiel einer gelingenden Durchführung satzungsbezogener Vereinsangebote wird an dieser Stelle die Zusammenarbeit mit der Seniorenhilfe GmbH Haldensleben in Sachsen-Anhalt aufgeführt, welche in der Umgebung von Magdeburg tätig ist. Neben zahlreichen Einrichtungen der Altenhilfe mit ambulanten und (teil-)stationären Betreuungsstrukturen zur Pflege und Betreuung von Senioren verfügt das Unternehmen gleichfalls über Einrichtungen zur Kinderbetreuung.

Das Interesse der Seniorenhilfe GmbH an den Angeboten des Vereins konnte über fachspezifische Vorträge für Sozialverbände und verschiedene Träger der Altenhilfe erreicht werden. Die Kontakte mit dem Sozialministerium in Magdeburg als auch zur Magdeburger Hochschule halfen zu Beginn der Vereinsgründung enorm im Kontaktaufbau mit den potentiellen Interessenten verschiedener Einrichtungen. Die Seniorenhilfe GmbH zeigte von Beginn an ein sehr hohes Interesse an der Integration von Musiktherapie in ihre Betreuungskonzepte und kontaktierte nach einem Fachvortrag mit eingebundener Selbsterfahrungseinheit den Verein. Für zwei stationäre Seniorenpflegeeinrichtungen sowie eine Kindertagesstätte erarbeiteten Honorarkräfte des Vereins musiktherapeutische Konzepte. Insbesondere für die Altenpflegeeinrichtungen wurde ein einmal wöchentlich stattfindendes Ganztagsangebot erarbeitet (vormittags ein bis zwei Gruppenmusiktherapien sowie zwei bis drei Einzelmusiktherapien; nachmittags Aufbau eines Bewohnerchors, Gestaltung eines musikalischen Kaffeenachmittags). Die musiktherapeutischen Angebote sollten in erster Linie für Menschen im hohen Lebensalter, zumeist mit hirnorganisch bedingten dementiellen Erkrankungen zur Verfügung stehen. Das Vorliegen einer Indikation für die Teilnahme an musiktherapeutischen Aktivitäten wurde vom Pflegepersonal der Einrichtung gemeinsam mit der dort tätigen Musiktherapeutin besprochen. Ziel der Arbeit stellt für die an Demenz erkrankten Personen eine optimale Integration in einen lebenswerten Alltag dar. Damit versteht sich das musiktherapeutische Angebot als ein in das Gesamtkonzept der Einrichtung integriertes, zur Verfolgung folgender Ziele:

- Begegnung
- Beziehungsaufbau und Begleitung
- Erhöhung der Lebensqualität
- Erfahrungserweiterung im Alltag
- Erhalt, Förderung und Entfaltung von Erlebnis- und Genussfähigkeit, des Selbstwerterlebens, der Sinnes- und damit Selbstwahrnehmung, individueller Fähigkeiten auf emotionaler, kognitiver sowie körperlicher Ebene
- Erhalt, Auf- und Ausbau sozialer Kompetenzen (Kontakt, Kommunikation, Begegnung)

Inhaltlich-konzeptionell rückt in der Arbeit der Honorarkräfte ein persönlichkeitszentrierter Handlungsansatz in den Mittelpunkt, gekoppelt an ein ressourcenorientiertes, ganzheitlich-humanistisches Grundverständnis, das den Menschen im Hier und Jetzt mit seinen aktuellen Fähigkeiten betrachtet. Aktive (Gruppensingen, Instrumentalimprovisation, tänzerische Musiktherapie) und rezeptive (Musikrezeption, Malen und Musik) Methoden und Verfahren, verbunden mit Gesprächen, kommen individuell bedarfsorientiert zum Einsatz und stehen häufig in Verbindung mit biographischer Arbeit. Die Dokumentation erfolgte in der Dokumentationssoftware der Einrichtung, wodurch alle Mitarbeiter Zugriff auf entsprechende Informationen erhielten.

Das wöchentliche Chorsingen galt insbesondere den eigenständig aktiven Bewohnern. Das Auswählen des Liedguts (Volkslieder, Kanons, z. T. zwei- und dreistimmig), Einsingen, Einstudieren (z. T. mit Chormappen) und das Auftreten des Chors zu Feierlichkeiten stand hierbei unter Aspekten der eigenen und gegenseitigen Wahrnehmung, des Zuhörens und des Gedächtnistrainings ebenso wie unter dem Anliegen der Stärkung individueller Ressourcen und der Anregung von Kommunikation sowie des persönlichen Selbstwerterlebens.

Der musikalische Kaffeenachmittag bezog, dem Konzept der Community Music Therapy entsprechend, zusätzlich interessierte Angehörige und das Pflegepersonal in das musikalische Erleben mit ein. Zusammen wurde in den Wohnbereichen an einer festlich geschmückten Tafel Kaffee getrunken, dabei Musik live von der Honorarkraft oder vom Band gehört sowie im Anschluss gesungen, einfache Instrumente gespielt, geklatscht und geschunkelt. Gemeinsames, auf Stärken und angenehme Erlebnisse orientiertes Zusammensein konnte hier einen Beitrag leisten für ein entspanntes Miteinander sowie eine positive Einstellung der Angehörigen zur Unterbringung der dementiell erkrankten Person in einer Pflegeeinrichtung.

Nach Vertragsabschluss gelang der praktische Einstieg der Honorarkräfte in die Seniorenhilfe GmbH über die Durchführung zweier Mitarbeiterweiterbildungen zur Wirkung von und dem Umgang mit dem Medium Musik. Die von der Einrichtung gewünschte gute Zusammenarbeit mit dem Pflegepersonal konnte auf diesem Weg initiiert und bereits von Beginn an eine möglichst optimale Durchführung sowie Integration eines musiktherapeutischen Angebotes gewährleistet werden.

Nach drei Jahren gelungener Zusammenarbeit auf Honorarbasis entschied sich die Seniorenhilfe GmbH dafür, den Aufbau einer Musiktherapie-Personalstelle in ihrer Einrichtung anzuregen, weshalb der gemeinsame Dienstleistungsvertrag Ende 2009 beendet wurde. Mit diesem Schritt der Seniorenhilfe GmbH gelang dem Verein die Umsetzung eines wichtigen Ziels für die feste Etablierung von Musiktherapie im sozialen Gesundheitssektor in und um Magdeburg. Wie in einem therapeutisch besonders gelungenen Prozess machte sich der Verein selbst hier überflüssig. Ohne ihn und seinen Einsatz wäre es jedoch zu dieser Implementierung und Verbesserung der Versorgung nicht gekommen.

10.6 Links und Kontaktdaten

GRAMMOPHON – Mobile Musiktherapie e. V., Sitz: Magdeburg
Postanschrift: Lindenbreite 2, 39326 Wolmirstedt
Telefon: 0391/25 65 968
E-Mail: info@grammophon-mm.de
Webauftritt: www.grammophon-mm.de

Mitglied im bundesweiten Netzwerk „Musiktherapie mit und für alte Menschen"
Webauftritt: www.almuth.net

Seniorenhilfe GmbH Haldensleben
Hagenstr. 62, 39340 Haldensleben
Telefon: 03904/4872-0
E-Mail: info@seniorenhilfe-ok.de
Webauftritt: www.seniorenhilfe-ok.de

Literatur

Wosch, T. (2002). Four thoughts about community music therapy. *Voices – a world forum for music therapy*, 2(3), Zugriff am 25.04.2010, von www.voices.no/columns

Wosch, T. (2006). Music Therapy Community Centres. *Voices – a world forum for music therapy*, 6(2), Zugriff am 25.04.2010, von www.voices.no/columns

Wosch, T. (2009). Community Music Therapy. In H.-H. Decker-Voigt & E. Weymann (Hrsg.), *Lexikon Musiktherapie* (S. 115–119). Göttingen: Hogrefe.

Wosch, T., Kühne, C., Petereit, M. & Sattler, H. (2002). Herausforderungen und Potentiale im Alter – Musiktherapie in der Geriatrie. *Musik und Gesundsein, 2(1)*, 10–12.

11 Haus-Musik – Ein Modellprojekt zur Betreuung mit Musik für Menschen mit Demenz und ihre pflegenden Angehörigen

Dorothea Muthesius

Im Modellprojekt Haus-Musik arbeiten Musiktherapeuten und interessierte ehrenamtliche Betreuer der Betreuungsbörse der Alzheimer Gesellschaft Berlin e. V. zusammen, um die Potentiale der Musik auch in der häuslichen Pflege nutzbar zu machen.

Träger des Projekts ist die Deutsche Musiktherapeutische Gesellschaft e. V., die Alzheimer Gesellschaft Berlin e. V. ist Kooperationspartner. Das Modellprojekt ist auf einen Zeitraum von drei Jahren mit Beginn im Mai 2007 und auf das Land Berlin begrenzt. Das Projekt erhält Förderung von der Stiftung Deutsches Hilfswerk („Goldene Eins"), der Software AG Stiftung sowie der Stiftung Veolia. Gefördert werden die Durchführung der Musiktherapie, die Schulung Ehrenamtlicher sowie die Evaluation des Projekts.

11.1 Geschichte der Idee

Das Projekt hatte ein Vorläuferprojekt[20], dessen Grundanliegen dasselbe war: Die Sammlung von Erfahrung im ambulanten, hier häuslichen Sektor der Versorgung.

Musik bzw. Musiktherapie hat im Bereich der Versorgung für Menschen mit Demenz eine hohe Akzeptanz. Dies gilt aber vor allem für die stationäre Versorgung bzw. Formen kollektiven Wohnens. Die überwiegende Zahl der Menschen mit Demenz wird aber zu Hause betreut. Für sie ist der Zugang zur Musik oder Musiktherapie sehr schwierig. Es findet keine „Überweisung" statt, weil die ambulante medizinische oder pflegerische Versorgung keine bzw. nur wenig Kenntnis von Musiktherapie hat. Musiktherapie ist auch keine Krankenkassenleistung, so dass ein etwaiges Bemerken des Bedarfs auch keine Überweisung bzw. kein Rezept zur Folge haben kann. Zudem ist zugehende Psychotherapie[21] – von Musiktherapie ganz zu schweigen – in Deutschland nach wie vor quasi unbekannt. Dass es sich bei Menschen mit Demenz in der Regel um alte Menschen handelt, deren Mobilität häufig eingeschränkt ist, macht

---
20 Siehe Deutsche Gesellschaft für Musiktherapie/Muthesius D. (Hg.) 2005
21 Für Psychotherapie gilt in der Regel die Konvention, dass der Patient den Therapeuten aufzusuchen habe (und nicht umgekehrt), nicht zuletzt um seinen Gesundungswillen zu fördern.

dieses Angebot noch zwingender. Dies sind gute Gründe, ein Modellprojekt zu initiieren, das gut strukturierte Experimente wagt.

Die zu Hause lebenden Menschen mit Demenz profitierten auf ähnliche Weise wie im stationären Zusammenhang von der Musiktherapie, von kleinen Abwandlungen wegen der Häuslichkeit abgesehen. Die detaillierten Falldarstellungen im Abschlussbericht[22] des Vorgängerprojekts machen die Potentiale und auch einige Risiken deutlich. Die pflegenden Angehörigen, die bereits mit bedacht waren, tauchten beispielsweise hier nicht auf. Der Grund hierfür war nicht inhaltlich zu suchen, sondern in der Struktur.. Das Vorläuferprojekt rekrutierte die Teilnehmer über zwei professionelle Pflegedienste. Deren Pflegekräfte wiesen auf Menschen mit Demenz hin, die aus pflegerischer Sicht musiktherapeutische Einsätze gebrauchen konnten. Das wichtigste Indiz war plausiblerweise Einsamkeit bzw. Kontaktbedarf, d. h., dass die Pflegenden vor allem Betreute vorschlugen, die kein soziales Netz hatten und damit keine Angehörigen bei sich daheim.

Im Projekt Haus-Musik sollten nun mehr pflegende Angehörige eingebunden werden, denn bisherige Erfahrungen zeigen, dass es dem Gepflegten nur dann gut geht, wenn es auch den Pflegenden gut geht. Welchen Belastungen pflegende Angehörigen ausgesetzt sind, ist inzwischen in vielen Studien aufgezeigt. Eine detaillierte Zusammenfassung der Problematik und der therapeutischen Möglichkeiten bietet der Projektantrag.[23] Die Alzheimer Gesellschaft Berlin ist die zentrale Anlaufstelle für pflegende Angehörige und bietet ihnen Beratung, Vermittlung von ehrenamtlichen Helfern sowie Betreuungsgruppen und regelmäßige Tanzveranstaltungen. Das Haus-Musikprojekt ist ein zusätzliches Angebot, und die Tatsache, dass es von der Alzheimer Gesellschaft angeboten wird, schafft sowohl Vorschuss-Vertrauen als auch Zugang zu potentiellen Nutzern. Ohne diesen Kooperationspartner hätte das Projekt sehr viel aufwändigere Wege der Werbung suchen müssen.

Der zweite Aspekt, der die Kooperation mit der Alzheimer Gesellschaft begründete, war deren „Betreuungsbörse". Diese bietet eine wachsende Gruppe von ehrenamtlichen Helfern, die gut geschult in die Entlastungsbetreuung gehen. Sie verbringen ein oder zwei Nachmittage pro Woche im Haus der Familie und machen es damit möglich, dass die pflegenden Angehörigen sich in dieser Zeit um sich selbst kümmern können. Sie haben gute Einblicke in den Hilfebedarf der Familie und können Hinweise geben, wo Musik gebraucht wird. Außerdem suchen die ehrenamtlichen Helfer immer nach Kontakt- und Handlungsebenen, auf die sie in der Betreuung zurückgreifen können. Musik einzubinden liegt da sehr nahe.

---

22 Siehe Fußnote 20
23 Siehe www.musiktherapie.de/fileadmin/user_upload/medien/pdf/Projektantrag-HausMusik.pdf (Zugriff 29.03.2010)

11.2 Muss es immer Musiktherapie sein?

Die letzte Dimension des Projekts steckt in der Idee, dass Musik für Menschen mit Demenz einen höheren Stellenwert hat, als dass der Bedarf an Musik von den Musiktherapeuten allein abzudecken wäre, weil erstens Musiktherapie teuer ist und noch keine Krankenkassenleistung[24] und zweitens, da es noch nicht genügend Musiktherapeuten gibt. Das Projekt zielt deshalb darauf, dass sich – wo immer möglich – der Musiktherapeut selbst überflüssig macht. Dies ist bei Therapien für andere Erkrankungen per Definition so, nicht aber bei Demenz, wo es keine Heilung gibt. Das Sich-selbst-überflüssig-Machen ist im Falle der Arbeit mit Demenzerkrankten also nur dadurch möglich (wenn überhaupt), dass andere betreuende Personen angeregt werden, Musik zu nutzen. Aus diesem Grunde sind die Musiktherapeuten zusätzlich zu ihrer Arbeit mit den Menschen mit Demenz aufgefordert, das soziale Netz, also pflegende Angehörige, ehrenamtliche Betreuer, Nachbarn und wer sonst noch dazugehört, nachhaltig einzuarbeiten.

Eine Fragestellung für die Evaluation wird also auch sein, in welchem Fall ein qualifizierter Musiktherapeut gebraucht wird und welche musikalischen Tätigkeiten von anderen übernommen werden können. Nicht zuletzt berührt das die Frage, ob Menschen mit Demenz überhaupt „Therapie" benötigen.[25] Der weiter unten folgende Einblick in ein Beispiel verweist sowohl auf therapeutische als auch auf musiktherapeutische Spezifik.

11.3 Die Struktur des Projekts in Zahlen

Zum momentanen Zeitpunkt ist das Projekt in der Praxis abgeschlossen und die Auswertung beginnt. Einige, zunächst eher quantitative Ergebnisse können hier bereits vorgestellt werden[26] und beschreiben zugleich die Struktur des Projekts genauer.

Insgesamt 47 Projektteilnehmer („Fälle"), davon 29 Frauen und 18 Männer, konnten mit dem Angebot versorgt werden, bzw. kamen mit dem Angebot in Kontakt. Diese Zahl bezieht sich auf die von Demenz betroffenen Menschen.

Elf Musiktherapeuten (acht Frauen, drei Männer) sowie eine Projektorganisatorin haben für die Umsetzung des Angebots gesorgt.[27] Sie wurden per

---

24 Die später erwähnte Möglichkeit der Erstattung durch das Pflegeleistungsergänzungsgesetz sowie Hinweise im Artikel GRAMMOPHON in diesem Buch beziehen sich auf „Betreuung mit Musik", nicht auf Musiktherapie. Die Pflegekasse erstattet keine „Therapiekosten".
25 Zur Diskussion des Therapiebegriffs siehe Muthesius et al., 2010, Einleitung
26 Die Zahlen gelten vorbehaltlich kleiner Abweichungen durch „Nachzügler".
27 Alle hatten Erfahrung in der Arbeit mit alten Menschen. Drei Musiktherapeutinnen hatten im Vorgängerprojekt Erfahrungen in der häuslichen Betreuung sammeln können. Zwei Musiktherapeutinnen hatten zwar keine Erfahrung in der häuslichen

Honorarvertrag in das Projekt eingebunden. Sie wurden nach der Nähe ihres Anfahrtswegs, wo möglich nach Wunsch des Geschlechts und nach speziellen musikalischen oder therapeutischen Kompetenzen eingesetzt.

Der Umfang des Angebots war kontingentiert. Dies bedeutet, dass ein Projektteilnehmer bis zu 15 Einsätze eines Musiktherapeuten erhalten konnte. Die ersten drei Einsätze waren ein kostenfreies „Schnupperangebot". Die folgenden Einsätze kosteten den Nutzer EUR 6,50 pro Einsatz (bei Ausschöpfung des Kontingents also EUR 78,00). Dieser Preis entspricht den Kosten für eine Stunde Betreuung durch die Ehrenamtlichen der Betreuungsbörse der Berliner Alzheimer Gesellschaft. Wenn die beteiligten Ehrenamtlichen zusätzlich zu ihren eigentlichen Einsätzen an der musikalischen Betreuung teilnahmen, erhielten sie ebenfalls EUR 6,50. Dies geschah aber aus verschiedenen Gründen nur in einem Fall. Die Musiktherapeuten erhielten den ortsüblichen Honorarsatz von EUR 60,00 pro Einsatz.

11.4 Projektteilnehmer

Bei den zumeist regelmäßigen, wöchentlichen Einsätzen ergeben 15 Einsätze einen Zeitraum von etwa vier Monaten, in dem ein Teilnehmer mit der musikalischen Betreuung in Kontakt kam. In 33 Fällen (70 %) wurde das Kontingent ausgeschöpft. In zwei Fällen wurde es vorzeitig beendet wegen Wegzugs bzw. eines Todesfalls. In acht Fällen wurde die musikalische Betreuung nach ein bis vier Terminen abgebrochen. Diese Fälle des „Scheiterns" sind plausiblerweise eine besondere Betrachtung wert. Drei Dimensionen wurden hier sichtbar:

- das Angebot kam zum falschen Zeitpunkt
- das Angebot war inhaltlich falsch
- das Angebot hatte für den Betreuten eine zu hohe Komplexität.

In vier Fällen blieb es bei einer Anfrage und eine musikalische Betreuung wurde nicht begonnen.

19 Teilnehmer (40 %) können und wollen das Angebot weiterführen, teils privat finanziert, teils mit Hilfe des §45, SGB XI, Pflegeergänzungsgesetz. Die anderen Teilnehmer waren finanziell nicht in der Lage dazu (die Finanzierungsmöglichkeit konkurriert bei ihnen generell mit anderen genutzten Angeboten wie Tagesstätte, Betreuung durch Ehrenamtliche etc.), wechselten in stationäre oder teilstationäre Versorgungsformen (in denen der §45 nicht mehr angewendet werden kann, bzw. musiktherapeutische oder musikalische Angebote vorhanden sind), oder es wurde – in Erfüllung eines der vorrangigen Projekt-

---

Betreuung mit Musiktherapie, hatten aber zeitweise als Pflegekräfte oder Hauswirtschafterinnen in der häuslichen Pflege gearbeitet.

ziele – die betreuende Umgebung genügend zur musikalischen Eigenaktivität motiviert.

Die älteste Teilnehmerin wurde 1910 geboren, der jüngste Teilnehmer 1947. Die Männer waren tendenziell die jüngeren. Die Diagnose wurde seitens des Projekts medizinisch nicht überprüft. Alle Teilnehmer hatten aber Anspruch auf zusätzliche Betreuungsleistungen nach §45, was die Diagnose Demenz voraussetzt. Zur groben Einschätzung der Problematik für die Auswertung wurde in „Demenz" (eher unspezifische Symptomatik, 24 Fälle), „Alzheimer-Demenz" (typische Symptomatik, 15 Fälle), „vaskuläre Demenz" (bei eindeutigen Fällen, drei Fälle), Depression (ein Fall) und Parkinson-Demenz (zwei Fälle) unterschieden. Eine Diagnose blieb ungeklärt und eine Diagnose lautete „Psychose".

Das Kriterium „Menschen mit Demenz in ihrer häuslichen Umgebung" war das einzige unumgehbare Kriterium zur Nutzung des Projektangebots. Es schloss explizit die Wohnform Wohngemeinschaft aus, die zwar auch eine Häuslichkeit bietet und zugleich versorgungsstrukturell wie kassenrechtlich im ambulanten Sektor verortet ist. Sie bietet aber kollektives Wohnen, in dem das Angebot einer musikalischen Betreuung auf anderen Wegen relativ einfach finanzierbar ist.

11.5 Wie kam das Angebot an die Nutzer?

In Kooperation mit der Alzheimer Gesellschaft Berlin e. V wurde für das Projekt in deren Öffentlichkeitsarbeit (Beratung, Tagungen, Kongresse, Homepage, etc.) und durch Schulung von Ehrenamtlichen der o. g. „Betreuungsbörse" geworben. Andere Anbieter von Entlastungsbetreuung durch Ehrenamtliche, wie z. B. die „Haltestellen" der Diakonie, wurden ebenfalls aktiviert. Ein Flyer, der über das Projekt informierte, wurde an etwa 450 Berliner Psychotherapeuten und Hausärzte verschickt, die einen engen Kontakt zu einem auf psychiatrische Klientel spezialisierten Pflegedienst hatten. In einem Berliner Bezirk wurden Eingangsbereiche von Kirchen mit Flyern ausgestattet. Anzeigen in einem Bezirksblatt wurden geschaltet.

36 % der Anfragen wurden über den Kooperationspartner Alzheimer Gesellschaft Berlin initiiert, 21 % der Anfragen liefen über die „Landesliste für besondere qualitätsgesicherte Angebote für Demenzerkrankte"[28] und 19 % der Anfragen ergaben sich aus dem Kontakt zur Diakonie. Besonders erfreulich war die Tatsache, dass darüber hinaus immerhin 6 % der Kontakte über Hausärzte zustande kamen sowie 6 % über Mundpropaganda. Keinen nennenswerten Erfolg gab es bei den Anzeigen im Bezirksblatt.

---

28 Siehe www.berlin.de/imperia/md/content/pflege/angebote/betreuungsangebote.pdf ?start&ts=1256801917&file=betreuungsangebote.pdf (Zugriff 29.03.2010)

11.6 Einbeziehung des sozialen Netzes

Das Angebot der musikalischen Betreuung richtete sich an Menschen mit Demenz gleichermaßen wie an deren betreuende Umgebung. Die Musiktherapeuten waren aufgefordert, wenn nötig im „Extremfall" auch ausschließlich den betreuenden Angehörigen zu versorgen. Zu solch einem Extremfall kam es nicht. Dennoch fand in einigen Fällen die musikalische Betreuung tendenziell eher für den Angehörigen statt.

Tragende Säulen der Versorgung der Projektteilnehmer waren Kinder mit 47 % (davon ein Sohn und ein männlicher Enkel, wobei in vier Fällen von den Töchtern ausdrücklich auf die wichtige Funktion des Schwiegersohns hingewiesen wurde) und Ehepartner mit 40 % (32 % Frauen, 8 % Männer). 13 % der Teilnehmer hatten keine pflegenden Angehörigen. Für sie wurde das Angebot seitens der Ehrenamtlichen (in einem Fall von einer professionellen Pflegekraft) aktiviert. Insgesamt wurden 26 % der Fälle von Ehrenamtlichen initiiert, also teilweise auch dann, wenn es pflegende Angehörige gab.

Andererseits war die Einbeziehung von Ehrenamtlichen in einigen Fällen auch ein Betreuungserfolg der Musiktherapeuten. Aufgrund der intensiven Kontakte zu den pflegenden Angehörigen hatten die Musiktherapeuten häufig eine übergreifende Beratungsfunktion inne. Sichtlich überlastete Angehörige konnten im Betreuungsverlauf vom Einsatz ehrenamtlicher Helfer überzeugt werden.

Die unmittelbare Einbeziehung von Ehepartnern, Kindern, Ehrenamtlichen oder auch Nachbarn oder Freunden konnte ein Ziel der musikalischen Betreuung sein, musste es aber nicht. Im Sinne der Schaffung von Nachhaltigkeit nach dem Ende der Betreuung war das zwar eines der expliziten Projektziele. In der Praxis zeigten sich aber auch viele gute Gründe, die musikalische Betreuung für den Menschen mit Demenz exklusiv zu gestalten und in diesen Fällen Angehörige oder andere Pflegende nicht unmittelbar einzubeziehen. Insgesamt waren im sozialen Netz 12 von 16 Ehrenamtlichen aktiv in die musikalische Betreuungssituation involviert, 6 von 22 Kindern, 9 von 15 Ehefrauen und 2 von 4 Ehemännern. Dass besonders von den Kindern sich wenige haben einbeziehen lassen wollen, hat z. T. inhaltliche Gründe, aber auch räumliche. In der Regel lebten diese Kinder nicht mit den demenzerkrankten Eltern zusammen bzw. gingen einer Berufstätigkeit nach, so dass eine Teilnahme nicht so nahe lag wie bei Ehepartnern.

11.7 Settings

Die Musiktherapeuten hatten es also mit einer Vielzahl von Settings zu tun. Diese werden im Folgenden in drei Gruppen zusammen gefasst:

- Der an Demenz Erkrankte lebt allein und wird von einem Ehrenamtlichen betreut. Der Musiktherapeut arbeitet mit dem an Demenz Erkrankten allein (weil der Ehrenamtliche keine musikalische Anleitung braucht oder sie nicht

nutzen kann) oder der Musiktherapeut arbeitet mit dem Ehrenamtlichen und dem Demenzkranken zusammen.
- Der an Demenz Erkrankte lebt mit pflegenden Angehörigen, wie dem Ehepartner, der Tochter, dem Sohn oder dem Enkel zusammen. Eine ehrenamtliche Betreuung gibt es nicht oder der Ehrenamtliche möchte nicht teilnehmen. Der Musiktherapeut arbeitet mit dem Demenzkranken allein, weil die pflegenden Angehörigen froh sind, dass ihr Betreuter eine eigenständige Beziehung hat und sie nicht allein für das seelische Wohl ihres betroffenen Angehörigen zuständig sind. Oder die pflegenden Angehörigen nehmen teil, weil sie sich über neue Perspektiven auf den musizierenden Menschen mit Demenz freuen, an ihnen teilhaben wollen und selbst musikalisch tätig werden wollen. Bei besonderen Anlässen, vielleicht einem Geburtstag, ist dann auch schon einmal die ganze Familie dabei. In einer Familie hat es die Tochter geschafft, nicht nur selbst immer dabei zu sein, sondern auch das Enkelkind und eine alte Freundin ihres Vaters regelmäßig zu integrieren. Der Musiktherapeut hat dann in der häuslichen Umgebung eine intergenerationelle Musiktherapiegruppe von vier Personen.
- Der an Demenz Erkrankte lebt mit pflegenden Angehörigen und hat einen ehrenamtlichen Betreuer. Der Musiktherapeut arbeitet mit drei Personen.

In zwei Fällen kamen die Angehörigen beim Erstgespräch mit der Idee und Bitte, dass sie nicht zu Hause besucht werden möchten, sondern eine Gelegenheit suchten, das Haus auch mal zu verlassen. Beide Menschen mit Demenz waren relativ jung und mobil bzw. ihre pflegenden Angehörigen in der Lage, ihre Betreuten zu begleiten. Dieser Bitte konnte entsprochen werden. Eine Angehörige nutzte die Stunde, in der ihr Mann in der musiktherapeutischen Praxis war, zu kleinen Ausflügen. Die andere Angehörige nahm engagiert an den musikalischen Aktivitäten teil.

11.8 Wie es war: Frau Weber[29]

Die Fallanalysen sind noch nicht abgeschlossen. Deshalb können an dieser Stelle noch keine detaillierten Falldarstellungen exemplarisch vorgenommen werden. Für die Evaluation wurden die pflegenden Angehörigen und die ehrenamtlichen Betreuer um ein narratives Interview gebeten. Die Schilderung einer – narrativ hochbegabten – Tochter soll einen Eindruck in die Praxis geben. Der Leser sei gebeten, sich auf den Duktus der Spontansprache einzulassen, die auch den Berliner Dialekt beinhaltet und die hier weitestgehend beibehalten wurde. Die Sprache wirkt zunächst, gegenüber der bis hierher benutzten eher abstrahierenden Sprache, ein wenig verwirrend. Hat man sich aber eingelesen, so ermöglicht die Erzählung von Frau Weber tiefe Einblicke und Eindrücke in ihr Erleben. Anschließend werden einige der Potenziale des musiktherapeutischen Einsatzes aus dieser Schilderung abstrahiert.

---
29 Name geändert

Na, der zweite Tag, also die Woche darauf – die Musiktherapeutin kam ja einmal in der Woche –, Fortsetzung folgte; ich war vorher schon da: „Ich weiß nich', mein Gebiss is' weg." Sie hatte wirklich – unten das Gebiss fehlte. „Das muss mir jemand gestohlen haben." Und sag ich: „Naja Mutti, dann suchen wir mal kurz", aber es hat nicht gereicht die Zeit, weil ich, also meine Schwester war zu der Zeit in Ferien, und die kannte die Verstecke schon vorher 'n bisschen. Also ich musste dann immer noch mal mich erinnern, wo hat sie gesagt, wo wat liegen könnte. Und denn zwischenzeitlich klingelte denn die Musiktherapeutin, sag ich: „Naja, weißte was, setzt euch schön gemütlich hin". Glas Wasser, und dies und das. Und sie brachte denn noch ihre kleinen Spieluhren mit. Und ähm: „Ich such' dann zwischenzeitlich." Das hat überhaupt nich' geklappt – und daraufhin sagte denn noch die Musiktherapeutin: „Na gut, das hat keinen Zweck so."

Wir mussten also suchen. Sie (die Musiktherapeutin) wieder in Suchaktion: „Gut, ich nehm' mir dies vor" und „na gut denn Frau Weber, is' es denn recht? Komm ich mit ins Schlafzimmer, guck mal so'n bisschen – das sind aber schöne Ketten" und so. Und denn sang sie dann plötzlich immer, „Gold und Silber lieb ich sehr", oder: „wo bist du Gebiss, melde dich tschip, tschip, tschip" oder irgendwie so, immer irgend 'n Lied und ich hab's denn zum Glück gefunden im Mülleimer. Fein säuberlich in irgend so 'ne blöde Zeitung eingepackt, ganz unten zwischen dem ganzen Mist, man, ich darf gar nicht dran denken, jedenfalls... Ja, es war die einzige Rettung, weil ich dachte, diese Mühe: „Nein, da brauchst du gar nicht zu suchen, da habe ich schon gesucht." Natürlich, wenn se schon gesucht hätte, sag ich: „Du glaubst doch wohl selber nich', dass du in diesem Dreck da rumgewühlt hast." Ja jedenfalls – ein Glück. Also, und damit war denn wenigstens nu wieder die Hälfte der Zeit dann gerettet.

Und dann kamen sie sich also dahingehend näher, dass die Musiktherapeutin ooch wohl Großeltern hatte, die irgendwie da so aus der Gegend kamen, wo meine Mutter herkam. So aus Pommern, Mecklenburg Vorpommern, da in dieser Gegend. Und denn hat sie alte Pommern-Lieder gesungen. Und siehe da, meine Mutter hat mitgesungen. Also nich' so den ganzen Text, aber – Lieder, die ich von ihr, oder wenn überhaupt, noch nie gehört habe, ja. Also des hat mich total erstaunt. Und ihr Gesicht war plötzlich so friedlich, so wie man sich so 'ne ältere Dame eben halt, oder meine Mutter is' ja mittlerweile 87 – wie man sich so 'n Gesicht so in seinen Träumen – eine ältere Frau eben halt – vorstellt. Freundliches Gesicht, strahlende Augen, immer irgendwie nett und irgendwie so was – hatte sie plötzlich. Ja?! Etwas, was ich schon so ewig lange nich' mehr bei ihr gesehen hatte, in der Art, völlig verklärtes Gesicht und freundliches, wirklich ehrlich freundliches Lächeln, und das fand ich höchst erstaunlich, muss ich sagen. Das waren so die zwei Schlüsselerlebnisse, die aus 'ner Stresssituation heraus geboren waren. Also wirklich absolut Stress, wo man denkt, man kommt da gar nicht durch. Und da war eigentlich schon die Überzeugung da, dass so eine Musiktherapie überhaupt also so 'ne Musik-Geschichte jedenfalls – kann man dazu Therapie sagen? Oder wie auch immer ...

Aber dieser Wandel zwischen dieser aggressiven Frau, die einem da gegenüber stand zu Anfang, jedenfalls auch mir gegenüber, weil ich also alles falsch gemacht habe, und ihr nur Böses wollte, und dann dieser Einfluss von dem Singen, von dieser freundlichen Stimme und völlig parteilos, logisch, musste ja ooch sein, und man selber, also ich selber hab es teilweise heute noch nich' so richtig drauf, das einfach so stehen zu lassen, wie es steht. Weil es is' einfach die Mutter, und wenn man dann auch noch kein so'n richtig schönes nettes freundliches Verhältnis zu ihr hatte, dann wird's noch schwieriger, also es is' noch schwieriger.

Meine Mutter ist unter sehr, sehr miserablen – sie war denn 'n Pflegekind, also mehr oder weniger abgegeben. Und sie war da nicht etwa Tochter des Hauses, sie wurde zwar in die Schule geschickt und hatte ihr Bett und ihr Essen gehabt, aber sie wurde eben halt zum Arbeiten ausgenutzt, sie wurde also reichlich ausgebeutet …

Erstaunlich fand ich das mit der Musik besonders, weil wir eigentlich fast nichts von den Kindheitserlebnissen unserer Mutter wissen. Nur einige Episoden, die dann immer erzählt worden sind. Also nie irgendwie so Positives, überhaupt fast gar nicht. Wobei ich dann manchmal auch denke, sie is' sowieso ein negativer Mensch; wenn die im Urlaub war: „Ja, es war ja ganz schön, aber …" Bei ihr war immer dieses Aber. Nee. Und darum sind diese Eigenschaften, die sie dann plötzlich zu Tage förderte, besonders erstaunlich.

Frau Weber hatte die Alzheimer Gesellschaft um Hilfe gebeten. Ein Ehrenamtlicher stand gerade nicht zur Verfügung. Es wurde stattdessen auf das Musikprojekt verwiesen. Obwohl Frau Weber offensichtlich keinerlei Hinweise auf Musik im Leben ihrer Mutter hatte, stimmte sie dieser Hilfeform zu. Ihr besonders großes Erstaunen über den Effekt des Projekts erklärt sich zum Teil aus dieser angenommenen fehlenden Bedeutung von Musik im Leben ihrer Mutter.

Eine weitere, für die Konzeption solcher Projekte wichtige Überlegung ist die, dass Musiktherapeuten wissen, dass sich fast immer Anknüpfungspunkte zur Musik finden lassen, auch wenn der Musikbezug eines Menschen mit Demenz nicht an der Oberfläche sichtbar ist. Potentielle Nutzer von Musiktherapie wissen das aber meistens nicht. Umso interessanter ist es, dass Frau Weber sich für diesen Kontakt entschieden hat. Dies kann auch als großer Leidensdruck interpretiert werden bzw. als großes Vertrauen in den Rat der Alzheimer Gesellschaft. Das Wort „Musik" im Projekttitel (und auch im Begriff Musiktherapie) löst in der Regel bei potentiellen Nutzern Assoziationen aus wie zum Beispiel, dass Mutter schon immer gern gesungen hat, dass sie eine Mandoline hatte oder Klavier spielte, gern tanzte etc., vielleicht hilft deshalb ja Musiktherapie. In diesem Sinne ist das Wort „Musik" ein wichtiger Anker, verhindert aber eben bei Menschen wie Frau Weber tendenziell, auf so ein Angebot zu reagieren. Sie denkt mehr, was sollen wir mit Musiktherapie – meine Mutter hat nie etwas mit Musik zu tun gehabt.

Frau Weber ist sehr ehrlich bezüglich ihrer Fähigkeiten, mit der Demenz der Mutter umzugehen. *„Ich habe es nicht drauf, das einfach mal stehen zu lassen."* Eine der wesentlichen Kommunikationsregeln kann die Musiktherapeutin in exemplarischem Handeln vorführen, und das führt zu Lerneffekten. Die Tatsache, dass die Musiktherapeutin „parteilos" handeln kann, sie selbst aber in lebenslängliche Streitereien mit der Mutter verstrickt ist, ist eine Erkenntnis, die Abstand von Selbstüberforderung ermöglicht.

Das wäre auch ohne den Einsatz von Musik erreichbar. Die Spezifik der Musik liegt hier darin, dass Frau Weber ihre Mutter in einem Zustand erleben kann, der sich fundamental von dem bisherigen unterscheidet – und dies sogar bezüglich des gesamten gemeinsamen Lebenslaufs, also nicht nur seit der Zeit der Demenzentwicklung. Die Mutter ist für Frau Weber plötzlich so, wie sie sich „alte Damen" bzw. „Mütter" erträumt hat.

Frau Weber ist selbst noch so in das vorherige Beziehungsmuster verstrickt, dass sie eher ihr eigenes positives Erleben (im Sinne von: „Endlich macht sie mir mal keinen Stress mehr, endlich mache ich mal nicht mehr alles falsch") darstellt, als die Wirkung dieses Wandels auf die Mutter selbst. Dass die Mutter offensichtlich auch positive Erfahrungen in ihrem Leben gemacht hat, die nun wieder aktiviert wurden, hat laut dem Bericht der Musiktherapeutin natürlich auch die Mutter selbst stark berührt. Immerhin aber kommt bei Frau Weber ein Prozess in Gang, über den Lebenslauf der Mutter anders nachzudenken, als bisher.

11.9 Wie geht es weiter?

Die Implementierung des Projekts in dieser Form in den Rahmen der geförderten Projekte der Berliner Landesliste für besondere qualitätsgesicherte Betreuungsangebote ist nicht gelungen. Die Regeln sind eng gefasst und ließen keine Ausnahme zu. Wenn solch ein Projekt selbst Ehrenamtliche ausbilden und an Einsatzorte vermitteln würde, würde es den Regeln entsprechen. Dies ist aber aus mehreren Gründen nicht sinnvoll. Die Spezialisierung von Ehrenamtlichen auf Musik ist nicht sinnvoll, weil Ehrenamtliche vielseitige Fähigkeiten haben sollten. Der übliche Umfang der Schulung von Ehrenamtlichen reicht bei Weitem nicht aus, diese auf musikalisches, geschweige denn auf musiktherapeutisches Handeln zu fokussieren. Zeitweilig eingesetzte spezielle Kompetenzen von Musiktherapeuten könnten nicht mitfinanziert werden. Die fruchtbare Kooperation von Anbietern allgemeiner Betreuung und Betreuung mit Musik würde entfallen.

Die vorläufige Lösung dazu gibt es aber, sie gilt bislang aber nur für Berlin. Diese Lösung besteht darin, dass Musiktherapeuten als Einzelanbieter in der Landesliste für besondere qualitätsgesicherte Betreuungsangebote stehen. Andere Bundesländer haben bislang keine Einzelanbieter in diese Liste aufgenommen. Musiktherapeuten bieten dort „musikalische Betreuung" oder „Begleitung und Förderung der Teilhabe durch Musik" (siehe dazu den Artikel über GRAMMOPHON) an, weil die Pflegekasse keine Therapie erstattet.[30] Der zur

---

30 Siehe auch Muthesius (2007).

Verfügung stehende Betrag von EUR 100,- bzw. EUR 200,- pro Monat[31] kann eine regelmäßige musikalische Betreuung voll abdecken, wohl aber die Finanzierung erleichtern.

Literatur

Deutsche Gesellschaft für Musiktherapie, Muthesius, D.et al. (Hrsg.) (2005). Balsam für die Seele: Hausmusik. Verbesserung der häuslichen Pflegesituation gerontopsychiatrischer Patienten unter Einsatz von Musiktherapie. Köln: Kuratorium Deutsche Altershilfe. Reihe: *vorgestellt*, Band 73; sowie dazugehöriger Materialienband, Beiträge zur Musiktherapie 504, Deutsche Gesellschaft für Musiktherapie.

Muthesius, D. (2007). Betreuung mit Musik – Freiberufler als Anbieter niedrigschwelliger Leistungen. In P. Sauer & P. Wissmann (Hrsg.), *Niedrigschwellige Hilfen für Familien mit Demenz* (S. 95–110). Frankfurt: Mabuse Verlag.

Muthesius, D., Sonntag, J., Warme, B. & Falk, M. (2009). *Musik – Demenz – Begegnungen. Musiktherapie für Menschen mit Demenz*. Frankfurt a. M.: Mabuse-Verlag.

---

31 Je nach Schweregrad der Verhaltensauffälligkeiten werden entweder bis zu EUR 100,- oder bis zu EUR 200,- erstattet. Die Einstufung erfolgt durch den MdK.

III Praxis

12 Songwriting mit älteren Menschen – ein musiktherapeutisches Projekt im Seniorenheim

Angelika Gerhardt, Katrin Gruschka, Christine Schneider

Das vorliegende Kapitel beinhaltet die Beschreibung eines musiktherapeutischen Angebots, welches mit SeniorInnen eines Pflegeheims durchgeführt wurde. Über den Zeitraum eines Semesters planten und entwickelten wir an der Hochschule für angewandte Wissenschaften Fachhochschule Würzburg-Schweinfurt im Diplom-Studienschwerpunkt Musiktherapeutische Sozialarbeit das im Folgenden beschriebene Songwriting-Projekt. Dabei wurden sowohl die Einrichtung als auch die Zielgruppe von den uns bewusst gewählt, um bereits vorhandene Praxiserfahrungen im Bereich der Arbeit mit älteren Menschen zu erweitern und zu vertiefen. Das Angebot fand schließlich an zwei Tagen für jeweils zwei Stunden statt und endete mit einem dritten Treffen, bei dem das in diesem Songwriting-Projekt neu kreierte Lied der Heimleitung präsentiert und als CD den beteiligten SeniorInnen sowie der Heimleitung überreicht wurde. Im Fokus der gewählten musikalischen Mittel des Projekts stand das gemeinsame Singen und Musizieren der SeniorInnen. Das Projekt verfolgte auf der psychosozialen Ebene das Ziel, die SeniorInnen mehr miteinander ins Gespräch zu bringen und dabei untereinander Erfahrungen sowie Erinnerungen auszutauschen. Dies bedeutete eine gezielte Erweiterung der Kommunikation der SeniorInnen in ihrem Heimumfeld. Im Folgenden werden zuerst die Institution und das Klientel vorgestellt.

12.1 Einrichtung

Das Otto und Anna Herold Alten- und Pflegeheim besteht bereits seit 1974 und bemüht sich um sachkundige Pflege und Betreuung in allen Bereichen. Dazu bietet die Einrichtung Leistungen wie Dauer- und Kurzzeitpflege, Tages- und Nachtpflege, Betreutes Wohnen, Wohnen in Appartements sowie ärztliche Betreuung im Rahmen der kassenärztlichen Versorgung an.

Im Zuge einer grundlegenden Sanierung (2001–2003) wurde außerdem ein beschützender gerontopsychiatrischer Wohnbereich für 24 BewohnerInnen geschaffen. Dieser ist nach dem psychobiographischen Pflegemodell von Erwin Böhm zertifiziert. Insgesamt leben in der Heroldstiftung 144 BewohnerInnen, welche in drei unterschiedlichen Wohnbereichen von einer Sozialpädagogin, mehreren Ergotherapeuten und Pflegepersonal betreut werden. Träger der Einrichtung ist eine selbstständige Stiftung. Das Pflegekonzept der Herold-Stiftung zielt auf individuelle, ganzheitliche und (re-)aktivierende Betreuung nach dem

Leitsatz: „Der Mensch im Mittelpunkt unseres Handelns" (vgl. Info-Flyer Otto und Anna Herold-Stiftung). Oberstes Motto der Einrichtung ist dabei: „Nicht dem Leben Jahre, sondern den Jahren Leben geben.". In vielfältigen kreativen und breit gefächerten Angeboten für die HeimbewohnerInnen versucht die Herold-Stiftung diesem Anspruch gerecht zu werden, die vorhandenen Fähigkeiten und Ressourcen der Bewohner zu stärken und zu erhalten. Im Otto und Anna Herold-Alten- und Pflegeheim wird der Mensch „als Einheit" betrachtet und ganzheitlich betreut. Allgemein bemüht sich die Stiftung darum, ihren HeimbewohnerInnen ein „neues Zuhause" zu geben bzw. Heimat zu werden.

12.2 Klientel

Im Herold-Heim leben Menschen ab ca. 60 Jahren mit einer Pflegeeinstufung und teilweise multimorbiden Beeinträchtigungen. Da bereits einige musikalische Angebote im gerontopsychiatrischen Bereich vorhanden waren, wählten die Autorinnen für das Projekt Personen aus den anderen Wohnbereichen. Um bestmöglich für und mit den SeniorInnen arbeiten zu können, lag die angedachte Gruppengröße bei zehn bis fünfzehn Personen. Dies entspricht der optimalen Gruppengröße aus der Sozialpsychologie bezogen auf Menschen mit leichten bis mittleren Beeinträchtigungen. Mitarbeiter des Seniorenheims stellten aus diesen Bewohnern eine Gruppe von insgesamt elf Personen zusammen. Dies waren neun Frauen und zwei Männer. Da die Gruppenmitglieder aus drei verschiedenen Wohnbereichen kamen, kannten sie sich nur vereinzelt. Weiterhin sollte die Gruppe geschlossen sein, d. h. sie sollte räumlich und personell gleich bleiben. Dies resultierte auch aus dem zur Verfügung stehenden kleinen Zeitrahmen. Hätten die Gruppenmitglieder in dieser kurzen Zeit nochmals gewechselt, wären die zielgerichteten Intentionen nicht effektiv gewesen. Die körperliche Mobilität der Gruppenmitglieder war sehr unterschiedlich. Einige konnten sich problemlos alleine fortbewegen, andere waren auf Rollatoren bzw. Rollstühle oder auf die Hilfe von MitarbeiterInnen angewiesen. Kognitiv waren die TeilnehmerInnen weitestgehend nicht von Beeinträchtigungen betroffen. Sie konnten sich alle verbal äußern, an Gesprächen beteiligen und das Geschehen aktiv mit verfolgen.

Bei der Arbeit mit älteren Menschen ist allgemein viel Empathie und Sensibilität der Betreuenden erforderlich, so wie es auch in der Otto und Anna Herold-Stiftung gelebt wird. Positive Wertschätzung sollte den BewohnerInnen seitens der betreuenden Personen entgegen gebracht sowie deren individuelle biographische Hintergründe beachtet werden. Die individuellen Lebensgeschichten der ProjektteilnehmerInnen waren den Projektleiterinnen hier zwar nicht bekannt, es war jedoch gut vorstellbar, in welchen Lebens- bzw. Gesellschaftsverhältnissen diese Menschen aufgewachsen sind und gelebt haben. Vor diesem Hintergrund wurde versucht, auf die (musikalischen) Bedürfnisse der TeilnehmerInnen einzugehen. Die Pflegekräfte der Einrichtung berichteten aus ihren Erfahrungen im „Pflegealltag" und gaben die Rückmeldung, dass vorhandene Fähigkeiten und Ressourcen der BewohnerInnen von deren physischen und kognitiven Beeinträchtigungen in ihrer Entfaltung gehemmt werden. Die Distanz und Unvoreingenommenheit gegenüber den BewohnerInnen ermöglichte es den Autorinnen jedoch, solche Ressourcen im Rahmen des Projekts zu entdecken und darauf einzugehen. Dabei spielten auch Überlegungen, wie beispielsweise immobile BewohnerInnen oder Personen mit eingeschränkter Seh- und Hörfähigkeit an dem Angebot zu beteiligen, eine wichtige Rolle. In diesem Zusammenhang wurden schließlich altersadäquate und für alle BewohnerInnen leicht verständliche Inhalte und Materialien ausgewählt, um das Angebot bestmöglich durchführen zu können.

12.3 Methoden und Ziele

12.3.1 Songwriting in der Gruppe

Lieder haben sich in den letzten Jahrtausenden bis heute stetig weiterentwickelt und im Laufe der Zeit immer zahlreichere Funktionen erlangt. Angefangen vom Singen bis weiter zur instrumentalen Musik begannen sich folgende Basisfunktionen eines Liedes herauszukristallisieren: „telling stories, reflecting emotions and enhancing worship" (Wigram & Baker, 2005, S. 12).

Singen dient also dazu, eigene Geschichten und Emotionen durch Musik und Text auszudrücken. Lieder können dazu beitragen, Entwicklung zu unterstützen, soziale Interaktion zu fördern oder das Gruppengefühl zu stärken. Bruscia schreibt von „musical-diaries" sowie „our life-stories" (Bruscia, 1998, S.9) und bringt damit die Funktion des Liedes sehr präzise als Tagebuch und persönliche Lebensgeschichte auf den Punkt. Lieder begleiten den Menschen in verschiedenen Lebenslagen und bezeugen oftmals wichtige und zum Teil einschneidende Lebensereignisse. Gerade die derzeit älteste Generation der Menschen, die sehr vom Krieg geprägt ist, verbindet viel mit Musik. So berichteten einige BewohnerInnen während des Projekts, dass Musik in allen Höhen und Tiefen ihres Lebens eine bedeutende Rolle hatte.

Es gibt mehrere Möglichkeiten des Songwritings, was hier als Methode angewandt wurde. Die meisten Lieder bestehen aus einer Melodie und aus einem Text. Somit ergeben sich folgende drei Möglichkeiten, um in der Musiktherapie mit dem Songwriting zu arbeiten:

1. Eine Melodie und einen Text selbst komponieren.
2. Einen neuen Text zu einer bekannten Melodie schreiben.
3. Eine eigene Melodie zu einem bereits vorhandenen Text schreiben.

Songwriting ist eine Methodik, die bisher häufig in der Arbeit mit Jugendlichen oder auch bei Erwachsenen mit psychischen Erkrankungen eingesetzt wird. Jugendliche können beispielsweise lernen, sich mit Hilfe von Musik auszudrücken statt Gewalt anzuwenden. Songwriting bietet somit vor allem diesen beiden Klientel Hilfestellung zum Ausdrücken von Gedanken und Gefühlen, was ihnen ohne Musik nur in Worten oftmals schwerer gelingt. Der Musiktherapeut kann beim Songwriting Hilfestellungen geben, jedoch nicht die Kreativität und das Werk des Klienten an sich beeinflussen. Das heißt, hier wird der Prozess der Schaffung von neuer Musik oder eines neuen Textes therapeutisch eingesetzt, da hier nicht Musik für den Klienten vom Therapeuten, sondern mit dem bzw. durch den Klienten selbst geschrieben wird. Ein selbst komponiertes Lied kann ebenso die Entwicklung eines Klienten ausdrücken (Baker & Wigram, 2005, S. 14).

Mit dem Schreiben eines Lieds entsteht ein Produkt, das erneut aufgeführt, angehört oder auch anderen Menschen gezeigt werden kann. Weiterhin ist es aber auch ein Symbol für den Klienten, dass er etwas geschaffen hat. Songwriting zeugt von Kreativität und Selbstausdruck und kann dazu beitragen, das Selbstwertgefühl eines Menschen zu steigern (ebd.).

Neben dem Songwriting wird nun ein weiterer Ansatz aufgeführt, der im nachfolgend beschriebenen Projekt zum Tragen kommt. Aktive Gruppenmusiktherapie (AGMT) nach Schwabe findet, wie der Name schon sagt, in der Gruppe statt. Diese ist im „Hier und Jetzt" aktiv, beschäftigt sich also nicht mit der Vergangenheit und ist nicht analytisch-interpretierend ausgerichtet. Vom Therapeuten werden Spiel- und Handlungsvorschläge gegeben, jedoch gibt es generell wenig Struktur bzw. keine eng vorgegebenen Modelle zur musikalischen Tätigkeit der KlientInnen. Bei diesem Ansatz liegt ein möglicher Fokus auf der Wahrnehmung des Klienten, welche in der AGMT gefördert werden kann. Außerdem ist das Kausalitätsprinzip wichtiger Bestandteil der AGMT, welches dazu führt, dass die Methodik immer wieder an die jeweilige Situation angepasst wird. Situationsabhängig werden unterschiedliche Elemente aus verschiedenen Ansätzen ausgewählt. Darin begründet sich der eklektische Ansatz der AGMT (vgl. Schwabe, 1997).

12.3.2 Therapieziele

Die genannten Ansätze Songwriting in Kombination mit der Aktiven Gruppenmusiktherapie wurden im Projekt praktisch umgesetzt. Es wurde die o. g. zweite Variante des Songwriting gewählt, einen neuen Text zu einer bereits existierenden Melodie zu schreiben. Dies galt als umsetzbar, sowohl im gegebenen Zeitrahmen als auch für die konkrete Gruppe der BewohnerInnen nach Abwägung der anderen beiden Varianten des Songwriting. Wie bereits angedeutet, bestand das oberste Ziel des Projekts darin, vorhandene Ressourcen der SeniorInnen zu stärken und zu erhalten. Die Ziele hinsichtlich jener Ressourcen vor dem Hintergrund der Aktiven Gruppenmusiktherapie (AGMT) waren die Aktivierung und Auslösung sozial-kommunikativer Prozesse sowie der Aufbau objektbezogener Handlungs- und Erlebnisqualitäten mit Produktorientierung. Das Erlebnis, gemeinsam etwas zu schaffen, sollte sich außerdem positiv auf das Selbstwertgefühl der SeniorInnen auswirken. Darüber hinaus wurde eine Aktivierung der Gruppenmitglieder angestrebt. Die Umsetzung und Erreichung dieser Ziele erfolgte durch folgende konkrete Schritte:

Phase 1: Gruppensingen zu Beginn der Einheit, um in der Gruppe durch gemeinsame Aktivität miteinander vertraut zu werden und sich zu Beginn auf Lieder einzustimmen; Gestaltung eines Liedtextes zu einer bekannten (Volkslied-)Melodie, dabei Erarbeitung von Projektbausteinen in der kompletten Gruppe sowie in Kleingruppen.

Phase 2: Gruppensingen zu Beginn der Einheit, um wieder am gemeinsamen Handeln der ersten Phase anzusetzen und um ein Erinnern an die erste Phase zu bewirken; Einüben des neu geschaffenen Lieds; Audio-Aufnahme des Lieds.

Phase 3: Vortragen/Weitergeben des Liedes an andere HeimbewohnerInnen im Rahmen eines musikalischen/therapeutischen Angebots.

12.3.3 Materialien

Um diese Schritte durchführen und die aufgestellten Ziele erreichen zu können, wurden mit Ausnahme eines Audio-Aufnahmegerätes, keine außergewöhnlichen Materialien benötigt. Liederbücher in Großdruck (wegen diverser Sehbeeinträchtigungen), Orff-Instrumenten-Tasche, Flipchart, CD-Player, Papier, Stifte und ein Aufnahmegerät waren bei diesem Projekt im Einsatz. Je nachdem, ob und wie die Vorführung des neu geschriebenen Songs ablaufen soll, kann auch auf ein Aufnahmegerät verzichtet und stattdessen eine Live-Aufführung veranstaltet werden.

12.4 Verlauf des Projekts

Das Projekt bestand aus drei verschiedenen Phasen. Vor Beginn des eigentlichen Projekts gab es einen Kennenlern-Termin mit dem Heimleiter und der leitenden Ergotherapeutin. Durch diesen ersten Besuch sollten mögliche Überschneidungen und Parallelen des Projekts mit bereits bestehenden musikalischen Angeboten im Heim verhindert werden. Zudem sollte eine Abstimmung mit der Heimleitung über das musiktherapeutische Angebot getätigt werden, um für Wünsche und Vorstellungen der Heimleitung offen zu sein. Dieser erste Besuch war somit noch nicht von konkreten Plänen zum Inhalt oder zur Gestaltung des Projekts geprägt. Vorgeplant waren bis dahin lediglich allgemeine Aspekte wie Aktivierung und Bewegung der Projektteilnehmer oder Gruppensingen zu bestimmten Themengebieten.

Im Seniorenheim gab es bereits sehr vielfältige multisensorische Angebote für die SeniorInnen, wie z. B. Kochen mithilfe einer mobilen Küche, bei dem sowohl Geruchs- als auch Geschmackserlebnisse im Vordergrund stehen, und einen Klanggarten mit unterschiedlichen auditiven Reizen sowie „snoezelen".

Allerdings stellte sich daraufhin die Frage, wie mit unserem Projekt ein neuer, für die Bewohner bisher noch nicht berührter (musiktherapeutischer) Aspekt eingebracht werden könnte. Nach gemeinsamen Überlegungen und Diskussionen einigte sich das Team auf das Projekt „Songwriting" im Seniorenheim, obgleich nicht sicher war, ob und wie Songwriting im Seniorenheim überhaupt möglich wäre bzw. von den Bewohnern angenommen würde. Deshalb war es für das Team wichtig (und eine Sicherheit), neben dem Songwriting noch eine Alternative (Plan B, C, D) für die erste Sitzung zur Verfügung zu haben, auf welche bei Schwierigkeiten oder Ablehnung von Plan A (Songwriting) durch die BewohnerInnen zurückgegriffen werden konnte.

12.4.1 Phasendarstellung des Projekts

Im folgenden Abschnitt wird die Kommunikationsaktivität der SeniorInnen während des Songwritings in den Kleingruppen sowie den darauffolgenden „Schlussphasen" der ersten zwei Projektphasen näher dargestellt und erläutert. Dabei werden Schritte der konkreten musiktherapeutischen Vorgehensweise des Songwriting-Projekts aufgeführt. Die Beobachtung und Dokumentation der Kommunikationsaktivität geschah insbesondere zur Kontrolle der o. g. Ziele der Aktivierung und Auslösung sozial-kommunikativer Prozesse und damit einer gezielten Erweiterung der Kommunikation der SeniorInnen. Die Kommunikationsaktivität wurde bezüglich der Quantität verbal-kommunikativer Handlungen dokumentiert. Die Beiträge der SeniorInnen wurden dann mit Hilfe von Soziogrammen sowie einer tabellarischen Darstellung zu jeweils drei verschiedenen Zeitpunkten der o. g. ersten und zweiten Phase festgehalten und analysiert. Diese drei unterschiedliche Zeitpunkte sind die Zeit in der Großgruppe vor der Kleingruppentätigkeit (Prä-Phase), die Kleingruppentätigkeit (Peri-Phase) und die Zeit in der Großgruppe nach der Kleingruppentätigkeit (Post-Phase). Diese Unterteilung wurde in beiden Projektphasen vorgenommen.

12.4.2 Erste Phase

Zu Beginn des ersten Treffens in der Gesamtgruppe wurde gemeinsam das Thema für den neuen Text sowie das Lied als Melodie für das Songwriting-Projekt gemeinsam ausgesucht. Im Rahmen eines Einführungsgesprächs zum Projekt entschieden sich die elf SeniorInnen mehrheitlich für das Thema „Liebe" und wählten dafür ebenfalls mehrheitlich das Volkslied „Kommt ein Vogel geflogen" als Melodie aus. Anschließend wurde die Gruppe in zwei Kleingruppen mit fünf und sechs Gruppenmitgliedern aufgeteilt. Dies geschah aus drei Gründen: Der erste Grund war, dass damit aus der Gesamtgruppe zwei Kleingruppen entstanden, in denen eine intensivere Kommunikation möglich wurde. Der zweite Grund bestand darin, dass es den SeniorInnen angesichts ihrer Beeinträchtigungen z. T. in der Kleingruppe besser möglich war, das gesamte

Gruppengeschehen wahrnehmen zu können. Der letzte Grund beinhaltete, dass mit den Kleingruppen die Möglichkeit und Häufigkeit einer aktiven Beteiligung aller am kreativen Prozess des Songwritings gesteigert wurde. Die Kleingruppen wurden von einer bzw. zwei der Autorinnen angeleitet und es wurden nun konkrete Textstrophen entworfen. Bezogen auf die sozial-kommunikativen und dialogischen Aktivitäten der Bewohner konnte im Vergleich zwischen den Aktivitäten vor und in der Kleingruppentätigkeit eine deutliche Steigerung festgestellt werden. Vor allem die Beteiligung der Personen am Gruppengeschehen, aber auch Dialoge unter den Senioren wurden in der Kleingruppe gegenüber der Gesamtgruppe verstärkt beobachtet. Dies zeigen und belegen auch die **Abbildungen 4** und 5.

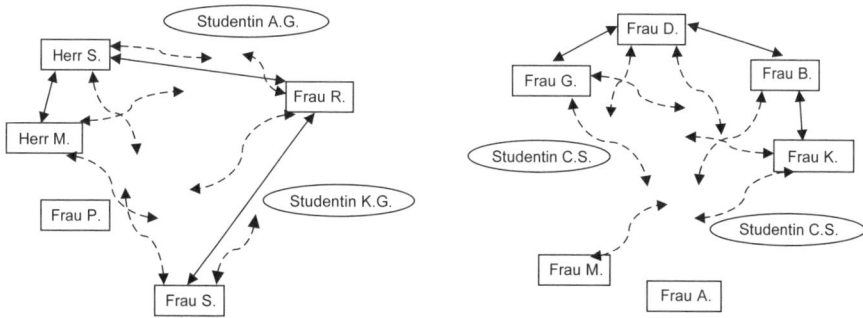

Abb. 4: Peri-KG der beiden Kleingruppen

Bis auf zwei Personen brachten sich in der Kleingruppenphase alle TeilnehmerInnen aktiv verbal-kommunikativ ein. Durch die Aufgabenstellung, neue Strophen zu texten, wurde diese Aktivität allerdings auch mehr gefördert als in der Eingangsrunde. Die Effizienz der beiden Kleingruppen war wider Erwarten sehr unterschiedlich. Während in der einen Kleingruppe (KG 1 links) eine Strophe getextet wurde, kreierte die zweite Kleingruppe (KG 2 rechts) in derselben Zeitspanne drei neue Strophen. Für diese Differenz könnten die Zusammenstellung der Kleingruppen, die jeweiligen vorhandenen und eingebrachten kognitiven und kreativen Fähigkeiten der Gruppenmitglieder, die räumlichen Bedingungen (es waren keine abgetrennten Räume, damit gab es einen möglichen Störungsfaktor der jeweils anderen Gruppe) oder auch weitere physische und psychische Einschränkungen, wie z. B. eingeschränkte Hör- und Sehfähigkeiten und dementielle Erkrankungen einzelner Personen, ausschlaggebend gewesen sein. Zudem kannten wir die SeniorInnen vor dem Projekt nicht, sodass eine adäquate Einteilung der Kleingruppen bezüglich personeller Fähigkeiten und Ressourcen nur erschwert umzusetzen war. Dennoch war das Ergebnis von insgesamt vier neuen Strophen in ca. einer Stunde sehr zufriedenstellend für alle Beteiligten. Beim Texten der Strophen mussten die SeniorInnen oft auf die Reimform hingewiesen werden, die entsprechend der Nähe zum Originaltext gewählt worden war. Mögliche Reimwörter und Ideen wurden von uns gut lesbar auf Blättern notiert und gesammelt. Hilfreich war es auch, die jeweils gerade neu entstandenen Strophen bzw. Teile stets zu wiederholen. Dies geschah, in dem diese Strophen oder Teile gemeinsam in der Kleingruppe sowohl gesprochen als auch gesungen wurden. So konnten Unstimmigkeiten oder fehlende Passförmigkeiten beispielsweise bezüglich der Sprachmelodie, des Sprachrhythmus oder des Sinngehalts schnell und einfach entdeckt sowie verbessert werden. Ebenso wurde von beiden Kleingruppen immer wieder das Originallied mit Originaltext gesungen und gesprochen, um Melodie und Versform zu verinnerlichen.

In der abschließenden Gesamtgruppe der ersten Phase ging die Kommunikationsaktivität wieder deutlich zurück. Dies ist in **Abbildung 5** zu sehen.

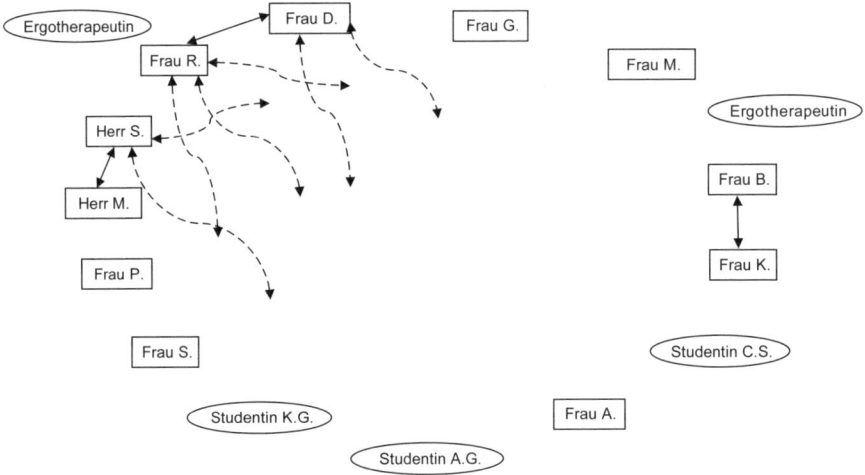

Abb. 5: Post-KG der beiden Kleingruppen

Interessant war hier die Beteiligung des Herrn S., der zuvor eher ruhig gewesen war. Gegen Ende des ersten Treffens regte er spontan das Lied „Muss i denn zum Städtele hinaus" an, welches sogleich von der Gesamtgruppe als Abschlusslied gesungen wurde. Damit initiierte ein Gruppenmitglied von sich aus eine Aktivität in der Schlussrunde.

12.4.3 Zweite Phase

Zwei Wochen später fand das zweite Treffen statt, bei dem das neu getextete Lied nochmals geübt und dann für eine CD-Erstellung aufgenommen wurde. Die Ergotherapeutin, welche das Projekt seitens des Seniorenheimes begleitete und auch bei dem Treffen anwesend war, berichtete vor dem Beginn, dass die am Projekt teilnehmenden SeniorInnen in den vergangenen zwei Wochen auf den Wohnbereichen deutlich kommunikativ aktiver als vor dem Projekt waren, anderen Personen von dem Projekt erzählt und die neuen Strophen zum Teil sogar wiederholt oder auswendig gelernt hatten. Diese Nachhaltigkeit in der

Erweiterung der Kommunikation und das tiefe Berührtsein durch das Projekt belegte auch die komplette Anwesenheit aller SeniorInnen der ersten Phase in der zweiten Phase. Nur eine Frau konnte am zweiten Treffen aus gesundheitlichen Gründen nicht teilnehmen. Damit entstand sogar eine geschlossene Gruppe, von der zu Beginn des Projekts nicht unbedingt auszugehen war. Geschlossene Gruppe bedeutet hier, dass alle Gruppenmitglieder bei allen Terminen anwesend waren. Damit wird eine wesentlich höhere Intensität und Effektivität der Gruppenarbeit gegenüber offenen Gruppen erreicht, in denen die TeilnehmerInnen ständig wechseln.

Die Kommunikationsaktivität zu Beginn der zweiten Phase war ähnlich der Post-Kleingruppenphase des ersten Treffens. Durch das gemeinsame (Volks-)Liedersingen zu Beginn der zweiten Phase kamen bei den SeniorInnen Erinnerungen auf, worüber erzählt und sich in der Gesamtgruppe ausgetauscht wurde. Zum Wiederholen des neu getexteten Lieds und dem Einüben mit begleitendem Orff-Instrumentarium wurden wieder die beiden Kleingruppen gebildet. Diese erleichterten den SeniorInnen abermals das Einbringen eigener Ideen sowie die Kommunikation untereinander. Außerdem sang jede Gruppe nur ihre selbst gedichtete Strophe, da das Auswendiglernen der Strophen der jeweils anderen Kleingruppen in so kurzer Zeit nicht möglich war und das Ablesen der Strophen von Zetteln aufgrund körperlicher Einschränkungen insbesondere im Bereich des Sehens für die meisten BewohnerInnen nicht möglich war.

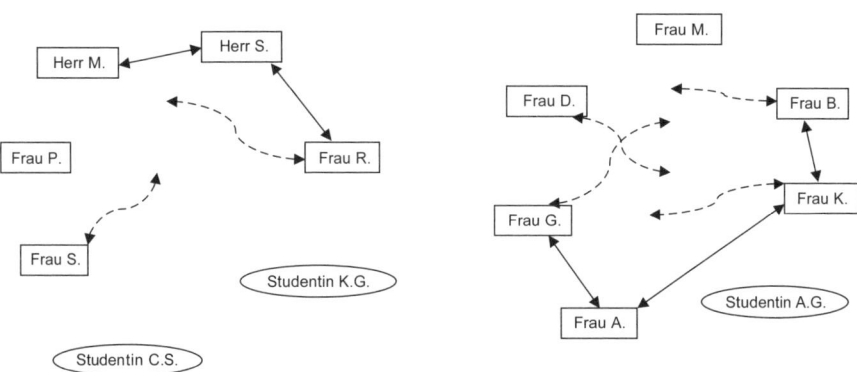

Abb. 6: Peri-KG der beiden Kleingruppen 2 Wochen später

Nachdem die neuen Liedstrophen erneut gemeinsam gesprochen und gesungen worden waren, einigten sich die beiden Kleingruppen jeweils auf die gewünschten Zeitpunkte und die Art des Einsatzes der Orff-Instrumente für die Aufnahme. Interessant war, dass fast alle SeniorInnen ein Rhythmusinstrument zur Begleitung des Gesangs spielen wollten. So konnten auch Personen aktiviert und beteiligt werden, die bisher wenig an den Kommunikationsprozessen teilgenommen hatten. Nachdem jeder/jede ein geeignetes Instrument gewählt hatte, wurde das Lied nochmals geübt. Zu bemerken war trotz gleichbleibender Gruppenkonstellation nun aber die vergleichsweise höhere Aktivität von Klein-

III Praxis

gruppe 1 links, welche beim ersten Treffen „nur" eine Strophe getextet hatte und oben als weniger effizient bezeichnet wurde. Hier gab es also weitere deutliche Aktivierungs- und Kommunikationssteigerungen. In Kleingruppe 2 rechts hingegen waren dieses Mal bei den Aufgabenstellungen mehr Input unsererseits notwendig.

Im Anschluss an diese Kleingruppenarbeit wurden die verschiedenen Möglichkeiten der Begleitung mit dem Orff-Instrumentarium in der Gesamtgruppe zusammengetragen und sich geeinigt, wie bei der Aufnahme vorgegangen werden sollte. Diese Einigung betraf die Reihenfolge der Strophen, die Art und Weise der Begleitung sowie den Ablauf der Aufnahme. Die Aufnahme verlief danach problemlos und wurde sehr schnell realisiert. Den SeniorInnen war anzumerken, dass es für sie eine besondere und spannende Situation war, das selbst getextete Lied aufzunehmen und es später anhören zu können. Die Kommunikationsaktivität ging in der Post-Kleingruppenphase im Gegensatz zur Schlussphase des ersten Treffens dieses Mal nicht so stark zurück. Dies zeigt **Abbildung 7.**

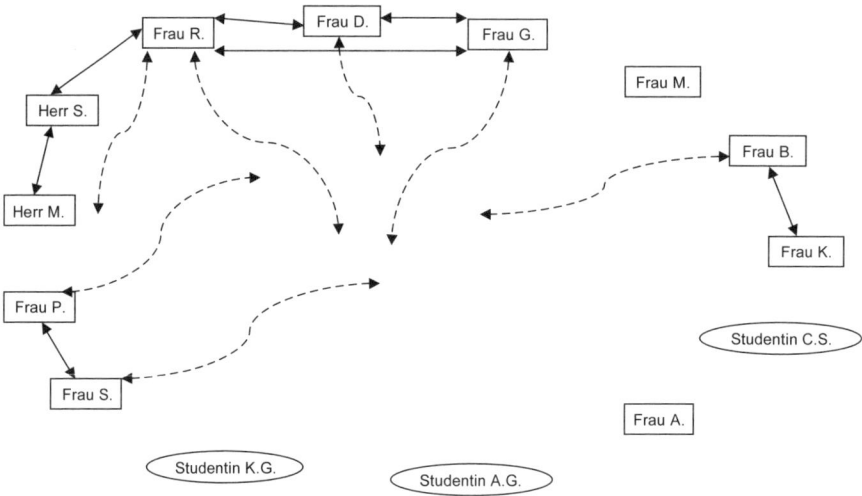

Abb. 7: Post-KG der beiden Kleingruppen 2 Wochen später

Wie **Abbildung 7** verdeutlicht, wurden viele Dialoge geführt und auch in der Gruppe insgesamt fand eine rege Kommunikation statt. Beim abschließenden Liedersingen war seitens einer älteren Dame, die bei den zwei Treffen nur wenig geredet hatte, ein erhöhtes Mitteilungsbedürfnis zu bemerken. Uns gegenüber äußerte sie dabei, dass sie gerne wieder einmal Gitarre spielen wolle. Dies wurde sofort aufgegriffen und umgesetzt und die Seniorin begleitete spontan mit fast fehlerlosem Spiel zwei Weihnachtslieder auf der Gitarre. Über die Komplimente von den anderen SeniorInnen und natürlich uns freute sich diese Frau sichtlich und sie wirkte sehr glücklich.

Anhand der **Abbildung 8** lässt sich die Entwicklung der zunehmenden Kommunikationsaktivität noch einmal verdeutlichen. Je schwärzer ein Bereich, desto weniger kommunikativ war die betreffende Person, je heller der Bereich, umso stärker brachte sich der Bewohner ein.

Kleingruppenphase I

	Prä-KG	Peri-KG	Post-KG
Fr. A.			
Fr. K.			
Fr. B.			
Fr. M.			
Fr. G.			
Fr. D.			
Fr. R.			
Hr. S.			
Hr. M.			
Fr. P.			
Fr. S.			

Kleingruppenphase II

	Prä-KG	Peri-KG	Post-KG
Fr. A.			
Fr. K.			
Fr. B.			
Fr. M.			
Fr. G.			
Fr. D.			
Fr. R.			
Hr. S.			
Hr. M.			
Fr. P.			
Fr. S.			

■ = wenig aktiv   ▨ = aktiv
▨ = mäßig aktiv   □ = sehr aktiv

Abb. 8: Kommunikative Aktivitätsdarstellung aus der Kleingruppenphase I (links) und II (rechts)

12.4.4 Dritte Phase

Bei einem dritten Treffen wurde das neu getextete Lied noch einmal kurz zum Erinnern und Auffrischen von der Gesamtgruppe gesungen und dann in einem feierlichen Rahmen der Heimleitung vorgetragen. Abschließend wurde die fertige CD an das Haus überreicht, der Heimleiter hielt eine kurze Rede und teilte seine Anerkennung für das musikalische Produkt der BewohnerInnen mit.

Zusammenfassend kann festgestellt werden, dass die Ziele des Projekts im Sinne der Aktivierung und der Erweiterung der Kommunikation der SeniorInnen bereits im Verlauf der beiden ersten Phasen erreicht wurden. Vor allem die Bildung von Kleingruppen war für die genannten Zielstellungen sehr förderlich. Deutlich zu sehen und belegt ist dies anhand der oben gezeigten Abbildungen und Diagrammen. Zudem zeigt das Projekt, wie „Songwriting" als Methode der Musiktherapie mit älteren Menschen durchaus umsetzbar und erfolgreich sein kann.

12.5 Zusammenfassung und Ausblick

Ein großer Dank gilt den am Projekt teilgenommenen SeniorInnen und der Heimleitung sowie dem betreuenden Personal des Otto und Anna Herold-Alten- und Pflegeheims Karlstadt für die Offenheit und Unterstützung zur Durchführung des Projekts. Das Anliegen, mit den HeimbewohnerInnen die Möglichkeit und Herausforderung anzugehen, selbst aktiv und schöpferisch tätig zu werden, konnte erfolgreich verwirklicht werden. In diesem Sinne war dieses musiktherapeutische Angebot durch seine zielgerichtete Arbeit in einem sehr kurzen Zeitrahmen, den es immer voll im Blick hatte, mit einem besonderen Erfolg versehen. Nach den ersten Vorüberlegungen wurde ein Projekt konzipiert, welches seine Ziele der Aktivierung und Erweiterung der Kommunikation im vorgegebenen zeitlichen Rahmen von nur zwei Tagen realistisch umsetzen konnte. Mit älteren Menschen, deren gesundheitlicher Zustand nicht näher bekannt war, in einer uns zu der Zeit kaum vertrauten Einrichtung zu arbeiten, erschien dann als eine weitere besondere Herausforderung. Darüber hinaus lernten wir damalige Studentinnen arbeitsfeldspezifische Bedingungen in unsere Gruppenleitungstätigkeit mit einzubeziehen, wie z. B. langsames, lautes und deutliches Sprechen, um erfolgreich mit dieser Gruppe von älteren Menschen arbeiten zu können.

Zu Beginn war nicht klar, inwieweit die SeniorInnen das Angebot annehmen oder ob z. B. Veränderungen innerhalb der Gruppe erkennbar werden würden. Besonders nach der ersten Projektphase, die allgemein dem gegenseitigen Kennenlernen aber auch schon als Interventionsphase diente, konnte bereits eine deutlich wahrnehmbare Aktivierung und Erweiterung der Kommunikation der HeimbewohnerInnen festgestellt werden. Dies wurde ebenso seitens des betreuenden Personals der Herold-Stiftung sowie einer bereits über den ersten Projekttag andauernden nachhaltigen Wirkung bestätigt.

Zusammenfassend lässt sich feststellen, dass durch dieses Projekt wertvolle Erfahrungen gesammelt werden konnten. Außerdem wurde deutlich, welche Wirkungen und Veränderungen sich schon mit einfachen und wenigen musiktherapeutischen Mitteln erzielen lassen, gerade bei älteren Menschen. Darüber hinaus zeigt dieses Songwriting-Projekt, dass im Bereich der „Arbeit mit älteren Menschen" ein großer Bedarf an zielgerichteten aktivierenden und kommunikationsfördernden Projekten vorhanden ist. Dieser Bedarf entspricht zusätzlich einem sehr starken Bedürfnis der SeniorInnen nach Aktivierung und neuer Kommunikation. Zudem können damit deutlich Ressourcen angeregt werden. Aus allen diesen Gründen sollte dieser Bedarf im Bereich der musiktherapeutischen Arbeit mit älteren Menschen noch mehr Beachtung finden.

Literatur

Aldridge, D. (1999). *Musiktherapie in der Medizin*. Bern: Huber.
Baker, F. & Wigram, T. (2005). *Songwriting*. London: Jessica Kingsley Publishers.
Bruscia, K.(1998). *The Dynamics of Music Psychotherapy*. Phoenixville: Barcelona Publishers.
Buchka, M. & Knapp, R. (Hrsg.) (2003). *Pädagogik, Grundlagen und sozialpädagogische Arbeitsfelder*. Neuwied: Luchterhand.
Burow, H.W. (1998). *Musik, Medien, Technik, ein Handbuch*. Laaber: Laaber.
Großmann, R. (1991). *Musik als Kommunikation – Zur Theorie musikalischer Kommunikationshandlungen*. Gießen: Vieweg.
Grümme, R. (1998). *Situation und Perspektive der Musiktherapie mit dementiell Erkrankten*. Regensburg: Transfer-Verlag.
Lasswell, H.D. (1948). The Structure and Function of Communication in Society. In B. Lyman (Hrsg.), *The Communication of Ideas* (S.37–51). New York: Cooper Square Publishers.
Muthesius, D. (1999). *Gefühle altern nicht: Musiktherapie mit altersdementen Patienten*. Überarbeiteter Vortrag vom 2. Deutscher Alzheimerkongress Berlin. Zugriff am 14.02.2010, von www.alzheimerforum.de/3/1/6/12/mmadp.html
Otto und Anna Herold-Stiftung: Info-Flyer.
Rosengren, K.E. (2000). *Communication – an introduction*. London: SAGE Publications.
Severin, W.J. & Tankard, J.W. (1988). *Communication Theories*. New York: Longman Inc.
Schulz von Thun, F. (1994). *Miteinander reden. Störungen und Klärungen*. Mainz: Matthias Grünewald-Verlag.
Schwabe, C. (1991). *Aktive Gruppenmusiktherapie für erwachsene Patienten*. Leipzig: Georg Thieme.
Schwabe, C. (1997): Psychologische Grundlagen der Musikalischen Elementarerziehung. In C. Schwabe & H. Rudloff (Hrsg), *Die Musikalische Elementarerziehung* (S. 46–135). Weida: Akademie für angewandte Musiktherapie Crossen.
Wickel, H.H. (1998). *Musikpädagogik in der sozialen Arbeit*. Münster: Waxmann.

13 Einzelmusiktherapie bei Demenz: Cueing, Regulierung und Validation

Hanne Mette Ridder

Das folgende Fallbeispiel beschreibt die Einzelmusiktherapie mit Frau D. Dieses Kapitel hängt mit dem dritten Kapitel des vorliegenden Buches zusammen und ist eine Umsetzung jenes theoretischen Kapitels in die Praxis. Es wird hier beschrieben, wie die musiktherapeutische Sitzung mit von Demenz betroffenen Personen konkret aufgebaut ist. Der Fokus liegt dabei auf der Aufmerksamkeit und dem Akustischen Cueing, womit das Selbstberuhigungssystem und die Arousal-Regulierung berührt werden. Dadurch wird eine dyadische Resonanz ermöglicht, also eine Schwingungsfähigkeit zwischen Klient und Therapeut in der Einzeltherapie. In dieser dyadischen Resonanz werden psychotherapeutische Techniken wie Validierung und Holding (siehe dazu auch das dritte Kapitel) für das emotionale Ausdrucksvermögen der Demenzbetroffenen angebahnt, was in der Folge zu therapeutischen Veränderungen führen kann.

13.1 Frau D.

Frau D. ist eine charmante weißhaarige Achtzigjährige, die gerne praktische Hosen und bunte Blusen trägt und nur wenig Schmuck. Sie macht den Eindruck, eine elegante Frau mit einer starken Persönlichkeit zu sein. Ihre Hüfte ist gebrochen und deshalb sitzt sie in einem Rollstuhl, womit sie sich mit einem langsamen „Anschubsen" der Räder bewegen kann. Trotz ihrer Hörprobleme hat sie nicht den Wunsch, ihr Hörgerät zu benutzen. Beim Sehen kann sie Umrisse nicht erkennen, aber sie erkennt Farben, die sie auch gerne kommentiert. Ihre Diagnose lautet: Vaskuläre Demenz mit frontalem Charakter und Konfusion des Cerebellum (Kleinhirn). Verbal kann sie sich gut ausdrücken und feste Redewendungen äußert sie ohne Probleme, jedoch hat sie Schwierigkeiten mit Satzkonstruktionen, wenn sie etwas erklären will. Im Test der Mini-Mental-Status-Examination (MMST) erreicht Frau D. nur 5 von 30 Punkten, was auf schwere kognitive Defizite hinweist. Ein anderer Test, der CMAI (Cohen-Mansfield's Agitation Inventory), misst die Häufigkeit und die Formen des agitierten und aggressiven Verhaltens. Er belegt für Frau D. ein solches Verhalten mehrmals am Tag. Frau D. zeigt beim Rufen und Schimpfen deutliche Symptome von verbal-aggressivem Verhalten, wie auch physisch-aggressives Verhalten durch Schlagen des Personals oder der Mitbewohner oder durch Werfen von Tassen und Tellern. Frau D. wird mit Antipsychotika und Antidepressiva pharmakologisch behandelt.

Frau D. wohnte nach dem Tod ihres Mannes allein in ihrer Wohnung. Sie wurde in ein gerontopsychiatrisches Krankenhaus mit der Begründung eingeliefert, dass sie an kognitiver Konfusion, Halluzinationen und Manie leide. Sie wurde danach in ein örtliches Pflegeheim verlegt. Jedoch gestaltete sich nach einem Jahr der Pflegeaufwand für sie so problematisch, dass sie in ein gerontopsychiatrisches Pflegeheim verlegt wurde.

Frau D. ist als Näherin ausgebildet, hat aber hauptsachlich als Hausfrau zu Hause gearbeitet. Sie hat viel gesungen wenn sie mit ihren Freundinnen zusammen war oder in der Kirchengemeinde. Frau D. kann immer noch eine imponierend große Anzahl von Liedern auswendig singen. Dazu gehören Volkslieder, Bänkellieder, Schlager, Kabarettlieder und Choräle. Mit einem Lächeln erzählt sie, dass ihr Mann ihr ein Grammophon schenkte und die Kinder erzählen, dass Frau D. früher sehr oft Platten anhörte oder Musikprogramme und -sendungen im Radio einschaltete.

Frau D. bekommt das Angebot, an einer Untersuchung teilzunehmen, die Einzelmusiktherapie bei Demenz untersucht. Die Voraussetzungen für die Teilnahme von Frau D. sind:

- Frau D. hat eine Demenzdiagnose.
- Ihre Demenz ist fortgeschritten (Stadium 6 von insgesamt 7 Stadien im Functional Assessment Staging).
- Sie hat keine anderen Diagnosen, z. B. Entwicklungsstörung, andere psychiatrische Störungen oder Missbrauch, die ebenfalls zu anders verursachten kognitiven Defiziten führen konnten.
- Sie war vorher noch nicht in Einzelmusiktherapie.
- Die Angehörigen stimmen ihrer Teilnahme zu.
- Frau D. zeigt agitiertes Verhalten.

Die dementielle Störung ist für die Betroffenen, die Pflege und die Angehörigen mit der Symptomatik der Agitiertheit mit ihrem verbalen und physischen aggressiven Erscheinungen eine große Herausforderung. Im vorliegenden Fall ist die Bearbeitung der Agitiertheit der Kernaspekt der Einzelmusiktherapie.

13.2 Musiktherapiemethode und Therapieziele

Die Musiktherapie findet im Musiktherapieraum statt, der im Pflegeheim zentral zwischen Küche und Gemeinschaftsraum liegt. Es ist ein kleinerer Raum mit einem Sofa und ein paar Sesseln, der aber auch Platz für Rollstühle lässt. Die Musikanlage sowie die vielen Musikinstrumente, die Liederbücher und Noten in diesem Raum weisen deutlich darauf hin, dass dies ein Musikzimmer ist.

Die in diesem Fallbeispiel eingesetzte Musiktherapiemethode ist mit ihren Grundprinzipien ausführlich im dritten Kapitel beschrieben. Der Kernpunkt der Musiktherapie in diesem Fall ist die menschliche Beziehung, welche insbesondere durch das gemeinsame Singen von bekannten Liedern entsteht. Die Lieder bilden den Rahmen des Zusammenseins und jedes Lied hat dabei seine spezielle Funktion und Bedeutung. Um die Aufmerksamkeit der Demenzbetroffenen zu erhalten und um eine Erwartung eines wiedererkennbaren und geborgenen Raums zu schaffen, werden bestimmte Lieder jedes Mal immer wieder gesungen. Damit fungieren diese Lieder als Akustische Cues.

Im nächsten Schritt der Therapie benutze ich die regulierende Funktion von Musik, um den Menschen mit Demenz entweder zu stimulieren oder zu beruhigen. Dies verfolgt das Ziel, das „Selbstberuhigungssystem" des Betroffenen zu aktivieren. Wenn dieses System aktiv ist, entsteht schließlich die Möglichkeit, sozialen Kontakt aufzubauen. Damit rufe ich mit der Anwendung von positiven psychotherapeutischen Interaktionsformen eine affektive Interaktion und dyadische Resonanz hervor. Dadurch können schließlich Prozesse ermöglicht werden, die zu therapeutischen Veränderungen führen.

Das Ziel der vorliegenden Musiktherapie war es, die Lebensqualität von Frau D. zu erhöhen. Dies ist möglich, wenn therapeutische Rahmenbedingungen geschaffen werden, in denen Frau D. ein gleichwertiges und für sie nützliches Zusammensein mit einem anderen Mensch erleben kann. Die Folge eines solchen Zusammenseins wären unter anderem weniger Symptome des agitierten Verhaltens.

Frau D. nahm insgesamt an zwanzig Musiktherapiesitzungen teil. Diese fanden wöchentlich an fünf Tagen über insgesamt vier Wochen statt. Jede Sitzung dauerte ca. 35 Minuten. Ich hatte bereits fünf Jahre in diesem gerontopsychiatrischen Pflegeheim gearbeitet, aber Frau D. war vorher nicht bei mir in Einzeltherapie gewesen. Zum Zeitpunkt dieser Musiktherapie war ich an der Universität in Aalborg angestellt und der Therapieverlauf war auch, wie oben beschrieben, Teil einer wissenschaftlichen Untersuchung. Ich folge der Berufsordnung und dem Ethik-Kodex der Dänischen Musiktherapeutischen Gesellschaft. Die Forschung selbst ist von der Regionalen Ethikkommission anerkannt und akzeptiert worden.

Im Folgenden wird der Anfang der sechsten und der Anfang sowie der Schluss der achten Musiktherapiesitzung mit Frau D. beschrieben. Dieser Moment aus dem therapeutischen Zusammenhang einer Musiktherapiestunde illustriert die musiktherapeutische Methode und wie dabei das Singen, akustisches Cueing, Arousal-Regulierung und psychotherapeutische Techniken ermöglicht.

13.3 Aufmerksamkeit und Cueing

Frau D. hat schon fünf Mal an der Einzelmusiktherapie teilgenommen, von Montag bis Freitag der ersten Woche. Am heutigen Montag haben wir jetzt unsere sechste Sitzung. Als ich am Morgen die Tür öffne und in die Abteilung gehe, kann ich Frau D. schon hören. Sie ruft nach Kaffee und schimpft laut, weil sie niemals Kaffee bekomme. Eine Krankenschwester antwortet, dass sie ja gerade Kaffee getrunken hat. Dies macht Frau D. noch wütender. Ich bereite den Musiktherapieraum vor, indem ich Liederbücher bereit lege, eine Kamera auf einen Ständer in der Ecke stelle und den Pulsmesser hervorhole. Plötzlich höre ich direkt vor dem Musiktherapieraum Frau D.s Stimme, obwohl sie sich sonst immer am anderen Ende des Hauses aufgehalten hatte. Ein Mitbewohner schiebt Frau D.s Rollstuhl den Gang entlang und stößt aus Versehen den Rollator einer anderen Bewohnerin an, die nahe dem Musiktherapieraum in einem Sessel sitzt. Diese Frau wird sehr wütend und ein heftiger Streit beginnt. Ich mache schnell die Tür auf und lade Frau D. in das Musikzimmer ein. Sie fährt mit lautem Rufen und Schimpfen gegenüber den beiden Mitbewohnern fort. Trotzdem bleibt sie ruhig in ihrem Rollstuhl sitzen. Ich beginne, wie immer, mit unserem Anfangslied. Die Melodie ist einfach und einprägsam. Im Text wird mehrfach der Namen von Frau D. wiederholt. Ich singe dabei auch, dass wir jetzt zusammen singen wollen und gebe ihr meine Hand zur Begrüßung. Frau D. reagiert prompt damit, dass ich den Mund halten solle. Danach fragt sie in eher spöttischer Weise mit akzentuierter Stimme: „Na, bist du am Lied-Lernen?"[32] Ihre verbale Abweisung ist sehr deutlich, aber im Gegensatz dazu steht ihr physisches Erscheinen. Frau D. bleibt ruhig sitzen und sie hält noch immer meine Hand mit einem festen Griff fest.

Ich weiß nicht, ob Frau D. jetzt weiß, wer ich bin. Wenn ich sie zufällig außerhalb der Musiktherapie treffe, gibt sie kein Zeichen des Wiedererkennens. Aber schon hier im Musiktherapieraum nach einer Woche Musiktherapie wirkt sie zuversichtlich und bleibt meine Hand fest umfassend und nicht mehr loslassend ruhig sitzen.

Als ich später in der achten Sitzung mit dem ersten Lied anfange, sagt sie gleich: „Jetzt singst du: Guten Tag, Frau D. Das weiß ich. So fängst du immer an."

Hier wird deutlich, dass Frau D. weiß, was als Nächstes passieren wird. Die Akustischen Cues zeigen hier ihre besondere Bedeutung und helfen damit, Gedächtnisspuren zu bilden. Das wiederkehrende Anfangslied, welches Frau D. zuvor noch gar nicht kannte, schafft eine Wiedererkennung auch in dem Stadium der Demenz, in dem sie sich befindet. Frau D. versteht die Situation und unser Zusammensein. Eine Reihe weiterer Cues verstärken diese Musikalischen Cues. Diese Cues weisen auf den Kontext hin (wir sind immer im gleichen Raum), auf den Zeitraum (wir fangen immer kurz nach ihrem Morgenkaffee an) und auf die Beziehung (es ist immer die gleiche Musiktherapeutin, die auch in einer vorhersagbar wiederkehrenden und für Frau D. verständlichen Art und Weise agiert). Durch das Singen wird es Frau D. ermöglicht, ihre Aufmerksamkeit gezielt auf das Singen selbst zu richten und nicht auf das große „Durcheinander" von Stimuli, mit dem sie sonst oft überfordert ist. Aktivitäten und Interaktion können unter anderen Alltagsbedingungen für

---

32 Im Gegensatz zum Deutschen spricht man sich im Dänischen, wie z. B. auch im Englischen, immer mit „du" an.

Menschen mit Demenz ein Chaos von Stimuli bedeuten. Deshalb findet unser Zusammensein in einem forderungsfreien Raum statt. Frau D. wird das Singen wiederkehrender Lieder als einziger Stimuli angeboten. Damit wird sie in dieser Situation, in der sie ein sehr hohes Arousal-Niveau (Erregungsniveau) zeigt, nicht durch Fragen, zu viel Sprache oder durch Forderungen, dass sie z. B. mitsingen solle, überfordert.

13.4 Arousal-Regulierung und das Selbstberuhigungssystem

Ich fange nun an, unser zweites Lied zu singen. Frau D. macht den Eindruck, angespannt und übererregt zu sein. Um deshalb die Menge von Stimuli so weit wie möglich zu reduzieren, fahre ich mit dem Singen fort, wobei ich mich ganz ruhig verhalten und meine Hand in der ihren liegen lasse. Um Frau D. nicht anzusehen, da Blickkontakt oft als Ansprache oder Aufforderung verstanden werden kann, lasse ich beim Singen meinen Blick aus dem Fenster schweifen. Ich versuche das Arousal-Niveau von Frau D. auch in der Dynamik meines Singens und der Klangfarbe meiner Stimme zu regulieren. Ich weiß, dass, wenn ich zu ruhig und entspannt singe, sie das provozieren wird. Deshalb singe ich mit klarer, nicht zu ruhiger Stimme und kann von diesen Ausgangspunkt aus mit Entrainment (siehe drittes Kapitel) arbeiten. Als ich den Refrain anfange, singt Frau D. plötzlich mit. Sie intoniert völlig korrekt und singt alle Worte des Textes vollständig mit. Ihre Stimme ist zornig und aggressiv und sie bewegt beim Singen ihren Kopf sowie ihren Oberkörper hin und zurück. Wir haben Blickkontakt, als wir das Lied weitersingen. Ich spiegele die Wut und die Aggression nicht zurück, sondern halte oder „holde" (in der englischen Bedeutung von holding) ihren Ausdruck, so dass sie auf diese Weise ihre Wut „heraussingen" kann. Ich singe weiter, obwohl Frau D. kurz nach dem eben beschriebenen Abschnitt aufhört zu singen und mich fragt, ob es nicht bald Zeit zum Kaffeetrinken ist. Dann sitzt sie eine Weile ganz ruhig da und blinzelt nach dem vierten Lied. Beim sechsten Lied schließt sie die Augen und schläft kurz ein.

Die Analyse des Videomaterials zeigt, dass diese Episode am Anfang der Musiktherapie zwei Minuten gedauert hat. Die Pulskurve zeigt dabei eine fallende Kurve, die dann stabil auf einem niedrigeren Niveau für den Rest der Sitzung verbleibt. So lange Frau D. angespannt und hyper-aroused ist, ist es nicht möglich, in einen konstruktiven und gleichwertigen Dialog mit ihr zu gehen. Ich akzeptiere und „holde" ihren Zorn und ihre Aggression, jedoch ohne diese Gefühle zu matchen (in passförmiger Weise Ähnliches in meinem Ausdruck oder Singen wiederzugeben) oder zu validieren (sie zu bestätigen). Ich nutze die klare melodische Struktur und Phrasierung des Liedes, um ihr etwas Einfaches und Forderungsfreies zu geben, woran sie sich halten kann und sie somit nicht noch mehr überstimuliert. Ich bin mir meiner eigenen Atmung bewusst. Ich setze meine Stimme zielgerichtet derart ein, dass ich die Dynamik, also den stimmlichen Ausdruck von Frau D, auf gleiche Art und Weise selbst singe, ohne dabei jedoch ihre Unruhe und Aggression zu matchen. Ich vermeide Melodien mit zu vielen dynamischen Veränderungen in der Tonfolge und suche wohlbekannte und „neutrale" Lieder aus, um zu sichern, dass ich ihr einen Kontakt biete, der für sie voraussehbar und ohne unabsehbare Wechsel ist. Ich richte meiner Aufmerksamkeit außerdem darauf, wie unser Kontakt auf einer physischen Ebene sich gestaltet, da ich mit meiner Bewegung, Körperhaltung sowie Nähe und Distanz (Proximity) ebenfalls dazu beitragen kann, Frau D. zu beruhigen. Mein Ziel ist es, ihr „Selbstberuhigungssystem" zu aktivieren, um damit schließlich eine Möglichkeit hervorzurufen, den sozialen Kontakt mit ihr aufzubauen.

13.5 Validation und dyadische Resonanz

Unsere achte Sitzung fängt fast an wie die sechste. Ich höre die laute und zornige Stimme Frau D.s vor dem Musiktherapieraum und lade sie sofort ein. Dieses Mal aber hört sie gleich auf zu schimpfen, als sie mich vor der Tür sieht. Frau D. sagt, dass sie das erste Lied kennt und weiß, was jetzt in der Musiktherapie passieren wird. Am Ende des ersten Liedes fängt Frau D. an zu weinen und ich singe weiter mit derselben Melodie, allerdings verändere ich den Text in dem Sinne, dass sie heute traurig ist. Frau D. antwortet (wortwörtlich übersetzt): „Darf ich mir nicht eine Pille geben, dass ich schlafen kann?" Ich gebe ihr ein Taschentuch und sie putzt sich kräftig die Nase. Ich spüre, dass wir einen guten Kontakt zueinander haben und brauche jetzt nicht darauf hinzuarbeiten, sie wie in der sechsten Sitzung zu beruhigen. Ich wähle nun ein Lied, von dem ich weiß, dass sie es sehr gerne singt. Dieses Lied wurde in Dänemark während des Zweiten Weltkriegs oft gesungen und wird heute noch bei Beerdigungen gespielt oder gesungen. Im Liedtext geht es um Zusammenhalt und Abschied. Dazu werden klare Metaphern benutzt, z. B. dass es geregnet und gestürmt hat, aber der Regen Wachstum gab und der Sturm stark machte. Der Text ist schon über einhundert Jahre alt (von 1890) und die Melodie ist eine alte dänische Volksmelodie, die in Dur eingeleitet wird, aber mehrere Tonikaparallelen in Moll hat. Ich singe verhältnismäßig langsam und lasse jeden einzelnen Ton in der Melodie klingen. Ich kenne das Lied gut, aber kann alle fünf Strophen nicht auswendig singen. Obwohl ich es bevorzuge, auswendig zu singen, muss ich ein Liederbuch zur Hand nehmen, da ich weiß, dass Frau D. großen Wert auf den Text legt.

Mein Ziel ist es, Frau D.s Gefühle zu validieren. Deshalb wähle ich genau das Lied, welches aus meiner Wahrnehmung zum Erleben von Frau D. in dieser Situation passt. Ich frage nicht, warum sie traurig ist. Ich versuche aber mit diesem Lied ein psychologisches Halten (Holding) zu kommunizieren und dass ich Frau D. verstehe, d. h. auch, dass ich ihre Erfahrungen und Emotionen anerkenne. Meine Antwort bzw. Reaktion zu Frau D. in dieser Situation ist nicht auf einer kognitiven Ebene angesiedelt sondern auf der Gefühlsebene. Unsere Kommunikation besteht aus subjektivem „Mitschwingen" bzw. aus dyadischer Resonanz, die durch musikalische bzw. prosodische (siehe drittes Kapitel) Elemente ausgedrückt werden. Diese Elemente sind der Rhythmus, die Tonlage, die melodische Kontur, die Dynamik, die Klangfarbe und die musikalische Form bzw. Gestalt. Frau D. versteht implizit diese prosodischen Elemente unserer Kommunikation und die damit verbundene affektive Bedeutung. Wie im dritten Kapitel beschrieben, ist dies die Grundlage jener dyadische Resonanz und somit eine psychotherapeutische Bearbeitung der Handlungen bzw. des Verhaltens und des Ausdrucks von Frau D.

Ich fahre mit der achten Sitzung nun fort, indem ich weitere Lieder singe, die nach meiner Wahrnehmung und affektiven Resonanz, die aktuellen Emotionen von Frau D. validieren. Anschließend beende ich die Sitzung auf dieselbe Art und Weise, wie ich es sonst in Frau D.s Musiktherapie gemacht habe, indem ich mehrere „neutralere" Lieder auswähle. Frau D. singt den kompletten Text jeweils mit. Schließlich kommt das letzte Lied, welches das Zeichen bzw. Symbol ist, dass die Sitzung jetzt beendet wird. Bei Frau D. singe ich hierfür immer ein Lied mit einer einfachen und einprägsamen Melodie vom dänischen Komponisten Carl Nielsen. Der Text beschreibt einen Jungen, der ein Lerchennest mit Jungvögeln auf der Heide findet und sich wünscht, dass weder der Fuchs noch andere Jungen die kleinen Jungvögel finden. Während ich singe, schaukelt Frau D. den Kopf hin und her. Sie singt aber nicht mit. Als das Lied beendet ist, dreht sie den Kopf, schaut mir in die Augen und sagt: „Entweder mit dem Guten oder dem Bösen: Sie erfahren nicht, wo das Lerchennest ist. Er kann ein Geheimnis bewahren. ... Gut, dass du heute gekommen bist. Ich habe ganz vergessen, warum ich traurig war. Ich war traurig... ach was, macht nichts". Frau D. lacht ansteckend.[33]

Am Anfang der Sitzung war Frau D. traurig und weinte. Aber sie ist für den Kontakt und Dialog mit mir offen. Ich singe Lieder, von denen ich erfahren hatte, dass sie eine besondere persönliche Bedeutung für Frau D. haben. Durch diese Lieder teilt Frau D. mir Gefühle von Trauer, Melancholie und Entbehrung aber auch Gefühle von Gemeinsamkeit und Verbundenheit mit. Beim Validieren und Halten des Ausdrucks von Frau D. können sich die Trauergefühle auflösen und am Ende der Sitzung ist Frau D. deutlich erleichtert. Sie vermag sogar in Worte zu fassen bzw. zu verbalisieren, dass sie anfangs traurig war. Sie kann nicht erklären oder kann sich nicht erinnern, warum sie traurig war. In diesem Moment ist ihr dies aber gleichgültig. Ihr Lachen ist authentisch und mitreißend.

Es ist bemerkenswert, dass sich Frau D. trotz der schweren Demenz an den Anfang der Sitzung erinnern kann und ihre Empfindung vom Beginn der Sitzung am Ende dieser Sitzung benennen kann. Es ist ebenfalls bemerkenswert, dass Frau D. in sehr klar zu verstehenden Worten auch den Text des letzten

---

33 Die Videoaufnahmen dieser zwei Sitzungen wurden auf der 6. Europäischen Musiktherapiekonferenz in Finnland im Jahre 2004 im Plenum gezeigt.

Liedes kommentiert. Sie erzählt, dass der Junge, der die Jungvögel gefunden hat, sich um die Kleinen Sorgen macht und den Wunsch hat, sie zu schützen. Es ist wichtig, dass der Fuchs sie nicht findet. Auf die gleiche Weise ist es auch wichtig, dass sich jemand um Frau D., die ebenfalls exponiert und schwach ist, kümmert und sie behütet. Es ist gerade der forderungsfreie Raum, der in der Musiktherapie gebildet wird, in welchem Frau D. die Möglichkeit der Anerkennung und des Verstandenwerdens erlebt.

Frau D. ist vor der Musiktherapie in einem Hyper-Arousal-Zustand (übererregt), der ihr Mobilisationssystem aktiviert. Sie zeigt aggressives Verhalten, das ihr in Situationen, wo sie bedroht ist, helfen könnte. Oft aber wird sie in diesem Zustand fixiert und ohne die Probleme mit Aggression lösen zu können. In dieser Situation ist es ihr nicht möglich, in einen Dialog mit Anderen zu gelangen. Erst wenn das Selbstberuhigungssystem aktiviert ist, wird der soziale Kontakt möglich und psychosoziale Bedürfnisse können erfüllt werden.

Nach der Musiktherapiesitzung ist es wichtig, dass Frau D. nicht in eine Leere entlassen wird. Ich habe deshalb zusammen mit dem Pflegepersonal vereinbart, dass sie jeweils nach der Musiktherapiesitzung Frau D. nochmals besondere Aufmerksamkeit schenken. Somit können die z. T. starken emotionalen Prozesse in einem weiter geführten Rahmen von Aufmerksamkeit und Sicherheit begleitet und beschützt werden. Heute ist ein herrlicher Sommertag und ich weiß, dass Frau D. den Garten sehr genießt und frage sie deshalb, ob sie in den Garten will. Ihre Zustimmung dazu ist sofort klar und deutlich. Sie fügt hinzu, dass es ja heute „sehr schönes Wetter ist ... wunderbar ... ich glaube es wird ein schöner Tag".

Das wichtigste Ziel der Musiktherapie ist es, für Geborgenheit zu sorgen, die Person an sich anzuerkennen und ihre psychosozialen Bedürfnisse zu erfüllen.

13.6 Zusammenfassung und Ausblick

In acht von den insgesamt zwanzig Musiktherapiesitzungen zeigte Frau D. jeweils *vor* der Sitzung agitiertes Verhalten, das sich äußerte in lautem Schimpfen oder Hilferufen. Trotzdem nahm Frau D. jedes Mal das Angebot der Musiktherapie an und verließ nie den Musiktherapieraum. Ihren Wutausbrüche wurde in der Musiktherapie mit „Holding" begegnet, was zur konstruktiven und aktiven Teilnahme von Frau D. in der Musiktherapie mit Singen und mehreren adäquaten verbalen Kommentaren führte. In den Sitzungen wurden insgesamt 260 Mal Lieder oder Strophen gesungen. Frau D. hat davon 191 Lieder oder Liedteile mitgesungen. Sie hat auf diese Weise in 73 % aller Lieder selbst aktiv mitgesungen. Diejenigen Lieder, welche sie nicht mitsang, waren meist für Frau D. noch nicht bekannte Lieder. Wenn Frau D. ein neues Lied jedoch mehrmals gehört hatte, kommentierte sie die Lieder oder zeigte auf andere Weise, dass sie das Lied nun wiedererkannte. Ihre aktive Beteiligung hing somit davon ab, ob sie die Lieder schon kannte oder nicht. Darüber hinaus hat sie neuen Liedern gern zugehört und kommentierte sie sogar nach wiederholtem Hören. Es ergab sich außerdem ein weiteres Muster im Verlauf der Musiktherapiesitzungen zur Frage, *wann* sie mitsang. Im letzten Teil der Musiktherapie sang sie in 96 % der Lieder mit. Dies zeigt ebenfalls, dass ihr die Situation und z. T. die Lieder erst vertraut werden mussten. Deshalb hatte sie im ersten Teil der Musiktherapiesitzungen mehr geschwiegen. Zum anderen zeigt dies einen sehr deutlichen Therapieerfolg für Frau D.

Aus dieser Beobachtung möchte ich schlussfolgern, dass Zeit, Ruhe und Vertrauen grundlegende Faktoren in der Arbeit mit Menschen mit Demenz sind. Es reicht nicht aus, allein einige Lieder zu singen und danach zu erwarten, dass der Demenzbetroffene voll „dabei" ist. Es ist notwendig, eine Beziehung und eine erkennbare Struktur schrittweise und zielgerichtet aufzubauen, um zu sichern, dass der Demenzbetroffene die Möglichkeit erhält, seine Aufmerksamkeit und Anwesenheit entwickeln zu können. Dies gehört auch zu den Grundkompetenzen eines qualifizierten Musiktherapeuten.

In der Woche *vor* der Musiktherapie (Woche 1) wurde der Puls von Frau D. täglich in Fünf-Sekunden-Intervallen gemessen. **Abbildung 9** zeigt fünf weiße Pulskurven, die einen Zeitraum von einer halben Stunde umfassen. Die dunkle Kurve zeigt eine Linie von Mittelwerten aller fünf Pulskurven. Die schwarze Linie zeigt den Mittelwert der ganzen Woche (74,4 Herzschlage pro Minute). Nachdem Frau D. in den zwanzig Musiktherapiesitzungen teilgenommen hatte (Woche 2–5), wurde der Puls wieder gemessen im gleichen zeitlichen Rahmen, wie bei der eben beschriebenen Messung vor der Therapie. In **Abbildung 10** sind die fünf weißen Kurven dieser täglichen Messungen zu sehen. Der Mittelwert der an die Musiktherapie anschließenden Woche (Woche 6) beträgt 72,1 Herzschläge pro Minute. Diese physiologischen Messungen zeigen eine statistisch signifikante Verbesserung bei fünf der insgesamt sechs demenzbetroffnen Teilnehmer der Untersuchung. Das Pflegepersonal berichtete gleichzeitig von weniger Symptomen des agitierten Verhaltens. Ein solches Ergebnis deutet auf einen wirksamen beruhigenden Effekt der Musiktherapie hin. Dies muss zur Verallgemeinerung dieser Ergebnisse noch weiter mit einer größeren Population untersucht und belegt werden.

Die individuelle Musiktherapie bietet einen Raum, in dem es möglich wird, bewusst und gezielt Gedächtnis- und Aufmerksamkeitsdefizite zu kompensieren bzw. zu bearbeiten. Beim Akustischen Cueing hilft die Musik, Gedächtnisspuren zu bilden sowie einen wiedererkennbaren und geborgenen Raum zu schaffen. Wenn der Betroffene schwer kontaktfähig ist, entweder weil er oder sie sehr unruhig bzw. agitiert oder sehr verschlossen ist, kann die Therapeutin oder der Therapeut durch regulierende Techniken die eigenen selbstregulierenden Veranlagungen des betroffenen Menschen unterstützten. Dies ermöglicht, dass der Demenzbetroffene psychische Anwesenheit und Teilnahme zeigt. In diesem Zustand kann der Therapeut emotionale Ausdrücke des Betroffenen validieren und halten (Holding) und somit ermöglichen, dass psychosoziale Bedürfnisse erfüllt werden können. Die bisherigen Ergebnisse führen zu der Hypothese, dass die Erfüllung von psychosozialen Bedürfnissen die Symptome der sozialen Isolation und des agitierten Verhalten reduzieren und somit die Lebensqualität des Demenzbetroffenen erhöhen.

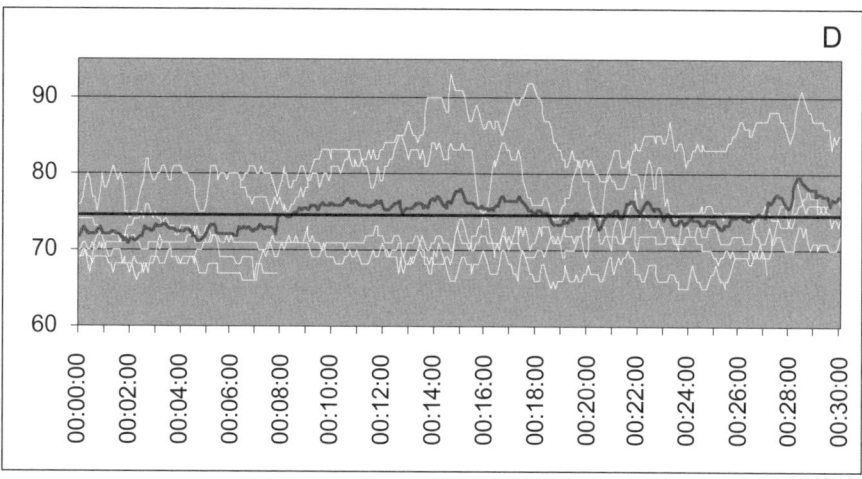

Abb. 9: Tägliche Pulsmessungen in Woche 1 vor einer vierwöchigen Musiktherapie

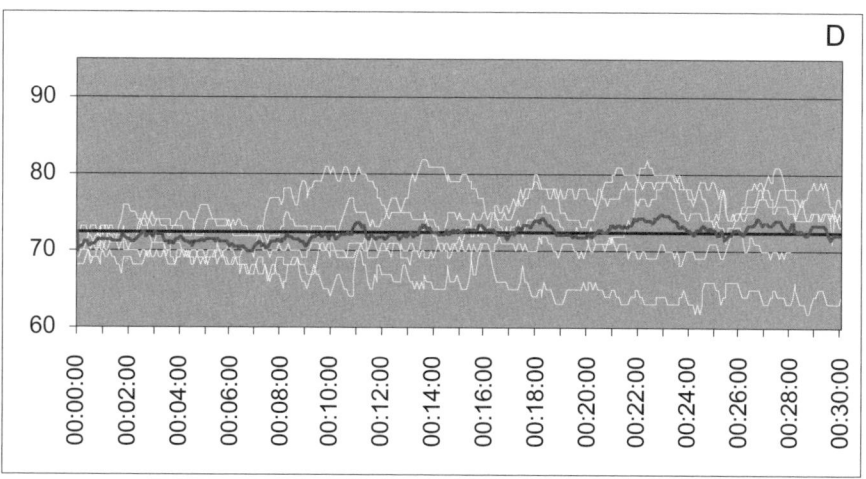

Abb. 10: Tägliche Pulsmessungen in Woche 6 nach vier Wochen Musiktherapie

Kann Musiktherapie eine Alternative zu einer pharmakologischen Behandlung sein und die Lebensqualität erhöhen? Um diese Frage zu beantworten, sind weitere Forschungen notwendig.

Literatur

Siehe Kapitel 3 für fachspezifische Begriffe und Literaturhinweise. Die Musiktherapie mit Frau D. ist ausführlich beschrieben in der folgenden Doktorarbeit:
Ridder, H.M. (2003). *Singing Dialogue. Music therapy with persons in advanced stages of dementia. A case study research design.* Institut für Musik und Musiktherapie, Aalborg Universität, Dänemark. Zugänglich unter www.mt-phd.aau.dk

14 Klangbrücken – Musiktherapie in der häuslichen Versorgung für Menschen mit Demenzerkrankungen

Eckhard Weymann, Inga Auch-Johannes

14.1 Rahmenbedingungen

„Klangbrücken" ist ein Praxis-Forschungs-Projekt im Bereich der gerontopsychiatrischen Versorgung. Ziel ist der Aufbau und die begleitende Untersuchung eines ressourcenorientierten und im weitesten Sinne psychotherapeutisch ausgerichteten Musiktherapie-Angebots für Menschen mit Demenz, die zu Hause wohnen unter ausdrücklicher Einbeziehung der versorgenden Angehörigen. Das musiktherapeutische Forschungsprojekt, das von der Alzheimer Gesellschaft Frankfurt initiiert wurde, wird seit Herbst 2008 an der Fachhochschule Frankfurt in Frankfurt am Main vom Masterstudiengang Musiktherapie, Leitung Eckhard Weymann, in Zusammenarbeit mit der Musiktherapeutin Inga Auch-Johannes durchgeführt. Als Kooperationspartner fungieren die Klinik für Psychiatrie mit ihrer Stiftungsprofessur für Gerontopsychiatrie der Johann Wolfgang Goethe Universität, welche Johannes Pantel inne hat, und die Alzheimer Gesellschaft Frankfurt. Die Alzheimer Gesellschaft unterstützt das Projekt u. a. durch ihre fachlichen Netzwerke und ihre Expertise besonders auch hinsichtlich der Angehörigenarbeit. Die Klinik für Psychiatrie betreut insbesondere die gerontopsychiatrischen Aspekte und stellt entsprechende Test- und Erhebungsinstrumente zur Verfügung. Gefördert wird das Forschungsprojekt hauptsächlich von der BHF-Bank Stiftung Frankfurt.

Die für zwei Jahre konzipierte Praxisphase des Projekts wendet sich an Menschen mit einer diagnostizierten Demenz (vornehmlich vom Typ Alzheimer) im mittleren oder schweren Stadium, die (noch) zu Hause wohnen und von ihren Angehörigen versorgt werden. Für diese Patienten, die aufgrund des Schweregrads ihrer Krankheit oder wegen eingeschränkter Mobilität an anderen Angeboten nicht oder kaum noch teilnehmen können, sollte ein musiktherapeutisches Angebot im häuslichen Umfeld gestaltet werden. Das Forschungsprojekt widmet sich neben den Erkrankten auch den pflegenden Angehörigen, welche meist der Ehepartner oder die Kinder des oder der Betroffenen sind. Diese Angehörigen kommen regelmäßig einmal im Monat im Musiktherapie-Raum des Masterstudiengangs an der Fachhochschule zusammen. Es bestehen darüber hinaus auch informelle Gesprächskontakte während der Hausbesuche für die Einzelmusiktherapien mit den Betroffenen. Außerdem werden im Rahmen des Projekts Interviews mit den Angehörigen durchgeführt.

Die Einzelmusiktherapie mit den Betroffenen dient der Förderung nonverbaler Möglichkeiten des Ausdrucks und der Kommunikation sowie der Beziehungsaufnahme. Sie fördert außerdem die Selbstwahrnehmung unter Einbeziehung biographischer Momente und bietet Anstöße zur Sensibilisierung der Wahrnehmung und zur aktiven Teilhabe am kulturellen Leben.

Die Kombination aus Musiktherapie in der häuslichen Umgebung mit dem musiktherapeutischen Gruppenangebot für die Angehörigen ist die Besonderheit dieses Projekts. Den Angehörigen wird die Möglichkeit eröffnet, neue Erfahrungen mit ihrem Selbstausdruck, ihrer Wahrnehmungs- und Kommunikationsfähigkeit zu machen und diese schrittweise für die Bewältigung ihrer Alltagsanforderungen der Pflege zu nutzen.

Ein weiteres Projektziel ist schließlich, für einen angemessenen Praxistransfer der gewonnenen Erkenntnisse zu sorgen. Dies wird durch die Erstellung eines Leitfadens geschehen, durch den anderen Musiktherapeuten das Praxisfeld und die erprobte Methodik zugänglich gemacht werden.

Die Akquise der PatientInnen erfolgt über Empfehlungen durch die Mitarbeiter der Universitätsklinik Frankfurt (z. B. in deren Gedächtnisambulanz), der Alzheimer Gesellschaft sowie über verschiedene Presseberichte. Die interessierten Angehörigen können sich über ein Infotelefon direkt mit der Musiktherapeutin des Projekts in Verbindung setzen. Vor Beginn der musiktherapeutischen Hausbesuche werden seitens der Universitätsklinik mit den PatientInnen verschiedene neuropsychologische Tests durchgeführt und die Angehörigen zu den Alltagskompetenzen des Patienten sowie zu ihrem eigenen Belastungsniveau befragt. Diese Tests und Befragungen werden zu verschiedenen Messzeitpunkten wiederholt.

Nach Ablauf der Projektzeit im Herbst 2010 werden ca. 15 PatientInnen im Alter zwischen 68 und 101 Jahren und ihre pflegenden Angehörigen jeweils ein Jahr lang musiktherapeutisch begleitet worden sein. Die Aufnahme erfolgte nach ausführlicher Aufklärung über die Ziele und den Ablauf der Studie sowie der anschließenden ausdrücklichen Einwilligung in die Teilnahme.

In regelmäßigen Projektgesprächen beraten die Projektpartner zusammen über den Fortgang der Untersuchung. Dabei gilt ein besonderes Augenmerk den Möglichkeiten der Fortführung des musiktherapeutischen Angebots.

14.2 Zielsetzungen und Arbeitsweisen

Das musiktherapeutische Angebot enthält zwei Komponenten. Diese sind:

- Einzelmusiktherapie in Hausbesuchen für die Demenzbetroffenen
- Angehörigengruppe mit musiktherapeutischen Mitteln als Kommunikationstraining für deren pflegende Ehepartner oder Kinder

Die Musiktherapie im Projekt ist im weitesten Sinne psychotherapeutisch ausgerichtet und verfolgt die folgenden Ziele:

- die Beziehungsfähigkeit von Menschen mit Demenz zu erhöhen und damit einen Beitrag zu einer verbesserten Lebensqualität zu leisten,

- eine Reduzierung psychopathologischer Symptome und problematischer Verhaltensweisen (z. B. Agitation, Affektlabilität, Apathie) zu ermöglichen,
- im begleitenden nonverbalen Kommunikationstraining den pflegenden Angehörigen eine erweiterte, positive Sichtweise auf die Erkrankten zu vermitteln und dadurch eine Entlastung (Reduzierung des „caregiver burden") sowie eine Verbesserung der affektiven Befindlichkeit der Angehörigen (z. B. Depressivität) zu erreichen.

Musiktherapeutische Interventionen sind stets eingebettet in eine therapeutische Beziehung. Die therapeutische Haltung ist gekennzeichnet durch den beständigen Versuch, sich dem (häufig von Krankheitsprozessen beeinflussten) Ausdrucksgeschehen und Erleben des Patienten verstehend anzunähern. Dieses Erleben zeigt sich facettenreich und sehr individuell. In der musikalischen Improvisation finden Gefühle und „Lebensthemen" einen symbolischen Ausdruck. Dies kann zu Momenten der Kohärenz und des Sinnerlebens führen. Das bedeutet, dass trotz Demenz die Betroffenen eine Orientierung kurzzeitig erleben und eine Situation verstehen können. Die Therapeutin stärkt die vorhandenen Ressourcen durch authentisches Antworten, Übernahme von Hilfs-Ich-Funktionen und die Regulation des affektiven Erlebens (Warme, 2005; siehe auch Artikel von Warme und Steinert im vorliegenden Buch).

Das mehrperspektivische Angebot, welches die Perspektive der Betroffenen als auch die der Angehörigen beinhaltet, wird detailliert dokumentiert mit Protokollen und Videomitschnitten einzelner Musiktherapiestunden sowie mit Interviews mit den Angehörigen und ausgewertet. Durch die unterschiedlichen Sichtweisen und Settings , welche die Einzelmusiktherapie mit den Betroffenen im häuslichen Umfeld, die Gespräche und musikalischen Aktivitäten mit Angehörigen, sowohl einzeln als auch in der Gruppe, umfassen, soll sich ein differenziertes Bild der Wirkung der Musiktherapie herausheben und bewerten lassen.

Die häuslichen Musiktherapiestunden finden in der Regel einmal wöchentlich statt. Bei einer Begrenzung auf maximal 36 Stunden dauert die Behandlungsphase bis zu einem Jahr. Die Dauer des einzelnen Besuchs variiert zwischen 45 und 75 Minuten. Die eigentliche Therapiezeit für den Patienten liegt je nach (Tages-)Verfassung zwischen 25 und 60 Minuten. Die übrige Zeit ist Regiezeit, etwa für das Auspacken der mitgebrachten Instrumente oder das Anschließen des portablen CD-Players und nach Möglichkeit natürlich für ein wenigstens kurzes Vor- oder Nachgespräch mit dem pflegenden Angehörigen.

Methodisch kommen Musik, Sprache und Bewegung zum Einsatz. Zur Musik gehören Lieder, situatives Singen, gebundene Formen von Musik, Musikzitate, freie Improvisationen und die Stille. Unter situativem Singen werden spontan geschaffene Lieder durch die Musiktherapeutin verstanden, die auf die momentane Situation mit dem Betroffenen reagieren. Gebundene Formen von Musik sind z. B. Tänze oder Trauermärsche. Freie Improvisation meint ein Spiel mit Instrumenten, welches ebenfalls spontan entsteht im Zusammenspiel von Musiktherapeutin und Betroffenen sowie jedem Menschen möglich ist. In allen Bereichen ist Hören, aber auch aktives Musizieren möglich.

Als psychologische Methode werden Techniken aus der Validationstechnik von Naomi Feil (2005) angewendet. In der Validation geht es darum, den dementen Menschen in seiner eigenen Gefühls- und Erlebniswelt zu erreichen und zu respektieren. Von positiven Erfahrungen mit der Kombination von Validation und Musiktherapie berichtet Schneberger-Nowitzki (2001) sowie weitere Beispiele und Bezugnahmen im vorliegenden Buch.

Die Musiktherapeutin ist gleichzeitig Forscherin; sie wird gelegentlich von Studierenden des Masterstudiengangs unterstützt, z. B. bei den Videoaufzeichnungen durch Kameraassistenz und Protokollierung.

Die Auswertung der Videos erfolgt überwiegend qualitativ (beschreibend), in geringerem Umfang auch quantitativ-messend (hier werden etwa die Anzahl der Blickkontakte oder die Häufigkeit und Dauer des aktiven Musizierens des Patienten erhoben). Als qualitatives Beobachtungsinstrument wurde das EBQ (Schumacher, 2000; siehe auch Artikel von Warme und Steinert im vorliegenden Buch) ausgewählt.

Da die Angehörigentreffen einmal im Monat in der Fachhochschule statt finden, nimmt somit jeder Angehörige bis zu zwölf Mal an den Abenden teil. Die 90 Minuten dieser Treffen teilen sich fast immer in einen Gesprächs- und einen Musikteil. Der zuerst stattfindende Gesprächsteil wird als Entlastungsangebot auf der Sprachebene genutzt. Es werden dabei zunächst die aktuellen Ereignisse aus dem pflegerischen Alltag geschildert und besprochen, bevor die sich daran anschließenden musikalischen Aktivitäten eingeführt werden. Bei diesem Musikteil handelt es sich in erster Linie um Übungen in der freien Improvisation, welche meist instrumental, aber z. T. auch vokal, also mit Stimme, durchgeführt werden. Von der Basis des Explorierens bzw. Erkundens der vielen Instrumente sowie der eigenen Stimme ausgehend, werden Möglichkeiten zur nonverbaler Kommunikation erprobt.

14.3 Fallvignetten

Im Folgenden werden sowohl Ausschnitte aus der Einzelmusiktherapie mit Betroffenen als auch aus der Angehörigengruppe vorgestellt und damit das konkrete Vorgehen dieses Projektes veranschaulicht.

14.3.1 Ausschnitt aus einer Musiktherapiestunde

Frau Schwan ist 81 Jahre alt und lebt mit ihrem 83 Jahre alten Ehemann in einem Reihenhaus in einem ruhigen Stadtteil von Frankfurt. Im Jahre 2001 erlitt die Patientin mehrere kleine Schlaganfälle, aus denen Wortfindungsstörungen und der Verlust der Schreibfähigkeit resultierten. Die Diagnose einer vaskulären Demenz wird 2005 gestellt. Als ich (Inga Auch-Johannes) Frau Schwan sieben Jahre danach im Erstgespräch für das Forschungsprojekt kennenlerne, begegnet mir eine kleine, freundliche, aber auch ängstliche Frau. Sie leidet inzwischen zusätzlich an motorischen Störungen und mangelnder Orientierung. Sie freut sich über meinen Besuch und möchte mir bald ihre persönliche Situation mitteilen. In abgehackten Satzfragmenten mit vielen für mich unverständlichen Wortbildungen bemüht sie sich um eine Schilderung ihrer Situation. Während Frau Schwan sehr um Worte ringt und offensichtlich sehr bewegt ist, wird mir der emotionale Kern ihrer Botschaft deutlich:

Frau Schwan war früher immer stark und fröhlich gewesen, hat die Familie und das Haus stets selbständig versorgt und ist nun sehr unglücklich über ihren Zustand, denn ihre Verluste, den Alltag nicht wie gewohnt zu bewältigen, sind ihr klar bewusst.

Die häusliche Situation hat sich seit ihrer Krankheit deutlich verändert. Der Ehemann war in leitender Position beschäftigt und war beruflich immer sehr eingespannt. Beide haben sich für die klassische Rollenverteilung entschieden. So hat Frau Schwan den Haushalt und die Erziehung der Kinder übernommen. Nun bewältigt ihr Mann den Alltag und versorgt seine Frau rund um die Uhr. Die beiden erwachsenen Kinder leben in der Nachbarschaft, kommen regelmäßig und unterstützen ihren Vater. Sie machen sich Gedanken darüber, wie der Vater durch die Annahme von Hilfsangeboten entlastet werden kann.

Da die Patientin früher so gern gesungen habe, meldet der Ehemann sie zum Projekt „Klangbrücken" an.

14.3.2 Momentaufnahme aus der 16. Musiktherapiestunde

Wir singen „Horch, was kommt von draußen rein" mit Gitarrenbegleitung. Dieses Lied gehört zu den Lieblingsliedern von Frau Schwan. Den Text kann sie nicht mehr formulieren, aber an ihrer Mimik ist abzulesen, dass sie ihn genau kennt. So singt sie auf den Vokalen „a" und „o" und spielt dazu rhythmisch und kraftvoll mit den Chicken Shakes, einer kleinen Rassel, in ihren beiden Händen. In der ersten Zeit stellte der Inhalt der letzten Strophe ein großes Hindernis für Frau Schwan dar. Bei der Textstelle: „Wenn ich einst gestorben bin, hollahi, hollaho, trägt man mich zum Friedhof hin, hollahijaho" brach sie Singen und Spielen kopfschüttelnd ab. Seit ein paar Wochen und auch jetzt gelingt es aber, im Fluss zu bleiben. Dabei geht ein ängstlicher Blick von ihr zu mir, was von mir mit einem aufmunternden Lächeln beantwortet wird und wir schließlich doch weiter singen und schon darüber hinweg sind ohne das frühere Abbrechen von Frau Schwan. Es ist nur ein Lied und nicht der eigene Schmerz, womit wir es zusammen geschafft haben. Frau Schwan lächelt, richtet sich im Sitzen wieder etwas auf und spielt wieder kräftiger mit den Chicken Shakes. Obwohl das Lied nun eigentlich zu Ende ist, spiele ich weiter und singe ohne Text. Auch Frau Schwan möchte unser gemeinsames Singen noch verlängern und bleibt mit mir im musikalischen Fluss. Nach und nach entfernen wir uns von der ursprünglichen Struktur des Liedes. Wir singen nur noch Teile des Liedes und wiederholen nur Abschnitte, singen die Phrasen abwechselnd und spielen mit der Dynamik. Dann lösen wir die Melodie allmählich auf in ein zunächst vorsichtiges „Umsingen" der eigentlichen Melo-

dielinie. Das harmonische Gerüst der Gitarrenakkorde bietet den Halt dabei und ermutigt doch gleichermaßen zu den melodischen Ausflügen, mit welchen wir das Lied verändern. Diese stimmliche Exploration ist (noch) nicht rein dialogisch angelegt. Frau Schwan übernimmt z. B. keines meiner Motive. Aber sie ist mehr als nur ein Ausprobieren des Selbsterlebens und bezieht sich schon konkret auf unser beider gemeinsames Tun und wird daher mit häufigem Blick zu mir rückversichert (vgl. Schumacher, 2000, S. 71ff.).[34] *Nach einer Weile finden wir einen gemeinsamen Schluss, lassen die Musik ausklingen und lauschen noch einige Sekunden den Klängen nach. Frau Schwan hebt den Blick, strahlt mich an und meint: „Schön. Das war schön."*

Die Angehörigen versichern mir, dass die Mutter zwar immer gern gesungen habe, aber nie improvisiert habe, wie sie es hier angeregt durch mich getan hat. Niemand hat geahnt, dass sie das kann. Improvisieren bedeutet, flexibel mit ungewohnten Situationen umzugehen. Der Patientin gelingt hier ein künstlerischer, immer freier werdender Umgang mit der neuen Situation (im Sinne: Das Lied ist eigentlich zu Ende. Wie könnte es weitergehen?), der deutlich sichtbar zur Steigerung ihres Selbstwertgefühls geführt hat.

14.3.3 Ausschnitt aus einer Angehörigengruppe (Improvisationsteil)

Die gemeinsame Improvisation im Musiktherapieraum der Fachhochschule ist verklungen. Ihr hatte kein bestimmtes Thema zugrundegelegen. Auch hatte es vorher keine Absprachen (etwa zur Form oder zum Zeitrahmen) gegeben. So sollte lediglich die momentane Stimmung der Teilnehmer musikalisch dargestellt werden. Auf der Grundlage dieser freien Musikimprovisation sollte dann im Verlauf der Stunde eine Wortimprovisation entstehen. Die zwölf Anwesenden, Ehepartner, Söhne oder Töchter eines Demenzerkrankten, nehmen wieder leise im Stuhlkreis Platz. Einige haben das Instrument, dass sie gerade gespielt haben, an ihren Platz gebracht und halten es noch in der Hand. Dass nach der Musik immer erst eine Weile Stille sein soll, haben alle schon verinnerlicht. Es ist das achte Treffen. Da haben sie schon einige Erfahrungen mit der Gruppenimprovisation gemacht.

Die Aufgabe heute ist, nach der Musik „das Wesentliche" für einen jeden in dieser Improvisation zu finden und still auf einem zurechtgelegten Blatt Papier aufzuschreiben. Es sollen am Schluss nur maximal zwei Worte da stehen. Anschließend sollen das Wort bzw. Wortpaar in beliebiger Reihenfolge „in den Raum hineingesprochen" werden. Erst danach soll das Nachgespräch erfolgen.

---

34 Unter dem Aspekt der Entwicklung der Beziehungsqualität bewegt sich die Patientin mit mir im Modus der Intersubjektivität, die den jeweils anderen als Person wahrnimmt und in das Geschehen mit einbezieht. Rückversichernde Blicke zur Therapeutin entstehen durch den Wunsch der Patientin, das soeben Erlebte bestätigt zu bekommen. Durch die gemeinsame Aufmerksamkeit auf ein Thema entsteht zwischen beiden ein Spielraum.

Einige gehen mit Eifer ans Werk, anderen fällt es sichtlich schwerer, ein persönliches Gefühl, eine Idee oder Assoziation mit der eben gespielten Musik in Verbindung zu bringen. Zwei Angehörige haben gleich mehrere Zeilen hingeschrieben und wollen nun durch Wegstreichen auf zwei Wörter reduzieren.

Nachdem alle fertig sind und wieder aufblicken, ist eine knisternde Spannung zu spüren. Wer wird zuerst etwas sagen? Und wann? Das erste Wortpaar wird in die Stille hinein gesprochen. Es ist: „seidene Schnur". Fast geflüstert durchbricht der Klang die Stille. Der Anfang ist gemacht. Gleich danach folgt „viele Möglichkeiten". Es folgt eine kleine Pause und danach purzeln zwei Ausrufe ineinander: „volle Konzentration" und „Schmerz". Es entsteht eine kurze Erheiterung aufgrund der zufälligen Überlappung, aber teilweise auch Ärger, nicht alles verstanden zu haben. So gibt jeder seinen Beitrag ganz bewusst in den Raum, es endet mit „sich finden". Einige Teilnehmer nicken dazu.

Im Nachgespräch wird zunächst die große, positive Spannung und Konzentration aller Beteiligten thematisiert. Keiner hatte jemals an einer solchen Gestaltung teilgenommen. Die neue Erfahrung wird positiv erlebt:

- „das war ja wie im Theater, jetzt kommt mein Auftritt"
- „das war, als wär's genauso komponiert gewesen"
- „ich wusste erst nicht, was das soll, dann aber hat es Spaß gemacht, und ich habe mich plötzlich richtig wichtig gefühlt"

Eine solche Improvisationsaufgabe (eine Wortimprovisation auf der Basis einer vorangegangenen Musikimprovisation) erfordert die Auseinandersetzung mit ungewohnten und ganz neuen Situationen. Die Verdichtung eines erlebten Gefühls in eine strenge Vorgabe von ein bis zwei Wörtern sensibilisiert das vorangegangene Hören und präzisiert die Aussage in einer leicht fassbaren, konzentrierten Form. Die Bewältigung der Aufgabe durch eine individuelle künstlerische Gestaltung stärkt das Selbsterleben und die Selbstachtung der Beteiligten. Auch die Angehörigen haben in der Improvisation die Möglichkeit, kreativ individuelle Lösungen für neue Situationen zu finden. Dass es dann gelingen kann, eine veränderte, flexiblere Haltung auch auf den pflegerischen Alltag zu übertragen, zeigen Aussagen in den Abschlussinterviews mit den Angehörigen. „Neulich habe ich in der Küche ein Lied angestimmt, so etwas habe ich früher nicht gemacht", berichtet ein pflegender Ehemann, „und als ich meine Frau fragte, ob ich nicht sogar Sänger hätte werden können, da haben wir beide gelacht!"

14.4 Zusammenfassung und Ausblick

Bei Drucklegung des vorliegenden Buches war das Forschungsprojekt noch nicht abgeschlossen. Dennoch lassen sich schon einige Erkenntnisse darstellen.

Es zeigt sich, dass bei allen Patienten der Wunsch nach Beziehung zu beobachten ist und eine Verbesserungen in der Beziehungsfähigkeit eingetreten sind. Die Beziehungsfähigkeit wird mit dem EBQ-Instrument (Schumacher, 2000) anhand der Videos eingeschätzt. Das auf den jeweilig aktuellen emotionalen Entwicklungsstand abgestimmte Beziehungsangebot der Therapeutin führt zur Stärkung des Selbstwertgefühls des Patienten. Dadurch erhält die Beziehungsfähigkeit Anstöße zur Weiterentwicklung, wodurch ebenfalls die Lebensqualität steigt.

Problematische Verhaltensweisen wie Agitation wurden reduziert, teilweise auch nachhaltig noch für Stunden nach den therapeutischen Interventionen. Ebenso ist Angstlinderung bis hin zu genussvoller Entspannung zu beobachten. Eine deutliche Verbesserung zeigte sich im Sprachvermögen (z. B. in vollständigen, grammatikalisch korrekte Sätzen bei der Verabschiedung am Ende der Musiktherapiestunde) und im motorischen Bereich (z. B. besser greifen können).

Es zeichnet sich ab, dass es parallel zu den positiven emotionalen Erfahrungen der Patienten auch zu ähnlichen Entwicklungen bei den Angehörigen kommt. Das bedeutet, auch die Angehörigen haben durch das Projekt die Chance, sich emotional auseinanderzusetzen und Erfahrungen zu machen. Diese Vermutung ist besonders im Hinblick auf ihre Belastungssituation in der Pflege interessant. Es zeigt sich, dass die Teilnehmenden durch die Gruppenarbeit (Gesprächs- und Musikteil) angeregt wurden, eine oftmals auf die Defizite ihrer erkrankten Angehörigen fokussierte Sichtweise zu erweitern und neue Perspektiven einnehmen zu können. Die Ehefrau eines Erkrankten drückt die neu gewonnene Haltung so aus: „Früher habe ich dagegen angekämpft, jetzt lasse ich es laufen und genieße, was noch möglich ist."

Damit kann eine neue innere Haltung der pflegenden Angehörigen erreicht und unterstützt werden, wodurch sich die Belastung in der Pflegesituation deutlich verringert.

Zurzeit wird geprüft, unter welchen Bedingungen eine ambulante Versorgung nach dem beschriebenen Modell auch über das Ende des Projekts hinaus fortgeführt werden kann. So könnten Leistungen nach dem Pflegeleistungs-Ergänzungsgesetz einbezogen werden (siehe dazu auch im vorliegenden Buch den Artikel von Muthesius und zu GRAMMOPHON). Es könnten aber möglicherweise auch kommunale Fördermittel akquiriert oder für eine spezielle Fragestellung Forschungsgelder eingeworben werden. Nach unseren Erfahrungen scheint es darüber hinaus auch oft möglich zu sein, dass sich die Betroffenen und Angehörigen selbst an der Finanzierung beteiligen. Wie weit dieses Modell eine besondere Institutionalisierung (etwa nach dem Vorbild von „Musik auf Rädern" oder „GRAMMOPHON", siehe jeweilige Artikel im vorliegenden Buch) benötigt oder der Anschluss an bestehende Institutionen vorzuziehen ist, wird sich ebenfalls in der Zukunft zeigen.

Die weitere Betreuung beispielsweise der Angehörigengruppe durch Lehrende und Studierende des Masterstudiengangs Musiktherapie wäre eine interessante Option, die für alle Beteiligten gewinnbringend sein könnte.

14.5 Kontakt

Prof. Dr. Eckhard Weymann
Fachhochschule Frankfurt am Main – University of Applied Sciences
Fachbereich 4 – Soziale Arbeit und Gesundheit
Nibelungenplatz 1
60318 Frankfurt am Main
E-Mail: weymann@fb4.fh-frankfurt.de

Literatur

Aldridge, D. (Hrsg.) (2003). *Music Therapie World. Musiktherapie in der Behandlung von Demenz*. Norderstedt: Books on Demand.
Bowlby, J. (2001). *Das Glück und die Trauer. Herstellung und Lösung affektiver Bindungen*. Stuttgart: Klett-Cotta.
Dehm-Gauwerky, B. (2006). *Inszenierungen des Sterbens – innere und äußere Wirklichkeiten im Übergang*. Marburg: Tectum.
Feil, N. & de Klerk-Rubin, V. (2005). *Validation. Ein Weg zum Verständnis alter Menschen*. (8. Auflage). München: Reinhardt.
Förstl, H. (2009). *Demenzen in Theorie und Praxis*. (2. Auflage). Heidelberg: Springer.
Grümme, R. (1998). *Situation und Perspektive der Musiktherapie mit dementiell Erkrankten*. Regensburg: Transfer.
Hörmann, B. & Weinbauer, B. (2006). *Musizieren mit dementen Menschen*. München: Reinhardt.
Kitwood, T. (2005). *Demenz. Der person-zentrierte Ansatz im Umgang mit verwirrten Menschen.* (4. Auflage). Bern: Hans Huber.
Lamp, I. (Hrsg.) (2010). *Umsorgt sterben. Menschen mit Demenz in ihrer letzten Lebensphase begleiten*. Stuttgart: Kohlhammer.
Landsiedel-Anders, S. (2003). *Musiktherapie bei Demenzerkrankungen – eine klinisch-experimentelle Studie im Rahmen einer Gedächtnissprechstunde*. Diplomarbeit. Frankfurt a. M.: ub.uni-frankfurt.
Muthesius, D. (2002). *Musikerfahrungen im Lebenslauf alter Menschen: eine Metaphorik sozialer Selbstverortung*. Münster: Lit Verlag.
Muthesius, D., Sonntag, J., Warme, B. & Falk, M. (2010). *Musik – Demenz – Begegnung. Musiktherapie für Menschen mit Demenz*. Frankfurt a. M.: Mabuse.
Radebold, H. (2005). *Die dunklen Schatten unserer Vergangenheit. Ältere Menschen in Beratung, Psychotherapie, Seelsorge und Pflege*. (2. Auflage). Stuttgart: Klett-Cotta.
Schneberger-Nowitzki, S. (2001). *Die Anwendbarkeit von Musiktherapie in Abhängigkeit vom Fortschreiten dementieller Erkrankungen*. Universität Münster.
Schumacher, K.(2000). *Musiktherapie und Säuglingsforschung*. Frankfurt a. M.: Peter Lang.
Warme, B. (2005). *Musiktherapie als Gruppenpsychotherapie mit an Demenz erkrankten Menschen*. Unveröffentlichte. Diplomarbeit. Berlin: Universität der Künste.
Weymann, E. (2004). *Zwischentöne. Psychologische Untersuchungen zur musikalischen Improvisation*. Gießen: Psychosozial-Verlag.

15 Perspektiven der Musiktherapie bei Alter und Demenz

Thomas Wosch

15.1 Neue Aspekte für die Verfahren der Musiktherapie

Im Folgenden werden einzelne Ergebnisse der vorangegangenen Kapitel mit ihren Konsequenzen für die Musiktherapie bei Alter und Demenz als Zusammenfassung und Ausblick beschrieben.

Mehrere dieser Ergebnisse stellen frühere Annahmen insbesondere zur Musiktherapie bei Demenz infrage. Der Großteil dieser neuen Erkenntnisse stammt im vorliegenden Buch aus der neurologischen und empirischen Forschung zur Musiktherapie bei Demenz. Somit ist gegenüber den früheren mehr psychologisch theoretischen und erfahrungsgeleiteten Grundlegungen der Musiktherapie bei Demenz aktuell eine immer stärkere Tendenz ihrer empirischen Prüfung und Untersuchung zu beobachten. Diese tragen zu einer noch stärkeren wissenschaftlichen Fundierung und Professionalisierung des Musiktherapiefelds bei.

Die herausragende neue Erkenntnis, welche gleich in mindestens fünf Kapiteln des vorliegenden Buches eine Rolle spielt (Kapitel 1, 3, 8, 12, 13), ist, dass selbst bei dementiellen Störungen in der Musiktherapie *Lernprozesse* möglich sind. Dies betrifft bei Ridder das neurologisch hergeleitete Akustische Cueing am Beginn und dessen Anwendung im Fallbeispiel am Ende des Buches (Kapitel 3 und 13). Es betrifft ebenso die neuen sozialen Erfahrungen in der Gruppenarbeit von Demenzbetroffenen und Kindergartenkindern (Kapitel 8) sowie zwischen den Demenzbetroffenen im Songwriting (Kapitel 12). Beim Songwriting werden auch die kreativen Potentiale im Arbeiten mit den Betroffenen bei nicht vertrauten musikalischen Techniken deutlich. Dies bestätigen ebenfalls die erfolgreichen Wirkungsstudien, in denen Musiktherapie bei Demenz mit Improvisation untersucht wurde (Kapitel 1). Eine wichtige Grundlage für diese Lernprozesse ist die Wiederholung. Weitere Grundlagen sind – an den entsprechenden Stellen weiter ausgeführt – spezielle Beziehungs- und Beruhigungsprozesse sowie vertraute musikalische Grundstrukturen. Insgesamt wird hier deutlich, dass entgegen den zunehmenden kognitiven Störungen auf vielen Ebenen im Verlauf einer Demenz im Musikerleben kognitiv-emotionale Entwicklungen möglich und zielgerichtet zu erreichen sind.

An diese Erkenntnis schließt unmittelbar eine weitere Erkenntnis an, die insbesondere in drei Kapiteln des vorliegenden Buches neurologisch, motivationspsychologisch und empirisch hergeleitet wird (Kapitel 2, 4 und 5). Frühere Annahmen gingen mit einem entwicklungspsychologischen Modell davon aus, dass bei Demenz v. a. Musikerleben aus der Kindheit und Jugend relevant sei (z. B. Grümme, 1998). Im vorliegenden Buch wird neurologisch hergeleitet, dass die Voraussetzung für erinnerte und vertraute Musik allein in deren Emotionalität und ebenfalls Wiederholung begründet ist – unabhängig von der Lebensphase des Betroffenen, aus der diese Musikerfahrung stammt (Kapitel 2). Empirisch belegt wird dies mit der absoluten *Relevanz von Musik aus dem Erwachsenenalter* von Betroffenen im mittleren Stadium der Demenz (Kapitel 5). Emotionalität und Vertrautheit (unabhängig von Lebensphasen) geben zum anderen die Grundlage für die Motivation bei Demenz (Kapitel 4). Alle drei Erkenntnisse erweitern schließlich das relevante musikalische Material für die Musiktherapie bei Demenz.

Mit den eben genannten Erkenntnissen gehen die bisher als erfolgreich nachgewiesenen *drei musikalischen Erscheinungsformen* in musiktherapeutischen Verfahren bei Demenz einher, welche einerseits das *Singen favorisierter Lieder* des Betroffenen und das *Hören favorisierter Musik* des Betroffenen (beides aus allen Lebensphasen) betrifft und andererseits die *Improvisation* (Kapitel 1). Beim musikalischen Material sowohl bezogen auf das Singen als auch auf das Hören wird in Deutschland sehr wahrscheinlich *in spätestens 25 Jahren* erwartet, dass das deutsche Volkslied eine untergeordnete Rolle spielen wird. Im Gegensatz dazu werden aber *Kinderlieder* und *Popularmusik* an Bedeutung gewinnen (Kapitel 4).

In einer zitierten Untersuchung im ersten Kapitel und mit Ergebnissen von Untersuchungen zur Diagnostik von Beziehungsqualität und deren Konsequenzen für musiktherapeutisches Handeln im siebten Kapitel wird auf der Ebene des *Musikerlebens* in der *ersten Phase der Demenz* kein Unterschied zum *Erleben ohne Demenz* fest gestellt. Dies zeigt im kognitiv-emotionalen Bereich für das Musikerleben, dass gegenüber anderen kognitiven Ebenen mit der Musiktherapie eine volle Ausschöpfung erhaltener kognitiver Ressourcen und Kompetenzen der Betroffenen abgeleitet und genutzt werden kann.

Im achten Kapitel wird ein Beispiel der völlig unproblematischen Kommunikation zwischen *Kinder*gartenkindern und *Demenzbetroffenen* berichtet. Hierfür kann eine Erklärung ein von beiden Gruppen *geteiltes Verhaltensrepertoire* (i. S. v. Schermer, Weber, Drinkmann & Jungnitsch, 2005) geben. Dies beruht auf gleichen Prinzipien, die jedoch nicht zwingend als kindliche Entwicklung, sondern eher im Sinne des Schlussabschnitts des ersten Kapitels als ein hoch komplexes Verhalten beider Gruppen verstanden werden kann. Diese Gemeinsamkeit in der Art des Verhaltens ermöglicht dann das gegenseitige Verständnis der Kindergartenkinder und der Demenzbetroffenen. Weitere Untersuchungen dazu würden ein vertieftes Verständnis für dieses Phänomen und seiner noch weiteren gezielten Nutzung geben.

Ein anderer wichtiger Punkt ist die *Einbeziehung von pflegenden Angehörigen in die Musiktherapie bei Demenz*. Insbesondere im elften und vierzehnten Kapitel werden dazu explizite Ansätze und Beispiele gegeben. In beiden Ansätzen werden die pflegenden Angehörigen in die Musiktherapie integrativ einbezogen. Dies geschieht in einem Ansatz vor Ort im häuslichen Umfeld

(Kapitel 11), also direkt in der natürlichen Umgebung des Betroffenen. Hier ist eine hohe Offenheit und ein großer Bedarf seitens pflegender Ehepartner zu verzeichnen. Im zweiten Ansatz wird mit einer Angehörigengruppe gearbeitet (Kapitel 14). Dieses findet außerhalb der natürlichen Umgebung der Familien statt. In diesem Fall wird für die Angehörigen mehr Distanzierung ermöglicht und können gleiche Erfahrungen entlastend geteilt werden. Je nach der Situation, in denen man Betroffene und Angehörige vorfindet, kann das eine oder das andere Modell indiziert sein. In anderen Beispielen mit ähnlichen Angeboten wird von Hemmschwellen seitens der Angehörigen berichtet (Kapitel 10). Insgesamt ist dieser Bereich bisher kaum entwickelt, jedoch ebenfalls sehr notwendig in Anbetracht der besonderen Belastung, der pflegende Angehörige ausgesetzt sind. Diese Ansätze können Beiträge zur Burn-out-Prävention von Angehörigen bieten, indem sie bei den Angehörigen erfolgreiche Bewältigungsmechanismen oder (systemisch) gemeinsam bei Betroffenen und Angehörigen Genuss- und Erfolgserlebnisse fördern und entwickeln. Ein Ausbau dieser Arbeit erscheint für die Zukunft von besonderer Bedeutung, wenn auch die Zahl der häuslich Pflegenden nochmals deutlich steigt.

15.2 Möglichkeiten und Organisation der interdisziplinären Arbeit von Musiktherapeuten, Pflegekräften sowie Sozial- und Heilpädagogen

Im Altenheim-, Pflegeheim- und gerontopsychiatrischen Bereich hat sich der professionelle Einsatz von Musiktherapeuten in den letzten Jahren rasant entwickelt. Noch in 2002 beklagte Tüpker, dass dieser Bereich in Deutschland vor allem ein „Studentenjob" (Tüpker, 2009, S. 12) sei. Bereits in 2009 konnte sie dies positiv revidieren. Auch das vorliegende Buch zeigt in allen seinen Kapiteln, dass Musiktherapie bei Demenz eine akademische Qualifikation verlangt, wobei die wissenschaftlichen Grundlagen dieses Handelns und deren Anwendungen sich in einem ständig fortlaufenden Prozess befinden. Da jedoch die Demenz als Störung ein hoch komplexes und sämtliche Lebensbereiche des Betroffenen tiefgreifend berührendes Phänomen ist, bedarf eine Musiktherapie bei Demenz ebenfalls einer komplexen, engen und unmittelbaren interdisziplinären Einbindung. Dafür wird im Folgenden ein kurzer Entwurf entwickelt.

Eine besondere Diplomarbeit zu diesem Thema wurde von Stephanie Klein geschrieben (Klein, 2007).[35] Empirisch untersuchte sie in Interviews mit Musiktherapeuten und Pflegekräften die gegenseitige Durchdringung von kli-

---

35 Eine weitere Arbeit zu diesem Thema entstand als Bedarfsanalyse in einer Einrichtung von Stephan Förster (2010).

entzentrierter Pflege nach Kitwood (2004) und Musiktherapie bei Demenz. Sie kam zu dem Ergebnis, dass seitens der Musiktherapeuten die Alltagsnähe ihrer Angebote noch ausgebaut werden kann. Dies betrifft sowohl ein Anpassen an alltägliche, individuell flexible Zeitstrukturen von Betroffenen als auch das direkte Mitwirken der Musiktherapeuten an der akustischen Milieugestaltung eines Wohnbereiches. Teilweise werden im vorliegenden Buch dazu bereits Beispiele gegeben (Kapitel 9 und 11). Da, wie im Buch auch vielfach beschrieben, die Recherche zum Musikerleben eines Betroffenen hoch komplex ist, können sehr sensible Alltagsbeobachtungen von den Pflegekräften dazu für die Musiktherapie sehr wichtige Informationen und Grundlagen bieten. Die Ergebnisse von Klein zeigten weiterhin, dass die Pflegekräfte aus den Rückmeldungen der Musiktherapeuten und ihren Beobachtungen der musiktherapeutischen Angebote Anregungen und Impulse für die eigene Arbeit erhielten und dass die Pflegekräfte direkt in Gruppenangebote einbezogen bzw. integriert wurden (und man damit die gesamte Community eines Wohnbereichs erreichte). Weitere Beispiele waren das Singen bei Pflegetätigkeiten zur Beruhigung der Betroffenen. Andere offene Angebote, wie der Tanzkaffee, wurden gemeinsam von Musiktherapeuten und Pflegekräften gestaltet. Als besondere noch zu bearbeitende Herausforderung bzw. Optimierung der Zusammenarbeit gilt es, Fähigkeiten und Wissen der Musiktherapeuten direkt in den Alltag zu integrieren, Pflegekräfte noch mehr für diese Anwendungen zu gewinnen und für ein solches Handeln zu qualifizieren (vgl. auch Tüpker, 2009, S. 100). Als Lösungsvorschläge für diese bestehenden Herausforderungen gibt Klein an, dass es zum einen unter den Pflegekräften jeweils eine Mittler- oder Kontaktperson zum Musiktherapeuten geben kann, mit der Details vermittelt und besprochen werden können, dass zum anderen noch mehr gegenseitige Hospitationen beider Berufsgruppen stattfinden und dass zum dritten regelmäßig gemeinsame Fallbesprechungen durchgeführt werden (Klein, 2007, S. 55ff.).

Der daraus zu entwickelnde Entwurf sieht mehrere Ebenen der Zusammenarbeit und der Aufgabenteilung zwischen Musiktherapeuten und Pflegekräften für einen optimalen Einsatz von Musiktherapie bei Demenz in der interdisziplinären Arbeit vor. Diese sind:

1. Ebene: Musiktherapie/Musikaktivitäten in der Pflege
2. Ebene: Hospitationen
3. Ebene: Fallbesprechungen und Teamsitzungen
4. Ebene: Offene Angebote (Chor, Tanzkaffee usw.) und Milieugestaltung

In der ersten Ebene können Musiktherapeuten Einzeltherapien bei Demenzbetroffenen im zweiten und dritten Stadium der Demenz (auch unter möglicher Einbeziehung von Angehörigen) sowie jeweils eine Gruppenmusiktherapie für Betroffene im ersten und zweiten Stadium der Demenz anbieten. Auf der zweiten Ebene hospitieren Musiktherapeuten regelmäßig und angemessen aktiv in der Pflege. Auf der dritten Ebene nehmen Musiktherapeuten aktiv an Fallbesprechungen und Teamsitzungen teil. Auf der vierten Ebene schließlich gestalten sie den akustischen Alltag in der direkten Zusammenarbeit mit den Pflegekräften und den Betroffenen.

Die Pflegekräfte setzen auf der ersten Ebene musikalische Erscheinungsformen, wie Singen und Musikhören, aus der Musiktherapie im Pflege-Alltag ein und nehmen als Systemmitglieder einer Wohngruppe an einzelnen Gruppen- und Einzelmusiktherapien teil. Auf der zweiten Ebene hospitieren sie regelmäßig in einzelnen Musiktherapien zu informativen Zwecken bezogen sowohl auf einzelne Betroffene als auch auf die Musiktherapie. Auf der dritten Ebene geben die Pflegekräfte Alltagsbeobachtungen zum Musikerleben von Betroffenen als wichtige Quelle in Fallbesprechungen und Teamsitzungen für die Musiktherapie bei. Umgekehrt erhalten die Pflegekräfte vom Musiktherapeuten in den Fallbesprechungen und Teamsitzungen Informationen zu den Betroffenen und für ihre alltäglichen gezielten musikalischen Aktivitäten in der Pflege und diskutieren diese. Auf der vierten Ebene schließlich gestalten die Pflegekräfte gemeinsam mit den Musiktherapeuten offene Angebote und das akustische Milieu eines Wohnbereichs. Alle diese Schritte sind in Modifikation ebenso für die ambulanten Dienste denkbar.

Im Rahmen der notwendig wachsenden Qualifikationen in der Betreuung von Demenzbetroffenen werden zunehmend auch Sozial- und Heilpädagogen mit weiteren Spezialausbildungen in diesem Bereich tätig sein. Bisher sind sie vor allem im Verwaltungsbereich der Einrichtungen. Mit den Sozial- und Heilpädagogen im direkten Dienst mit den Demenzbetroffenen kann eine gleiche Zusammenarbeit, wie eben zusammen mit den Pflegekräften beschrieben, durchgeführt werden. Darüber hinaus sind mit der jeweiligen Verwaltung einer Einrichtung grundlegende Planungen für die optimale Anwendung von Musiktherapie bei Demenz möglich, notwendig und idealerweise gemeinsam zu entwickeln. Dazu gehört nicht nur eine zeitlich und räumlich klar abgegrenzte Therapieintervention, sondern die Nutzung der Möglichkeiten der Musiktherapie bei Demenz in vielen anderen Alltagsbereichen einer Einrichtung oder im häuslichen Feld.

15.3 Chancen der Zeitarbeit

Der Einsatz der Musiktherapie bei Alter und Demenz findet mittlerweile in musiktherapeutisch ganz eigenen und vielgestaltigen Institutionalisierungen statt. Im achten bis elften Kapitel sowie im vierzehnten sind gleich fünf verschiedene Institutionsformen dazu vorgestellt oder benannt. Aus musiktherapeutischer Sicht ist an allen neu, dass es sich dabei durchweg um Teams von Musiktherapeuten handelt. In vielen anderen Bereichen ist der Musiktherapeut meist als Einzelkämpfer im Einsatz, entweder allein in einer Einrichtung oder allein als Honorarkraft bei einem oder mehreren Auftraggebern oder allein als niedergelassener Musiktherapeut. In den vorgestellten Institutionen und Projekten können demgegenüber die Vorteile von Musiktherapeutenteams genutzt werden. Diese Vorteile reichen von einer Normalisierung der Berufsidentifikation über den gegenseitigen Ausgleich verschiedener fachlicher und administrativer Kompetenzen bis hin zur Vertretungsmöglichkeit. Alle diese Faktoren können auch einen wichtigen Beitrag zur Prävention und Supervision der teilweise beschriebenen hohen Belastungen des Musiktherapeuten in der Musiktherapie bei Demenz leisten (siehe z. B. Muthesius, Sonntag, Warme & Falk, 2010, S. 299–312).

Die größte Nachfrage und Ausbreitung aller genannten Institutionsformen erlebt aktuell die Musiktherapie auf Rädern GbR. In ihr vereinen sich eine hohe Qualität des Angebotes und Wirtschaftlichkeit in der gegenwärtigen Situation und für die Zukunft am besten. Im Prinzip ist es ein Zeitarbeitsmodell, welches hier angeboten wird und eine Unternehmensform gefunden hat. Die Einrichtungen oder Privathaushalte buchen bei Musik auf Rädern das, was sie brauchen und finanzieren können. Sie können dies fortsetzen, aussetzen, minimieren oder stundenmäßig weiter erhöhen. Sie können, sogar ganz im Sinne der Prinzipien der Musiktherapie bei Demenz, diesen Einsatz völlig individuell und flexibel gestalten und den jeweiligen Notwendigkeiten anpassen. Es entstehen für die Einrichtungen keine Zwänge durch Anstellungsverträge, sondern es kann ohne ein strategisches Langzeitdenken der Moment gestaltet werden. Zugleich bürgt Musik auf Rädern für Qualität. In jedem Fall erhalten die Betroffenen einen qualifizierten und ausgewiesenen Musiktherapeuten. In jedem Fall kann dieser Musiktherapeut auf eine Angebotspalette zurückgreifen, die das Ergebnis langjähriger Teamarbeit ist. Dabei kann der Musiktherapeut selbst diese Angebotspalette kreativ weiter entwickeln und den Bedingungen, die er regional und auftraggeberspezifisch antrifft, anpassen. In jedem Fall wird der Musiktherapeut dafür angemessen bezahlt. Letzteres bedeutet eine Anerkennung seiner Qualifikation und Berufsgruppe. Es bedeutet ebenfalls eine Anerkennung des notwendigen (akademischen) Niveaus des Angebots. Schließlich bedeutet es auch, dass die Betroffenen nicht mit Freizeit- und Zufallsangeboten unqualifiziert versorgt werden, sondern eine wissenschaftlich fundierte und nachgewiesene Musiktherapie erhalten, die zielgerichtet und optimal z. B. Agitiertheit, Aktivierung, Isolation und Depressivität abbauen bzw. erreichen kann. Dies kann in manchen anderen Honorar- oder Ehrenamtsangeboten nicht so geleistet werden. Damit wird im Endeffekt nicht nur eine optimale Versorgung der Betroffenen erreicht, sondern auch ein optimales Kosten-Nutzen-Verhältnis, wenn andere Angebote nicht die musiktherapeutischen Möglichkeiten ausschöpfen. Eine Herausforderung für Musik auf Rädern kann die o. g. interdisziplinäre Arbeit in der Musiktherapie bei Demenz bedeuten. Diese Herausforderung ist aber nicht unlösbar, sondern kann in den Einsätzen von Musik auf Rädern mit bedacht und eingebaut werden.

Ein breiteres Umsetzen der interdisziplinären Arbeit ist in der Einbindung als volle angestellte Fachkraft in einer Institution möglich (Musiktherapie in der Besonderen Stationären Dementenbetreuung, Kapitel 9). Auch weitere Institutionsformen zeigen, dass sogar umgekehrte erfolgreiche Übergänge von Honorarkräften zu Anstellungen stattfinden (GRAMMOPHON – Mobile Musiktherapie, Kapitel 10). Insgesamt wird hier das Modell von Musik auf Rädern nicht als das alleinige Zukunftsmodell hervorgehoben. Alle im vorliegenden Buch vorgestellten Modelle werden bestimmten Gegebenheiten und Notwendigkeiten gerecht – mit all ihren Vor- und Nachteilen. Alle zusammen werden auch gemeinsam die Zukunft der Musiktherapie bei Demenz bestimmten. Es wird hier nur für die besonderen Rahmenbedingungen der Musiktherapie bei Demenz, für die Veränderungen auf dem Arbeitsmarkt sowie im Gesundheits- und Sozialwesen das größte und erfolgreiche Ausbaupotential in dieser GbR-Institutionsform gesehen. Ein Vorteil von Musik auf Rädern ist auch die Eigenständigkeit und Unabhängigkeit, da hier nicht gesetzliche Regelungen oder größere Arbeitgeber Abhängigkeiten und Beeinflussungen schaffen, die nicht in der Hand von Musiktherapeuten liegen, um deren optimalen Einsatz für die Betroffenen zu gestalten. Dass die Musiktherapie bei Demenz insgesamt eine deutliche Wachstumsbranche ist, das zeigen gleich mehrere Institutionsformen. So werden bei Musik auf Rädern direkt in der Zeit der Wirtschaftskrise neue Filialen eröffnet, durch Grammophon-Mobile Musiktherapie entstehen Stellen und bei Haus-Musik (Kapitel 11) werden Projektstellen in selbstständiger Honorartätigkeit fort gesetzt. Es wird zu verfolgen sein, ob es mit dem immensen Anwachsen der Anzahl der Demenzbetroffenen insgesamt einen Anstieg von Anstellungen in diesem Bereich – auch unter dem Aspekt der Wirtschaftlichkeit – geben wird.

15.4 Qualifikation in Musiktherapie bei Alter und Demenz

In jedem Fall braucht es qualifizierte Fachkräfte für die Musiktherapie bei Demenz. Den Kernbereich dazu bilden im Wissen und in den Kompetenzen die Musiktherapeuten. Da bisher Musiktherapeuten an den meisten Hochschulen und Ausbildungsinstituten generalistisch für viele Anwendungsfelder qualifiziert werden[36], sind für das spezielle Feld der Musiktherapie bei Demenz bereits erste Zertifikatskurse entstanden. Diese bauen auf den allgemeinen musiktherapeutischen Kompetenzen auf und spezialisieren für die Arbeit mit Menschen im höheren Lebensalter und Demenzbetroffenen. Dazu startete in 2010 auch gerade der erste eigenständige Weiterbildungsstudiengang eines Masters in Musiktherapie bei Behinderung und Demenz an der Hochschule für angewandte Wissenschaften Fachhochschule Würzburg-Schweinfurt. Dieser setzt musiktherapeutische Grundqualifikationen voraus.[37]

In der o. g. interdisziplinären Arbeit werden aber auch musiktherapeutisches Wissen und Kompetenzen immer wichtiger in den Studiengängen der Sozial- und Heilpädagogik sowie in den Ausbildungen zum Altenpfleger. Bisher gab

---

36 Anteilig gibt es in einzelnen Studiengängen das Thema Musiktherapie im Alter und bei Demenz.
37 Ebenfalls in Würzburg entsteht ein musiktherapeutisches Diagnostikzentrum (MEM), das in der Zukunft auch plant, als Service für die Praxis musikalisches Material aus der Musiktherapie bei Demenz direkt für therapeutische und diagnostische Zwecke zu analysieren.

es hier vor allem musische Fächer, in denen in den meisten Fällen allgemeine musikalisch-künstlerische Basiskompetenzen und -wissen erworben wurden. Wie das vorliegende Buch zeigt, gehen aktuell aber die explizit musiktherapeutischen Grundlagen weit darüber hinaus. Es wird von immer größerer Bedeutung, in die Curricula von Pflege, Sozial- und Heilpädagogik direkt musiktherapeutisches Grundwissen und -kompetenzen aufzunehmen und auch so direkt auszuweisen und zu benennen. Bisher sind es allgemeine musische Fächer oder Lehrgebiete, in denen vereinzelt Musiktherapeutisches angetroffen werden kann, aber eben nicht angetroffen werden muss. Eine Synthese von musiktherapeutischem Grundwissen und Basiskompetenzen würde aber eine ideale Voraussetzung für die oben beschriebene interdisziplinäre Zusammenarbeit zum optimalen Nutzen für die Betroffenen ermöglichen. Erste feste Implementierungen dieser Art gibt es z. B. in den Sozialpädagogik-Studiengängen der Universität-Gesamthochschule Siegen und der Hochschule für angewandte Wissenschaften Fachhochschule Würzburg-Schweinfurt. Auch dieses Feld ist ein enormes Wachstumsfeld.

Jene interdisziplinäre Arbeit wird in Zukunft aus mehreren Gründen eine wichtige Rolle spielen. Ein Grund ist das optimale Nutzen der Ergebnisse und Möglichkeiten der Musiktherapie im Alter und bei Demenz über die konkrete musiktherapeutische Intervention hinaus auch in vielen anderen Alltagsbereichen der Betroffenen. Ein weiterer Grund ist die erwartete Zahl der 2,3 Millionen Demenzbetroffenen in Deutschland in 2050. Eine solche Zahl kann nicht allein von Musiktherapeuten betreut werden. Es würde selbst bei maximaler Ausnutzung aller aktuell vorhandenen Graduierungs- und Ausbildungsmöglichkeiten alle Kapazitäten sprengen. Dazu kommt, dass aktuell noch keine flächendeckende musiktherapeutische Versorgung von Demenzbetroffenen anzutreffen ist. Dies bedeutet, dass sich insgesamt sogar zwei Wachstumszahlen parallel steigern. Die eine ist die der notwendigen Versorgung aller Demenzbetroffenen mit Musiktherapie (andere Bereiche wie z. B. die Kinder- und Jugendpsychiatrie weisen einen wesentlich höheren Versorgungsgrad auf). Die zweite steigende Zahl ist die bereits genannte Zahl der Betroffenen selbst.

15.5 Schlussfolgerungen

Musiktherapie bei Demenz erscheint nach den Ergebnissen des vorliegenden Buches und nach einem Zitat von Muthesius als „Königsweg" zum Kontakt (Muthesius, 2010) mit den Betroffenen, zu Lernprozessen der Betroffenen, zum Abbau von v. a. Agitiertheit, Depressivität und Angst der Betroffenen, zur systemischen Arbeit mit Angehörigen der Betroffenen und für sie arbeitenden weiteren professionell Tätigen sowie zu vorhandenen Ressourcen und Kompetenzen der Betroffenen. Die weitere Erforschung dieses Gebiets, welche im vorliegenden Buch v. a. empirisch und neurologisch erfolgte, wird noch mehr die Effektivität und Zielgenauigkeit musiktherapeutischen Vorgehens für die Betroffenen steigern und differenzieren können. Die Betroffenen geben uns die besondere Herausforderung ihres hochkomplexen Denkens und Verhaltens sowie der damit verbundenen Notwendigkeit einer flexiblen und individuellen systematischen Reaktion auf jene Komplexität. Die für dieses Reagieren bereits entwickelten musiktherapeutischen Techniken und Verfahren nutzen insbesondere gezielt den zur dementen Komplexität passenden hohen Grad der Abstraktheit von Musikerleben als auch die mögliche hohe Emotionalität von Musikerleben. In dieser Verbindung kann ein Schlüssel für die ganz besondere Passgenauigkeit und große Zukunftschance von Demenz und Musiktherapie gesehen werden.

Literatur

Förster, S. (2010). *Bedarfsanalyse: Nachfrage und Angebot musiktherapeutischer Dienstleistungen im Seniorenbereich.* Unveröffentlichte Bachelorarbeit. Fachhochschule Würzburg-Schweinfurt: Hochschule für angewandte Wissenschaften.
Grümme, R. (1998). *Situation und Perspektive der Musiktherapie mit dementiell Erkrankten.* Regensburg: Transfer-Verlag.
Kitwood, T. (2004). *Demenz. Der personzentrierte Ansatz im Umgang mit verwirrten Menschen.* Bern: Huber.
Klein, S. (2007). *Musiktherapeutisches Handeln in der personenzentrierten Pflege von Menschen mit Demenz.* Unveröffentlichte Diplomarbeit. Hochschule Magdeburg-Stendal (FH)
Muthesius, D. (2010). *Lehrende Leitung Master Musiktherapie bei Behinderung und Demenz.* Zugriff am 31.08.2010, von www.fh-wuerzburg.de/professoren/soz/wosch/master/index.html
Muthesius, D., Sonntag, J., Warme, B. & Falk, M. (2010*). Musik – Demenz – Begegnung. Musiktherapie für Menschen mit Demenz.* Frankfurt: Mabuse.
Schermer, F.J., Weber, A., Drinkmann, A. & Jungnitsch, G. (2005). *Methoden der Verhaltensänderung: Basisstrategien.* Stuttgart: Kohlhammer.
Tüpker, R. & Wickel, H.H. (Hrsg.) (2009). *Musik bis ins hohe Alter.* (2. Auflage) Norderstedt: Books on Demand GmbH.

Autorinnen und Autoren

Adler, Franziska, Dipl.-Musiktherapeutin (FH) und ausgebildete Musikgarten-Leiterin, ist von Beginn an in die Arbeit des Vereins GRAMMOPHON – Mobile Musiktherapie e. V. Magdeburg involviert. Der Schwerpunkt ihrer bisherigen Tätigkeit liegt in der Musiktherapie mit alten Menschen, insbesondere mit gerontopsychiatrischen Erkrankungen. Hierzu verfasste sie 2006 eine unveröffentlichte Diplomarbeit. Derzeit baut sie eine Musiktherapiestelle bei einem Träger von Alten- und Kinderbetreuungseinrichtungen in Sachsen-Anhalt auf.
Kontakt: MT2006@gmx.de

Auch-Johannes, Inga, M.A., ist ausgebildete Musikpädagogin, Musikwissenschaftlerin, Rhythmikerin und Musiktherapeutin. Nach 20-jähriger Tätigkeit als Musikschulleiterin widmet sie sich seit einigen Jahren als Musiktherapeutin der Arbeit mit alten und behinderten Menschen in verschiedenen Institutionen und in freier Praxis. Seit 2007 ist sie Doktorandin am Institut für Musiktherapie der Hochschule für Musik und Theater in Hamburg (Betreuer: Prof. Dr. E. Weymann).
Kontakt: i.auch-johannes@web.de

Fischer, Heike, Dipl. Heilpädagogin (FH), hat 2007 ihr Studium Heilpädagogik und Rehabilitation an der Hochschule für Angewandte Wissenschaften in Magdeburg abgeschlossen. Einen ihrer Schwerpunkte legte sie auf die Gruppenmusiktherapie bei Menschen mit Demenz und leitete einen Seniorensingkreis. Frau Fischer ist in einer Werkstatt für Menschen mit Behinderungen in Hamburg im sozialpädagogischen Dienst tätig. Heute widmet sie sich musikalisch gesehen dem klassischen Gesang.
Kontakt: Heikefischer1981@web.de

Gerhardt, Angelika, Dipl. Sozialpädagogin (FH), arbeitet derzeit mit Jugendlichen in einer Bildungseinrichtung und lebt in Vacha.
Kontakt: Angelika_Gerhardt@web.de

Gruschka, Katrin, Dipl. Sozialpädagogin (FH), ist derzeit Stipendiatin des EXIST-Gründungsstipendiumprojekts MEM an der Hochschule für Angewandte Wissenschaften Fachhochschule Würzburg-Schweinfurt und lebt in Würzburg.
Kontakt: katringruschka@gmx.net

Autorinnen und Autoren

Keller, Barbara, Jg. 1976, Dipl.-Musiktherapeutin, Psychotherapie (HP), 2003 Gründung der „Musik auf Rädern GbR", seitdem Arbeitsschwerpunkt Musiktherapie mit alten Menschen, Lehrtätigkeit an der WWU Münster und in Fort- und Weiterbildungen. Derzeit Promotion an der WWU Münster, Evaluation des Projekts „Durch Musik zur Sprache – Musiktherapie mit sprachauffälligen Vorschulkindern".
Kontakt: b.keller@musikaufraedern.de

Kiewitt, Karsten, Jg. 1969, Diplom-Musiktherapeut (FH). Studium der Musiktherapie an der Hochschule Magdeburg-Stendal (FH). Mehrjährige musiktherapeutische Arbeit mit an Demenz erkrankten alten Menschen. Seit 2007 hauptamtliche Lehrkraft an einer Fachschule für Sozial-und Gesundheitswesen in Potsdam.
Kontakt: karsten_kiewitt@web.de

Klären, Cornelia, Jg. 1974, Dipl.-Musiktherapeutin, Dipl.-Heilpädagogin, Psychotherapie (HP), 2003 Gründung der „Musik auf Rädern GbR", Lehrtätigkeit zu den Themenschwerpunkten „Musik und Demenz" und „Karrierewerkstatt Musiktherapie". Derzeitige Arbeitsschwerpunkte: Musiktherapie mit alten Menschen und Musiktherapie mit behinderten Menschen.
Kontakt: c.klaeren@musikaufraedern.de

Mewes, Sabrina, Dipl.-Heilpädagogin (FH), gehört zu den Initiatoren des vorherigen Hochschulprojekts und der daraus hervorgehenden Vereinsgründung. 2003 leistete sie durch ein studienbegleitendes Praktikum erste Vorarbeit für die Etablierung mobiler musiktherapeutischer Angebote in Magdeburg und Umgebung. Seit 2005 aktives Mitglied bei GRAMMOPHON und Vorstandsvorsitzende.
Kontakt: brinas@web.de

Muthesius, Dorothea, Musiktherapeutin BSMT, promovierte Soziologin, musiktherapeutische Tätigkeit seit 1980 im Bereich Gerontopsychiatrie, Dozententätigkeit, Projektentwicklung, Evaluation von Projekten in der Versorgung alter Menschen
Kontakt: dorothea.muthesius@berlin.de

Ridder, Hanne Mette, PhD, MA, Associate Professor der Musiktherapie und Gerontologie, Institut für Kommunikation und Psychologie, klinische Arbeit mit Menschen mit Demenz sowie gerontopsychiatrischen und neurologischen Störungen im Alter, Präsidentin der Europäischen Musiktherapievereinigung (EMTC), Co-Editor des *Nordic Journal of Music Therapy* und von *Music and Medicine*; Aalborg Universitet, Kroghstræde 6, 9220 Aalborg Øst, Dänemark.
Kontakt: hanne@hum.aau.dk

Schaub, Dorothee, Dipl.-Musiktherapeutin (FH) und ausgebildete Musikgarten-Leiterin, ist seit August 2007 Geschäftsführerin des Vereins GRAMMO-

PHON – Mobile Musiktherapie e. V. Schwerpunkt ihrer bisherigen Tätigkeit liegt in der Musiktherapie mit Kindern und Jugendlichen sowie der musikalischen Entwicklungsförderung und musikalischen Früherziehung. Speziell zum Thema „Familientherapeutische Ansätze in der Musiktherapie" verfasste sie 2004 eine unveröffentlichte Diplomarbeit.
Kontakt: dorothee.schaub@gmx.de

Schneider, Christine, Dipl. Sozialpädagogin (FH), arbeitet derzeit in einer Wohneinrichtung für psychisch erkrankte Menschen und lebt in Rottweil.
Kontakt: christine-schneider.de@web.de

Schroeder [geb. Naupert], Maika, Dipl.-Musiktherapeutin (FH) und Dipl.-Heilpädagogin (FH), sie arbeitet in Einrichtungen der Altenhilfe und baute innerhalb ihres Praktikums „GRAMMOPHON – Mobile Musiktherapie e. V." in Magdeburg maßgeblich mit auf. 2006 wurde sie stellvertretend für den Verein „Magdeburgerin des Jahres". Seit einigen Jahren ist sie als Musiktherapeutin, lizenzierte Musikgartenlehrerin und als Musikerin in der Band „Les Soleils" freiberuflich tätig. Ihre Diplomarbeit wurde 2009 veröffentlicht.
Kontakt: maika@lessoleils.de

Sonntag, Jan, Dipl.-Musiktherapeut FH, Hamburg, Therapeut und Berater in eigener Praxis sowie in Einrichtungen für Menschen mit Demenz. Lehr-, Publikations- und Forschungstätigkeit. Mitarbeit in der Deutschen Expertengruppe Dementenbetreuung (DED).
Kontakt: www.AlteWacheSonntag.de

Steinert, Claudia, Jg. 1958, Berlin, nach musik- und psychotherapeutischer Tätigkeit in Klinik und Rehabilitation (Neurologie, Orthopädie u. a.) seit 1999 eigene therapeutische Praxis (Musik- u. Lehrmusiktherapeutin DMtG, Heilpraktikerin Psychotherapie) für Menschen jeden Alters mit und ohne Handicaps. EBQ-Zertifizierung 2006 (Universität der Künste Berlin).
Kontakt: claudiasteinert@web.de

Warme, Britta, Jg. 1962, Brieselang, arbeitet als Musiktherapeutin (DMtG) zunächst im Kinderbereich und seit 2002 mit Schwerpunkt Senioren mit und ohne Demenz in Klinik (TWW Waldhaus Berlin) und Praxis, Lehrtätigkeit in der gerontopsychiatrischen Weiterbildung, publiziert zu Musiktherapie und Demenz.
Kontakt: brittawarme@gmx.de

Weymann, Eckhard, Prof. Dr. sc. mus., Diplom-Musiktherapeut, Diplom-Musiklehrer und Supervisor (DGSv). Seit 1986 lehrt er am Institut für Musiktherapie der Hochschule für Musik und Theater in Hamburg Theoriebildung der Musiktherapie, Improvisation und Gruppenmusiktherapie. 2005 Berufung zum Professor für Theorie und Praxis der Musiktherapie der FH Frankfurt am Main. Seit 2006 Leiter des Masterstudiengangs Musiktherapie.

Kontakt: weymann@fb4.fh-frankfurt.de

Wosch, Thomas, Prof. Dr., ist Professor für Musiktherapie in der Sozialen Arbeit an der Hochschule für angewandte Wissenschaften Fachhochschule Würzburg-Schweinfurt, seit 2007 als Schwerpunktsleiter zur Musiktherapie im BA Soziale Arbeit und Leiter des MA Musiktherapie bei Behinderung und Demenz, zuvor Dozent für Musiktherapie an der Hochschule Magdeburg-Stendal und davor Musiktherapeut in der Akutpsychiatrie. Publikationen, Forschungsprojekte und Gastdozenturen zu Mikroanalysen in der Musiktherapie, Musiktherapeutischer Diagnostik, Musiktherapie und Emotion, Community Music Therapy sowie Methoden der Musiktherapie in Europa, den USA sowie Australien/Neuseeland. Er ist Co-Editor von *Voices: A World Forum for Music Therapy*, Redakteur von *Musik und Gesundsein*, Mitbegründer von GRAMMOPHON – Mobile Musiktherapie e. V. sowie Mitglied des *Würzburger Forum Musikforschung*.
Kontakt: thomas.wosch@fhws.de

Stichwortverzeichnis

A

Affektabstimmung 105
Affektaustausch 109
Affekte 108, 110
Affektregulierung 48, 54, 101
Agitiertheit 46, 52, 179, 180
Aktive Gruppenmusiktherapie (AGMT) 168
Alter 66, 67, 69, 71, 73
Alzheimer-Demenz 32, 36, 89, 93, 97, 98
Alzheimer Gesellschaft Berlin e. V. 151, 152, 154, 155, 159
ambulante Versorgung 151
Angehörigengruppe 191
Angst 46, 53
Antipsychotika 46, 56
Antizipation (Erwartung) 47, 49, 50, 180
Aphasien 109
Arbeitsbedingungen 132
Arbeitsmodell 111
Arousal 53, 182
Atmosphäre 137
Atmung 183
Aufmerksamkeit 47, 50
– fixierte 48
– fluktuierte 48
Ausbildungsstätten 131

B

Bedürfnisse, psychosoziale 46, 57, 185
Befragung 66, 69, 70
Beschäftigungsverhältnisse 131
Besondere Stationäre Dementenbetreuung 125
Betreuungsklima 129
Betreuungskontinuum 132
Betreuungskonzepte 125, 129
Bewusstsein 47
Beziehungen, dyadische 48
Beziehungsqualität 101
Beziehungsressourcen 109
Bindung 46, 54
biographieorientierte Musiktherapie 77
biographisch relevante Musik 79, 82, 84, 85

C

CD-Aufnahme 172
Community Music Therapy 139, 149
Cueing, akustisches 51, 180

D

Dementenbetreuung 127, 128
Demenz 101, 189, 190, 191, 192
demenzgerechte Konzeption 130
Depression 46, 54
Deutsche Musiktherapeutische Gesellschaft e. V 151
Domus-Prinzip 129
Dynamik 50, 51, 110, 182

E

ehrenamtliche Helfer 151, 152, 156
Eingruppierung 131
Einschätzung der Beziehungsqualität (EBQ) 192, 196
Emotion 34, 35, 39
Entlastungsbetreuung 152, 155
Entrainment 55, 182
expliziten Motive 90

Stichwortverzeichnis

F

2/3-Fachkraftquote 128
Fachgruppe Musiktherapie 131, 136
Feinabstimmung 106
Finanzierung 127, 154
forderungsfreie Situationen 52, 53, 182
Forschungsprojekt Klangbrücken 189, 193
Franchise-Unternehmen 117, 118
freiberuflich 119
freiheitsentziehende Maßnahmen 126
Funktionalisierender Kontakt 104

G

Gedächtnis 33, 35, 39
generationenübergreifende Gruppe 121
gerontopsychiatrische Pflegfachkraft 128
geschlossene Gruppe 166
Großgruppe 170
Gruppenmusiktherapie 110
Gruppensupervision 131

H

Hamburger Dementenprogramm 129
Hamburger Modell 125, 126
Häusliche Versorgung 189
herausfordernde Verhaltensweisen 126, 127
Hilfs-Ich-Funktionen 104, 109
Hippocampus 52
Holding 46, 58, 178, 182, 183
Hyper-Arousal-Zustand 53, 185

I

Immobilisierung 54
Implementierung 160
impliziten Motive 90
Interaffektivität 107
Interaktionen 105
– positive 46, 56, 180
– psychodynamische 56
Interaktivität 107
interdisziplinäre Kooperation 132
interdisziplinäres Betreuungsteam 128

Intersubjektivität 106
Intervention, psychosoziale 46

K

Kausalitätsprinzip 168
Kitwood, Tom 46, 57
Kleingruppe 170, 175
Kommunikation
– Aktivierung 176
– interpersonelle 48
– paralinguistische 59
Kompetenznetz Degenerative Demenzen 46
Kontaktabwehr 103
Kontaktlosigkeit 103
Kontakt-Reaktion 104
Konzeptentwicklung 131
Konzeptionelle Merkmale 132
Kortisol 54
Kranken- und Pflegekassen 127

L

Lebensbedingungen 129
Lebensumwelt 130
Lieder 45, 50, 167, 172, 179, 182
Liedertext 60, 183
Liedtypen 69, 73

M

Melodie 50, 55, 183
Methoden der Musiktherapie:
  Songwriting 167, 168, 175
Mikroanalyse 21, 22, 26
Milieu 130
milieutherapeutische Konzepte 130
Milieutherapie 130
Mobilisation 54, 185
Modi des EBQ-Instruments 102
Motivation 89, 91, 94, 95, 97, 98
Motive 91, 94, 97, 98
multisensorisch 169
Musik 89, 94, 95, 96, 97, 98
musikalische Improvisation 191, 194
Musikalität, kommunikative 45
Musik auf Rädern 117
Musikverarbeitung 34, 37

N

narrative Bedeutung 60
neurale Aktivität 48
neurale Kreisläufe 49
Neuropsychologie 47
nichtärztlicher Therapien 128
nonverbale Kommunikation 189, 191, 192
Normalität 129

O

Öffentlichkeitsarbeit 155
Orff-Instrumentarium 173, 174

P

Parasympathikus 53
Pausen 106
Periodizität 50, 55
Personal 128
Personalschlüssel 128
Pflegeheimbewohner 126
Pflegeheime 126
Pflegeleistungsergänzungsgesetz 141, 154
pflegende Angehörige 156, 157, 189, 190, 191, 196
Pflegeversicherungsgesetz 127
Phasen der Demenzentwicklung 101
populäre Musik 76, 81, 85
Preise 119
primärprozesshaft 104
Privatisierung 136
Prosodie 45, 184
Protokonversation 45
Psychophysiologie 52
Psychotherapie 58

R

Reliabilitätsanalyse 101
Resonanz 48
Resonanz, dyadische 85, 184
Ressourcen 105

S

Säuglinge 45, 49
schulenspezifisch 131
segregative Betreuung 129
Selbst 54
Selbstberuhigungssystem 53, 54, 180, 183, 185
Selbstentwicklungskonzept 101
Selbsterleben 105
Selbstständigkeit 117
Selbstwirksamkeit 105, 108
Seniorenheim 169
SeniorInnen 166, 168, 169, 173
– ältere Menschen 166, 176
Sensorischer Kontakt 104
Setting
– musiktherapeutisch 156
– offen 132
Singen 44, 45, 65, 66, 69, 73, 167, 180
– Gruppensingen 169
Sinneswahrnehmung 51
soziales Engagement 53
soziales Netz 152, 153, 156
sozial-kommunikative Prozesse
– Kommunikationsaktivität 170, 171, 172, 173
Soziogramm 170
Spiegelneurone 45
Sprache 45
Stammhirn 48
Standardparadigma 56
Startkapital 119
stationären Pflege 126
Stellvertretererleben 26, 28
Stern, Daniel 58
Stimmenimprovisationen 45
Störungen 105
Stress 52, 53, 54
Sympathikus 53
Synchronizität 45, 48, 50

T

Triangulierung 106

U

Umgebungsgestaltung 130
Urheberschaft 105

V

Vagus Nerv 54
Validation 14, 26, 28, 46, 58, 182, 184
Verein GRAMMOPHON – Mobile Musiktherapie e. V. 139, 141, 144
Versorgung 126
Videoanalyse 111
Volkslieder 65, 66, 67, 70, 71, 73

W

Wirkungsstudien 13, 16, 18, 21, 24

Z

Zugangsvoraussetzungen 127

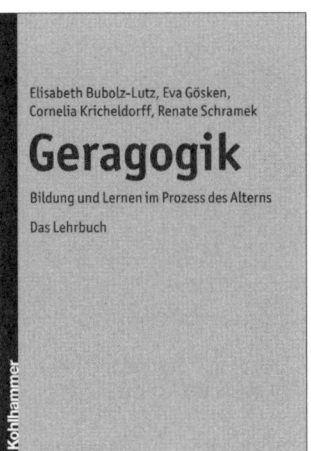

2010. 280 Seiten mit 20 Abb. und
3 Tab. Fester Einband
€ 39,80
ISBN 978-3-17-021164-3

Elisabeth Bubolz-Lutz/Eva Gösken/Cornelia Kricheldorff/Renate Schramek

Geragogik
Bildung und Lernen im Prozess des Alterns
Das Lehrbuch

Die junge Wissenschaftsdisziplin Geragogik gibt Antwort auf die Frage, wie sich die Gestaltung eines sinnerfüllten, körperlich und geistig beweglichen Lebens in den vielfältigen Lebenslagen des Alters unterstützen lässt. Auf der Grundlage aktueller Forschungsergebnisse aus Gerontologie, Neurobiologie und Bildungswissenschaft entwickelt sie didaktische Konzeptionen und bietet Anregungen, diese in passende Bildungsarrangements umzusetzen. Dieses Buch gibt erstmals eine Übersicht über die Geragogik in Forschung, Praxis und Lehre.

Professor Dr. Elisabeth Bubolz-Lutz, Universität Duisburg-Essen und KFH Freiburg sowie Direktorin des Forschungsinstituts Geragogik; **Dr. Eva Gösken,** wissenschaftliche Mitarbeiterin am Lehrstuhl für Soziale Gerontologie mit dem Schwerpunkt Lebenslaufforschung an der TU Dortmund; **Professor Dr. Cornelia Kricheldorff,** Leiterin des Instituts für Angewandte Forschung, Entwicklung und Weiterbildung der Katholischen Fachhochschule Freiburg; **Dr. Renate Schramek,** Lehrbeauftragte und Stellvertretende Direktorin des Forschungsinstituts Geragogik, Witten.

▶ **www.kohlhammer.de**

W. Kohlhammer GmbH · 70549 Stuttgart
Tel. 0711/7863 - 7280 · Fax 0711/7863 - 8430

*2011. 260 Seiten mit 7 Abb. und
3 Tab. Kart.
€ 29,90
ISBN 978-3-17-021330-2*

Verena Begemann/Stephan Rietmann (Hrsg.)

Soziale Praxis gestalten
Orientierungen für ein gelingendes Handeln

Mit Beitägen von D. Berthold, K. H. Brisch, N. Bruggmann, J. Fengler, R. Gugutzer, F. Heckmann, A. Heller, M. Hillmann, M. Käßmann, J. Kuhl, T. Krobath, M. Leupold, G. Ritz-Schulte, L. Schmitz, M. Selmayr, M. Storch, A. Strehlau.

Soziale und psychologische Arbeitsfelder leisten einen wesentlichen Beitrag für die individuelle Lebensführung und das gesellschaftliche Zusammenleben. Wer mit Menschen arbeitet, benötigt eine entwickelte Persönlichkeit, professionelle Ausbildung und eine angemessene Haltung. Die in diesem Band vorgestellten Theorien, Modelle und Ansätze bieten Orientierungen für die Gestaltung einer zeitgemäßen psychosozialen Praxis. Diese interdisziplinären Erkenntnisse zeigen, wie Fachkompetenz und Menschlichkeit erfolgreich und sinnerfüllt zusammen wirken.

Dr. Verena Begemann ist Hospizkoordinatorin und Dozentin für Berufsethik.
Dr. Stephan Rietmann leitet die Psychologische Beratungsstelle des Caritasverbandes Borken.

▶ **www.kohlhammer.de**

W. Kohlhammer GmbH · 70549 Stuttgart
Tel. 0711/7863 - 7280 · Fax 0711/7863 - 8430